張振東 著

大學用書

士林哲學的基本概念（一）

——認識論與心理學——

臺灣學生書局 印行

序言

士林哲學的基本課程是理則學、認識論、心理學、宇宙論、形上學、倫理學、理性神學七大門。

理則學是研究學術的方法，進入哲學的階梯。認識論是研究知識的範疇及人認識眞理的方法與規律。認識論與理則學有直接的連帶關係，昔時此二種被稱爲大邏輯。

心理學乃理性心理學，其重點是心靈學，其前身是普通的實驗心理學；由人的具體性生理結構，連結到心靈的理性生命，因爲人是由肉身與靈魂組織的合成體，肉身是有形的物體，靈魂是無形的精神體，人的價值在於精神體的靈魂領導物質性的肉體。

宇宙論是研究宇宙間一切具體事物的組織、生滅、變化、與相關連的空間、時間等問題。

形上學亦名「後物理學」（Meta-physica），乃研究具體事物以後的抽象學問，其重點是研究「實有、存在、現實、潛能、性質、原因」等理論。

倫理學是研究人的行爲、善惡的標準，及人與人的社會關係；人的行爲依倫理的道德律，達到人生的目的，成爲忠誠公義的道德人士。

理性神學亦名自然神學，以理性的方式研究神的存在與性質，藉着有關的宗教，溝通神人的關係。

因此，哲學研究的範圍是事物、人文、天道；哲學研究的目的是知事物、明人文、知天理。

本書是就「認識論」與「理性心理學」講述士林哲學的基本知識。

哲學博士　張振東　謹識

中華民國七十三年六月於輔仁大學哲學系主任室

士林哲學的基本概念㈠目錄

上編：認識論

認識論

壹、導　言

（一）

認識論在哲學領域中，佔基礎性的重要部份，因此，西洋哲學早有系統性的專題講述，如：認識的意義與方法、認識的意識、觀念、判斷、與推理，認識的原理與錯誤的根由，認識的對象與範圍，眞理的確實性、種類、與標準，各哲學家的思想與意見等。因此，認識論在西洋哲學中有不同的名號稱呼，如：大邏輯、批判學、認識論、知識學、或辯論學等。

（二）

由經驗得知，每人皆相信自己能認識眞理，更相信自己有認識眞理的能力，甚至對反抗自己意見者，產生忿怒的情緒，並言：「我講的是眞理，我沒有撒謊，我沒有錯」。

人的自我相信，乃表明「每個人皆相信有眞理存在」，「自己有認識眞理的能力」，並能將此眞理告訴別人，他人也有認識此眞理的能力。

事實上，人認識眞理時，屢次因時間、年齡、地點、與學識的不同，其認識常有區別與改變，因此，哲學家詢問道：

㈠人是否能認識外在的客觀事物？

㈡人是否有能力認識外在事物的本身？

囘答以上問題，哲學家有不同的意見，我們將在此書中分章細述之。

（三）

研究人的認識價值與認識能力，不是就人認識事物的生理現象言，而是就哲學的觀點講論認識是什麼。

事實經驗，人在認識事物時，確因時間與地方之不同，而有不同的認識現象；但就認識之理論言，該人在該時與該地之認識，亦確定是眞實的。

再者，人在孩童時，第一個認識是觀看其四週之現象，然後，再注意到自己本人；年齡漸長，遇事便先想到自己，然後再注意四週情況，最後決定萬物與我之關係。

因此，我們可以結論說：「人自幼便有認識與認識的能力」，能認識外在的客觀事物，能反省認識主觀者自己，亦能認識客觀的實有眞理。

貳、認識論簡史

關於人的認識問題，早期的希臘哲學家便討論過，其著名的代表者爲：赫拉克里都斯（Heraclitus）與巴爾買尼代斯（Parmenides），赫拉克里都斯主張「感覺認識」，巴爾買尼代斯主張「理智認識」。

赫拉克里都斯主張：宇宙間的一切事物皆在不停的變動，人所認識者皆是萬物在變動中呈現給五官的各種現象，因此，人只有感覺的認識存有。

巴爾買尼代斯主張：在一切外在變動的事物中，應有一個不變的實有做基礎，此實有之認識，不是感官所能感覺到的，只有人的理智透過感覺，才能推知認識其存有。因此，人只有理智的認識是眞認識。

由赫拉克里都斯與巴爾買尼代斯的兩種不同意見，產生出詭辯派（Sophistae）的哲學思想，其知識論的主張：人的認識是相對的，換言之，人不能認識事物的眞面目，因爲事物所表現的現象與各人所接納的程度不同而殊異，因此，人對事物的認識只有相對的程度，而無絕對的標準。

相隨着，世間只有相對的眞理，而無絕對的眞理存在。其代表性人物爲普羅刀高拉斯（Protagoras），以「人爲萬物的權衡」（Homo mensura omnium），非眞理本身是自己存有。

希臘大哲學家蘇格拉底（Socrates）不贊同以上人的偏極意見，其主張：人的認識有兩種，在感覺認識之後，還有理智的認識。感覺的認識因人時地之殊異，對同一事物有不同或相反的意見；但人的理智認識，能藉抽象的功能，從具體感覺印象中，找出一個普遍而絕對的眞實，做爲永恒不變的眞理，蘇氏稱此普遍性眞實爲「共相」。

柏拉圖與亞里斯多德繼承蘇格拉底的思想，更補充完成之。

柏拉圖（Plato）：柏氏將世界分兩種，一是觀念世界，一是顯象世界；觀念世間是實有，顯象世界是物質；觀念是世界事物的模型。柏氏以兩種世界做爲人認識的對象；物質世界是人感覺的認識對象，觀念世界是人理智的認識對象；物質性的感覺認識不是絕對的，而是蓋然性相對的，觀念性理智的認識才是眞實的、絕對的、與恒久不變的。

亞里斯多德（Aristoteles）：亞里斯多德採取了綜合的主張，由先哲的「感覺認識」與「理智認識」之不同意見，亞氏主張人的認識分兩種：感覺界的認識與理智界的認識。

亞氏認爲人的第一步認識，乃由感官的感覺開始，而感覺的對象是自然界中有形的、具體的、單獨性偶有事物，因此，人有初步的感覺認識。但人除此感覺性認識外，還有高等的理智認識；

詳言之，人的理智功能可從感覺的事物印象內，抽出事物內的超感覺性實有；此爲事物的普遍共同性的觀念實有，乃理性所可認識者。

亞里斯多德以後的希臘哲學，因政治關係，轉入於倫理性的人事問題，哲學家很少談知識問題，只有斯多亞學派的載諾與伊必古魯學派略談論之。

斯多亞學派（Stoicismus）主張：人的心靈如同一塊白板，可以感受任何事物的印象，因此，主張感覺是人知識的來源，由感覺生印象，由印象成記憶，由記憶成經驗。

他們更主張，感覺連繫人內在的理智官能，形成超感覺的觀念，並藉觀念形成判斷。因此，斯多亞學派主張，眞的認識是感覺認識與對象相符合。

伊必古魯學派（Epicurismus）主張：感覺經驗是理性認識的先決條件，認識的過程是先有感覺的經驗，後有理性的認識；若感覺錯誤，則理性迷惘。其代表人伊必古魯斯主張：「人的感覺只能認識事物的表象，不能瞭解事物的本質」。因此，他們主張感覺認識與理智相聯合。

懷疑學派（Scepticismus）對知識產生懷疑思想，其系統分：前期、中期、後期，或「老派、中派、新派」三種懷疑論。

老懷疑論的代表是皮龍學派（Pyrrhonian School），其學說的重點是：「無確實、無意見」，人的認識常居於恒久的懷疑狀態，人常有不斷的疑問存留着。

中懷疑論的代表人是阿賽西老（Arcesilaus）與卡爾底亞（Carneades），他們不但採取消極的懷疑，也主張積極的蓋然論調（Probabilismus），如其所言：「所有的感官感覺皆不可靠，所有的認識皆能錯；人不能確知任何事物，甚至連「不能確知任何事物」的思想，也不能確知之。因此，對事物的眞僞不能下判斷，只可採取猜測的心情，認爲「大約」是如此而已。卡爾底亞更主張：人的感覺領悟如夢幻一樣，恍惚不清，人的感覺與所領會的事物屢次不同，故感覺領悟不可靠。因此與感覺相關的理性亦不可靠，由理性所得的知識也不確實，一切的認識皆是蓋然性的思想而已。

教父哲學因受宗教啓示的影響，對事物的認識也有不同的意見。如戴爾杜里亞奴斯（Tertullianus）主張「理性是有限的，人的理性永遠不能懂得信仰的道理。」

教父中最著名的學者爲奧斯定（S. Augustinus），他將人的知識分爲三種，即：外官的知識、內心的知識、純理的知識。他主張知識來自認識，外官與內心的知識乃來自感覺和內心的認識，其方法是接觸單體的偶有性事物；純理性的知識是智識，爲必然性和不變的事理；知識是暫時的，智識是永久的。奧斯定亦主張光照說，認爲人認識永恒的眞理應藉著神的光照之力。因此，他强調認識是爲信仰，信仰亦是爲了認識，因信仰可補認識力之不足。其知識與信仰互相輔成，形成了他的哲學與神學之合一。

中世紀的士林哲學家，有的追隨奧斯定，有的跟從亞里斯多德。方濟學派的哲學家鮑納文都拉（Bonaventura）、董斯高都斯（Joannes Duns Scotus）等偏向奧斯定的思想，鮑納文都拉主張：以內心的經驗做爲認識的出發點，而人內心最先發現的是神，故人內在的知識應以神爲中心。董斯高都斯主張信仰是超理性的，並以內心的自覺是眞理的中樞，因爲理性的能力是有限的，世間許多事理，特別神學的道理是人有限的理性不能懂得的。二者皆主張意志駕於理智之上。

道明學派多跟隨亞里斯多德，强調理性主義，其代表性人物爲大亞爾伯及多瑪斯。大亞爾伯（Albertus Magnus）的哲學與科學思想隨從亞里斯多德，對信仰的神學則跟隨奧斯定，以奧斯定的「光照」爲人認識的中心，並主張「神就是光」，此光產生理智，理智流出感覺界的事物。

多瑪斯（Thomas Aquinas）將知識分兩種，即啓示的與求得的，啓示的知識是神學的，其對象是超性的或超自然的；求得的知識是哲學的，其對象是本性的或自然界的；超性知識的接納是信仰，本性知識的獲得是理性。多瑪斯更强調超性與本性的知識相輔相成，毫無衝突，換言之，神學可輔助哲學，哲學亦可輔助神學。

最後，多瑪斯更將知識分爲感覺的、理性的與信仰的三種，三者各有不同的性質，但彼此間不相衝突，而相連繫，以感覺的知識做爲理性知識的前奏，理性知識則是信仰知識的前鋒；感覺知識是經驗，理性知識是推理，信仰知識是服從，三者互不侵犯，彼此輔助。

文藝復興，一切學術主張復古，哲學也隨着由神學中走出，形成了近代的哲學思潮，較著名的哲學派別有：理性主義、經驗主義、與德國的觀念論等。

理性主義（Rationalismus）較著名的學者有：笛卡兒、斯比諾莎、萊布尼滋等，其知識思想的重點如下：

笛卡兒（Rene Descartes）：主張理性認識，他强調「懷疑方法」論，並言：「凡經我的理智認爲絕對明顯的，才能接受」。因此，笛卡兒主張「在懷疑中找眞理」，「感官知覺不眞實」，「人應以理性的演繹方法推出眞理」，如其銘言：「我思，故我在」。

斯比諾莎（Spinoza）主張，人的知識分四種，即：別人告知的知識、由間接經驗而推得的知識、由因果律推求的知識、用幾何學推求的哲學知識。斯氏以爲只有幾何性的哲學知識最可靠，因爲該知識是理性推演的必然結果。斯氏並結論說：「凡不是來自理性者，皆不是眞實可靠的」。

萊布尼滋（Leibniz）分認識爲：「感覺的」與「悟性的」兩種。感覺認識是經驗的知識，由感官的知覺而來，其認識是模糊不清的；悟性認識是理性的知識，由邏輯分析，藉因果律與矛盾律而得，其認識是清晰顯明的。因此，萊氏主張：眞知識來自理性，非來自經驗，眞知識應以理性為基礎，乃系統性普遍的必然眞理，而感官的認識則無此特性。

以上三者皆强調理性的知識超於感覺知識，被後人稱為理性主義者。

經驗主義（Empiricismus）較著名的學者有：培根、霍布士、洛克、柏克萊、休謨等。其思想的重點如下：

培根（Francis Bacon）：培根在知識學領域中强調「歸納法」，以實際的單獨經驗做為求知的工具，因此，培根不贊同亞里斯多德的邏輯學，他認為亞氏邏輯太偏重演繹法。培根自己著了一本「新工具」（Novum Organum），以對抗亞氏的工具學（Organum）。

培根要人在認識事物以前，先掃除先天的成見，其成見之來源是四個偶像，即：種族偶像、洞穴偶像、市場偶像、戲劇偶像。前兩個偶像是人先天的弱點，後兩個偶像是人後天形成的，此四偶像皆妨礙人獲得客觀的眞理；培根要人先掃除此四個偶像，不依據先天的推演方法，而以後天的經驗與歸納，才能獲得眞的知識。

霍布士（Thomas Hobbes）：霍氏認為哲學是「由因求果」、與「由果溯因」的學問；哲學的正確思維，是組合應該組合的東西，分析應當分析的部份。此「組合」與「分析」的學理，是感覺經驗論的唯物哲學。因此，霍氏强調「經驗在於感覺」，感覺是人認識官能的變化，而人的知識是人感覺的累積。

洛克（John Locke）：洛氏主張「人心如白板」，人先有觀念，後有知識；而觀念的來源有二，即感覺與反省，因此，洛克反對柏拉圖的先天觀念生成說，强調知識是人後天經驗獲得的。因爲感覺所感受的是外界事物的形色，凡不被感覺所可證明的，皆爲不確定的知識。

洛克又主張觀念是人的知識之基礎，觀念之清楚與否，關係到知識之眞僞。洛克由此將知識分爲直覺的與論證的兩種。直覺知識乃直接由兩種觀念辨認其同異者，如白非黑，男非女、十比五多，全體大於部份。論證的知識是依恃其他觀念比較，方可認識者，如數學的知識。因此，洛克主張：知識的獲得乃藉感覺認識的外在事物，藉反省而認識內在事理，其知識之正確應基於經驗。

柏克萊（George Berkeley）：柏氏主張「存在即知覺」，認爲人類的知識是「感覺與心理作用」。

柏氏分事物爲物質界與精神界兩種。就物質界言，一切存在之物皆是被感覺的，因爲「人之所知」皆是經過知覺，由知覺經意識而生觀念，故一切存在皆與人的心中意識相關連。就精神言，人身內有一個非物質性的「心靈」實有。其作用是「悟性」與「意志」，悟性能使人的感官獲得各種觀念。故觀念是人心靈所產生的結果。再者，心靈是一個自動的實體，觀念是一個依附性的實有，因外物藉感覺經悟性，而存在於人的心靈中，使人認識外物。

休謨（David Hume）：休謨認爲知識來自經驗，經驗的基礎是知覺，知覺的印象形成了觀念或思想的原理。因此，休謨主張，人思維的一切資料皆來自外在感覺，及內在反省所產生的印象，而人的觀念或思想皆是印象的反版而已（Copies）。因此，人的知覺有兩種，一是印象，一是觀念或思想，而觀念是由印象所產生。

以上數位哲學家皆强調感覺經驗的重要，被後人稱爲經驗主義者。

德國較著名的學者有：康德、費希特、謝林、黑格爾等。

康德（Immanual Kant）：康德將人的認識分覺性、悟性和理性三種。

覺性是人的第一步認識，此感覺的認識是來自外界事物的印象，再加上兩種先天的格式：空間與時間。悟性是判斷的能力，其內涵是感覺所呈現的現象，作爲悟性認識的物質對象，藉悟性的先天格式，構成判斷，悟性的先天格式是「量度、性質、關係、形態」等十二範疇。理性的功能是形成綜合判斷，其過程是藉感覺所得之材料，藉悟性的範疇而形成。因此，康德在他的純理性批判中，將感覺與理性的界限劃分淸楚。感覺的能力，在於接受印象，使之成爲可感覺的觀念。理智的作用，在綜合直觀觀念，加以判斷、推理。

康德在純理性批判中，也提到知識問題，他認爲每一觀念的本身不是知識，如人、馬等；其知識之形成是一個觀念與其他觀念的相聯合，如人是理性的動物。再者，判斷亦分兩種，一是分析判斷，一是綜合判斷，分析判斷是單純的分析，不加入新的觀念成份，如物體是自立體，「自立體」包含在物體內。綜合判斷則是一個新觀念加入另一個觀念內，如地球是行星，「行星的地球」與「地球」不是一個完全相同的觀念，乃經過理智的認識比較後配合的。因此，康德强調綜合判斷，乃走向科學知識，其特性不是偶然而是必然的，如想使物體膨脹。也因此，康德對後天的經驗判斷不看成必然的，因爲後天經驗常因人、時、地而改變，但屢次又有例外事件發生，故後天經驗所形成的後驗判斷不是科學知識；其必然性的科學知識該以理性爲基礎，使先天格式而構成先驗判斷，或先驗的綜合判斷。

費希特（Johann Gottlieb Fichte）：費氏受康德的影響很深，康德的範疇論中，性質項目內分「實在性」、「否定性」、「限定性」三種，形成了費氏的「自我」、「非我」、「合一之我」，其方式是「正題」、「反題」、「合題」三種。

費希特以「絕對我」爲思想的基礎，由「絕對我」自身能意識到無限的事物。故費氏的「正題」是確定自我（實在性），乃人在意識內省中直覺的發現自我存在（正題）。再者，人的意識在發現自我後，又直覺意識到「我」之外，尚有很多別的事物，此乃非我（否定性），此「非我」對立性否定了「我」，（反題）。「我」與「非我」是矛盾對當，彼此限定性的否定，此「我」與「非我」在人的意識內被直覺出來，故有意識之人是統一及綜合的「絕對我」（合題）。由此形成了他的知識學思想。

謝林（Fridrich Wilhelm Joseph Schelling）：謝林的哲學思想是建築在「主觀」與「客觀」的對立上，由主客觀的交往，形成他的知識思想，如他在「精神哲學」中所主張的：先有精神，後有物質。換言之，由主觀的精神界，推演到客觀的物質界；其方式，主觀的人先有感覺、直覺、抽象等認識作用，而後才認識與知道有客觀的萬物存在；此兩種認識作用先發生於主觀的統一人身上，才知道有宇宙間的自然萬物存在。

黑格爾（Georg Wilhelm Friedrieh Hegel）：黑格爾的哲學思想是將「知識論」與「本體論」混合為一，他認為「實有」（本體論）必是合理的（知識論），因為實有的本身絕不能自相矛盾。

黑格爾的知識論包含在他的邏輯學及辯證法內，但其邏輯學及辯證法不是思維的推理學問，而是形上學的物體變化論。其變化思想乃他所主張的「正、反、合」三一運動說。

黑格爾認為一切學問的基點是「觀念」，宇宙間最大和最普遍的觀念是「實有」（Being），此實有包含最廣又最空虛，最抽象又最眞實，最初步又最高級，理智可以獲得到它。故宇宙一切事物的性質、數量、動作、現象，皆是實有的變形，實有是宇宙萬物的共同根基，而學問中所有的觀念，皆是表現實有的不同方式。

再者，實有就抽象與普遍性的觀念言，不是任何固定之物，乃一個「純精神性實有」，此純實有在繼續不斷的變化中，其變化之秩序，是由正而反，由反而合，此乃黑格爾所主張的正反合辯證法，如「實有」爲正，「非實有」爲反，「實有」與「非實有」相合而成他物爲合。換言之，宇宙間的事物皆以正式出現，此正題式含有判斷性的肯定命題；有肯定性正題，必有反此命題的否定主張，在正題與反正題的辯證中，必會出現新的綜合正題；當新的綜合題以正題出現後，又遵循着「反正題」、「綜合正題」演變，如此無止境的繼續變動，黑氏稱爲辯證法，在此論點上，建立了他的哲學系統。

黑格爾在其知識學中，也講論概念、判斷、推論等問題，但其講法與一般的講法不同。黑氏的概念是由實有事物的本質交互作用中，推演出的具體性實有，其性質分主觀概念、客觀概念、理念概念三種。

主觀概念亦名形式概念，其內涵有：概念、判斷、三段推理。客觀概念乃將概念的本質轉到實際存在上，其內涵有：機械論、化合論、目的論三種。理念概念乃主觀概念與客觀概念之綜合，其內涵有：生命、認識、絕對理念三種。

總之，黑格爾的知識理論，以「實有」爲基本概念，「本質」爲實有之眞實，概念爲實有之說明。實有是變化與發展，其本身具有「正」、「反」與同一性，其演進的過程：性質、分量、量度、本質與現象、實體、因果及相互作用、主觀性、客觀性、絕對理念等，因此，黑格爾的哲學思想被後人稱爲「知識論」與「本體論」合成的，其知識思想與邏輯言論皆與其他哲學家不同。

當代哲學以黑格爾爲分水嶺，因黑氏將觀念論的思想帶到了最高峯，引起了許多反面的思潮，有主張實證論者，有主張唯物論者，有主張生命論者，也有主張現象學、邏輯實證論、及存在主義者。

實證論的代表人物是孔德（Auguste Comte），他以爲人類的知識發展是經過三個階段，即：神學時期、形上學時期、實證時期。神學時期的人類不認識宇宙間萬物的諸現象，皆歸於神的動力表現，形成了拜物教、多神教等。形上學時期的人類，知識漸發達，以理智推究宇宙間萬物現象發生的緣故，將抽象的實有、最高的觀念做爲宇宙萬物的基本能力與最高原理，以代替前期的神靈。實證時期的人類不追究宇宙萬物的淵源及現象後的本體，而注意現象的外在關係，以實際的觀察，求證出自然的法則，做爲萬物的原因與規律。由此，孔德以「實證」的方式，觀察宇宙萬物，其知識思想由形而上的觀念降到形而下的物質論了。

唯物論的代表者有馬克斯（Karl Marx）：馬克斯主張唯物辯證法，將黑格爾的「正反合」唯心論變成現實的唯物論。他認爲眞正的「合」，該是「思想」與「存在」的結合，因爲思想是因物質存在而產生，故物質是一切學理的基礎，因此唯物論者皆強調感覺性的物體知識，否認精神性的觀念論，他們認為物質是知識的基礎，此思想影響了後世斯賓塞等人的唯物進化論。

斯賓賽（Herbert Spencer）：斯氏主張：存在分兩種，一是不可知的存在，一是可知的存在；不可知的存在是實體，可知的存在是現象；因此，存在分為兩種現象，一是實體界，一是現象界；實體界是絕對的、超越的、無限的；現象界是相對的、經驗的、有限的。實體界是宗教性神的世界，是時間、空間、物質及運動的根源；現象界是時空中，具體物質及運動活力的表現。先有實體界，後有現象界；但人的知識限於現象界，不及實體界；故對實體界的知識，人完全不認識；因為人的知識是由感覺藉比較與推論獲得的。感覺、比較與獲得的對象，皆是具體的、相對的、有限的、絕對的、超越的與無限的實體，根本不是人的知識對象。

尼釆與柏格森是講論生命的哲學家。

尼釆（F. W. Nietzsche）：尼釆的生命哲學，主張「意志權力」是人生命的表現，而生命的本質是求權力的發展。其「知識」思想也是人心理的意志過程，不是邏輯與認識的結果。因此，尼釆的知識被稱為權力競爭的知識，其價值是保存生命、發展生命。人與社會、或人類與宇宙萬物皆是屬於鬥爭狀態，人應該戰勝一切，成為超人。

柏格森（Heuri Bergson）：柏氏的生命論主張「生命活力」說（Elan Vital），其性質是繼續前進與創造，創造的阻力是物質，生命的成就是勝過物質的阻力，而人的認識，特別是認識自己，不是用理知而是用直覺，理知是理性的冷靜分析，直覺是直接的經驗與直觀。

柏格森的知識論是强調「知覺與記憶」，知覺分純粹的與普通的兩種。純知覺是專門討論對象，普通知覺是導引記憶，換言之，憶起過去知覺過的事實以輔助現有之決定選擇。同理，「記憶」亦分純粹的與普通的兩種，純記憶是整個的過去，不加區分的保持着，普通記憶是記起某些與現在有關的現象。

柏氏認爲精神與物質各有自己的領域，而純知覺的對象是存在性的物質；記憶與現存的物質無關，而事實也不能與知覺分離，因記憶是將過去的事物引入現在中，構成適當的創造意識，此創造意識的繼續活動便是生命。

胡賽爾（Edmund Husserl）：是著名的現象學者，胡氏的現象學不是討論事物的現象，而是討論事物的本質。其「本質」是五官可以感覺的，理性可以推出的，感情也可以意識到的。因此，本質可稱爲現象性而被人所直接感覺者。

胡氏又主張，人該先有主觀的意識，才有客觀的本質存在。當本質使人意識而感覺爲實有時，便是現象。因此，知識論的「普遍共相觀念」（Idea Universalis），胡氏另有解說，他認爲，普通觀念皆有物性內容，人對於物性，皆有直覺之能力；此直覺能力，除外五官的感覺外，更有人的內在意識，如人的理智思想某事時，自己確實直觀知道，有某物在自己的意識內，此意識內的現象如具體的物性對象，此對象不是自我，不是外物，而是超事物性的現象實有。因此，胡賽爾的知識學，以「意識」做爲人知識行爲的活動中心，以「直觀」能力，意識到現象內的事物本質。

與胡賽爾同時代者有英國劍橋學派的實在論，其著名的學者有懷德海與羅素等。

懷德海（A.N. Whitehead）：懷氏受物理學及生物衍化論的影響，其哲學偏重於物理性的生物現象，他以爲知識構成的基本形式在於「知覺作用」，因爲人的認識是從基本的感覺經驗，發展智能，由淺及深，由科學的理論到宇宙思想。

懷德海的知覺作用，以「攝取」（Prehension）代替意識的了解（Apprehension），因意識了解含有被動性的接納，「攝取」有動作性的直接認識，懷德海認爲現實世界是一個多方面交織成的形態，人該有攝取性的認識作用。

羅素（Bertrand Russell）：羅素認爲人的知識分「事物的知識」與「眞理的知識」兩種。眞理的知識如數學似的明顯，沒有任何錯誤的成份，此眞理是原理，可做爲信仰與判斷的標準。事物的知識則分爲：「由親身經歷得來的知識」與「由描述得來的知識」兩種。

親身經歷的知識，乃人的親身經歷，不用任何推論程序，亦不依據眞理的知識做根據，而直接領會該物體，如我面前的桌子，我的感覺親自經歷到該桌的顏色、形狀、硬度等，比任何言語的描述更清楚，因該桌子表現的與件是直接呈現給我。羅氏認為「親自經驗」乃人的「自我意識」，乃人在心靈上獲得知識的根源。

描述而得的知識：乃親自經歷過的事物，以語言講述表示之。羅素認為描述的語詞，用親身經歷過的東西，引用共相的普遍觀念，加上專有形容詞述說之。因為人親自經驗過的殊相是描述的起點，描述語句將殊相與同相連貫一齊，使人知道描述的事實，懂得語句的眞理。

邏輯實證論（Logical Positivismus）：亦名邏輯經驗論，起源於奧國的維也納學派，其動機是反對德國的觀念論，其方法是採取法國的實證主義及英國的經驗論，其著名的學者有：史立克（Moritz Schlick）、卡納普（Rudolf Carnap）。

邏輯實證論以經驗科學的立場，反對形上學，其主張是以普遍的具體經驗，用邏輯學的具體方法，使一切學科數學化。他們更提出一種「科學語言」，用此語言配合觀察的感覺事件，將「經驗」及「實證」應用到思想上，他們認為語言與經驗互相輔成，經驗的事實，以形成的命題表現出來。因此，凡可以度量的才有意義，不可以度量的便無意義。而形上學的命題語句，或精神界的問題，皆缺少度量，毫無意義。因此，他們採取了法國孔德的實證主義，要人專務實在所接觸到的事物，並以數學做為實證的基本法術，也因此，他們採取了英國休謨的經驗思想，主張將一切學科引導於感覺經驗的系統內，形成了邏輯實證論的知識思想。

存在主義（Existentialismus）：乃歐洲三十餘年紊亂後的思想產物，他們將事理引行到個人問題上，較著名的學者有：齊老果、雅士培、海德格、馬賽爾、沙特等人。

存在主義開始是討論形上學與本體論的思想，其本體論的學理是與知識論相連合，其性質是偏向於實在論，其動機乃不滿意於唯心論的空談，或實證論的唯物機械論，而走向了直接體驗法。存在論的直接體驗，不是唯物論的感覺經驗，他們對實有及物體採取兩條途徑，一是描述人對具體事物的體驗，二是描述事物的要素與結構。

存在論認爲凡「實有」皆是具體事物，而非抽象實有，因爲研究「實有」是根據實際事物而不是抽象的推求。因此，存在主義否定了「共相」的存在，只注意自己內心經驗的現象。

有些存在論者認爲：人的認識分兩種，一是觀念的，一是直觀的；觀念的認識接觸到實體本身，或實體的完整性，觀念的性質是抽象空虛的，只表現事物的量及物理性。直觀認識乃人與實體的直接接觸，其性質是單純的、具體的、完善的，並可把握客觀事物的實在性。總之，存在主義偏向於直觀性的認識，以個人內心的直覺體驗，做爲存在學說與實際行動的基礎。

新士林哲學家（Neo-Scholasticismus）或跟隨亞里斯多德與多瑪斯，或偏向柏拉圖與奧斯定，其共同的主張：世界有眞理存在，其性質是客觀的、永恒的、不變的。人追求眞理的方法，因時代與環境的不同，有不同的觀點，但眞理本身仍有其客觀的標準獨立性；人藉著理智的抽象作用，可以認識之。

新士林哲學分散世界各國與各民族，其間學者衆多，如馬里日（Jacques Maritain），日爾松（Etienne Henri Gilson）等，他們認爲人的知識有許多等級，其最高級的知識是形上眞理，每級眞理皆有價値，人藉著感覺功能及抽象作用，能獲得高超的眞知識。

叁、認識論的意義

認識論，就名字言，是硏究認識的學問。

認識論，就實質言，乃哲學之一部份，硏究認識的價値之學問。如認識之確實性、絕對性、超越性、客觀性，知識之原理與方法，眞理的性質與標準等。

認識論在西洋哲學中有不同的名稱，如：大邏輯、辯論學、批判學、知識論等。

大邏輯（Logica Major）：乃就純理則學的小邏輯言，小邏輯是講述認識的觀念與推論方法的對錯問題。大邏輯則講述認識眞理的問題。

辯論學（Critica）：乃討論人的理智是否可以認識眞理。

批判學（Criteriologia）：乃討論人的認識標準與方法，並講述眞理之眞僞與區別。

知識論（Epistemologia）：講論學問之分類、原理、方法與價値等問題。

士林哲學家對認識論有不同的意見，有人將之歸入理則學的範圍，有人將之歸入形上學的部份；將認識論併入理則學者，則主張認識論是講「眞理」的，與理則學相關連；將認識論併入形上學者，則主張認識是「實有」的問題，與專論「實有」的眞實性相關連。

新士林哲學家認爲：認識論不是邏輯學，也不是形上學，認識論有自己的獨立園地與範疇，其理由如下：

認識論是講述認識與事物之關係，邏輯只注意推理規則之學問，而不注意外在事物的性質。形上學專講純實有的學問，不涉及認識問題；認識論則注意認識與事物的關係；因此，有人主張，認識論是居於邏輯學與形上學之中間的學問。

再者，認識論亦與理則學及心理學相關連。理則學是講述思維的規則，心理學是講解人生理與心理的認識現象，認識論是透過心理的認識現象，以正確性思維的結構形式，講述認識之內容與價值。

細言之，認識論講述的方法與對象雖與理則學及心理學相關連，但三者的實質完全不同。理則學講述思想的規則、結構、及推理的形式等問題；認識論則注意認識的內容，認識者與被認識事物的合一關係。理則學是一種實踐的學問，將思維的規則用於推論與證明上。認識論乃理論的學問，講述認識與外物之關係。

心理學講述人的生理現象，人認識活動的生理過程，如外物、器官、感覺、神經、大腦等作用。認識論則注意人的認識之內容、價值、與人物之相合關係。因此，認識論可以結論說：研究眞理的學問，藉著人的理性基礎，研究認識的確實性。

現代哲學家多將認識論歸入知識學的範圍，或改稱知識學，其內涵包括認識論與普通學問；知識學的西洋名稱爲" Epistemologia "，此字爲拉丁文，由" Episteme "「知識」與" Logia "「學問」組合而成。

本書依此原則，先講「認識」，後講相關學問的基本概念，此書的總名稱仍爲「認識論」，其目的在指明認識眞理的各種情形。

肆、認識論的內涵區分

認識論的內涵，可就兩方面討論之，一是認識概論，一是知識學概論，二者皆就哲學的觀點，講述其基本概念。

認識概論內講述：認識眞理，認識眞理的要素，認識的確實性、超越性、客觀性。

認識眞理內講述：眞理的意義、確實性、明顯性、人認識眞理的情形。

認識眞理的要素內講述：認識的意義、方法與對象。

認識的確實性內講述：懷疑派的懷疑、方法的懷疑。
認識的超越性內講述：認識的經驗與超越、認識自身與超越。
認識的客觀性內講述：知覺的客觀、概念的客觀。
知識學概論內講述：學問的種別、原理、治學的方式與證據。
在學問的分類與方法內講述學問的普通方法與特殊方法。
茲就以上系統，區分章節，講述如下：

第一篇　認識概論

第一章　認識眞理

第一節　眞　理

（Ⅰ）眞理的意義

眞理（Veritas）：乃「名實相符」。

眞理是建基於觀念及判斷上，眞理在認識論中是就認識與被認識的相同性言，乃主觀認識者與被認識的客觀事物相合爲一，故眞理本身含有「相等」（Aequalitas）的關係，乃主觀的認識與客觀的事物相等，認識與事物相合一。

眞理，普通言，分：事物之眞、語言之眞、知識之眞。

事物之眞，亦名實體之眞（Veritas Ontologica）：乃客觀的事物相合於主觀的認識，如眞酒。事物之眞被稱爲實體之眞，乃某實有之本性相合於該實有之本質，或該實有含於認識者對該實有之完全觀念。

語言之眞，亦名倫理之眞（Veritas Ethica）：乃言者的外在話語與內心的意願相合一，如說眞話。語言之眞被稱爲倫理之眞，乃內在的思想以實在的語言表現出來，即人的「心口合一」，不說謊言。

知識之眞，亦名邏輯之眞（Veritas Logica）：乃主觀的認識合於客觀的被認識對象。知識之眞被稱爲邏輯之眞，乃理智之正確判斷與事實合爲一。

事物之眞與語言之眞，分別在本體論（實有學）與倫理學內講解，此處專就認識的眞講述之。

認識之眞有三個基本要素，即：認識之主體、被認識之客體、認識主體與被認識客體之合一。

認識之主體（Cognoscens）：乃認識客體事物者，將被認識之事物接納於自己的認識意識內，換言之，主體接納客體後，主體由無知變成有知。

被認識之客體（Cognitum）：乃被認識之對象，被認識者所肯定或否定之事物。

認識之主體與客體之相等合一（Adaequatio）：乃認識之主體與被認識之客體相結合，換言之，認識者藉認識作用，主觀之認識與客觀對象相合一。

因此，眞理的意義，乃建立於「主」「客」關係的相合上，如士林哲學的銘言：「眞理是理智（認識）與事物相等。」（Veritas : Adaequatio intellectus et rei）。

換言之，理智（ Intellectus ）乃人的理性認識，其認識功能乃「肯定所是者，否定所非者」，事物（ Res ）乃泛指一切被認識的外在對象，二者相合，則爲認識之眞。

就認識論言，認識眞理乃認識之主要目的，眞的認識乃判斷合於事實，假的認識乃判斷不合於事實。

（Ⅱ）哲學家的意見

①觀念論（ Idealismus ）：否認眞理是認識與對象的相合，承認眞理是認識與自己相合；換言之，認識沒有外在被認識的對象存在，只是腦海內的產物而已。

②經驗論（ Empiricismus ）：眞理在於經驗的證明，換言之，凡經驗無法證明者便不是眞理。

③相對論（ Relativismus ）：否認眞理是絕對的，承認眞理是相對的，換言之，眞理是因認識者之條件而改變。

④實用主義（ Pragmatismus ）：承認眞理建立於有益的實用上。換言之，凡對人有益處者爲眞理，對人無益處者便不是眞理。

⑤士林哲學家的意見（ Scholasticismus ）：

ⓐ不贊同觀念論的主張，因爲眞理是客觀存在的，而不是個人理念所產生的。

ⓑ不贊同經驗論的主張，因爲眞理是本身存在，絕對的、超越的、普遍的；而不是僅限於部份性的感覺認識。

ⓒ不贊同相對論的主張，因爲眞理永遠是眞理，換言之，眞理乃是其所是者、非其所非者，絕對客觀存在着，不因主觀認識者的改變而改變。

ⓓ不贊同實用主義的主張，因爲眞理是客觀性「是其所是或非其所非」，眞理不常是有益實用的。

因此，士林哲學主張：眞理是建立於主觀的認識與客觀被認識的對象之相合上，其性質是絕對的、客觀的、超越的、普遍的。

再者，在人的言語交談中，常關連到「判斷」與「眞實」的問題，判斷的眞實乃判斷者與客觀的事實相等；反之，假的判斷乃主觀的判斷與客觀的對象不相等，由此現出，眞理乃認識與對象相合，假理乃認識與對象不相合。

(Ⅲ)虛僞與錯誤

與眞理相反者爲「虛僞」與「錯誤」。

虛僞（Falsitas）：與眞理相反對，眞理乃是其所是者與非其所非者。虛僞乃是其所非者與非其所是者，換言之，眞理是「名實相符」，虛僞是「名實不相符」；眞理是主觀的認識及判斷與被認識的客體相合一，虛僞則是主觀的認識及判斷與客觀的事物相反對。

虛僞與無知不同，無知（Ignorantia）是單純的缺少知識。無知分積極的與消極的兩種，積極的無知（Ignorantia Positiva）是該知道的而不知道，如哲學系的學生不知哲學的意義，消極的無知（Ignorantia Negativa）乃不該知道的而不知道，如體育系的學生不懂形上學。

無知是一種「缺欠」，而非認識的判斷，判斷是人理智之行爲，其結果是「眞實」與「虛假」，其價值是與事實相合或相反；而「無智」是單純的缺欠狀態，未涉及眞僞對錯的判斷問題。

錯誤（Error）：錯誤是與事實不相符合，乃將眞的認成假的，或將假的認成眞的；因此，錯誤與虛僞有相似性的關連。

錯誤分可避免與不可避免的兩種：

可避免之錯誤（Error Vincibilis）：乃人謹愼小心或用心研究學習，便可勝過該錯誤，如天主教徒注意教會節日，可以不犯誡命之錯誤。

不可避免之錯誤（Error Invincibilis）：乃人謹愼小心與虔心研究，仍不能勝過該錯誤，如普通智慧之人不懂得高超的事理。

錯誤與眞理相關連，因爲錯誤是與事實不合，錯誤的判斷更與事實不相合。

錯誤的其他情形，留在下面講述（見第一章，第四節）。

第二節　認識眞理的過程

人的理智在追求眞理的過程中，心靈上會發生不同的意識層次，如：無知、懷疑、意見、猜疑、確定等，分述如下：

壹・無知

無知（Ignorantia）：乃缺欠，即認識者缺少應有的知識。

無知亦名缺少認識，或無被認識之任何觀念。無知與「錯誤」不同，錯誤乃有事物之觀念，其錯誤之形成爲認識之觀念與事實不相符；無知則無認識之任何觀念。

無知分積極的與消極的兩種：

積極的無知（Ignorantia Positiva）：乃該知道的事理而不知道，換言之，缺欠應該知道的事理。如汽車司機不知道駕駛汽車的規則。

消極的無知（Ignorantia Negativa）：乃不該知道的事理而不知道，換言之，缺欠所不應該知道的事理，如文學系的學生不知道高等微積分。

故無知是一種缺欠，乃求知的原始起步點。

貳・懷疑

懷疑（Dubium）：在兩個對當的事項，或數個相似的事理中，因爲怕錯的理由，懸掛自己的判斷，未有肯定性的決定。換言之，人的理智不偏向任何一方，完全居於中間性的客觀判斷，或因正反兩面全有理由，但雙方的理由皆無充足明顯性，使人確實肯定者，或者肯定一方，其內涵有怕錯的心情與錯誤存在着。簡言之，在「是與否」或「對與錯」的對當中，心中猶豫不決，不能下判斷。

懷疑分：積極的懷疑、消極的懷疑、明智的懷疑、愚笨的懷疑數種。

積極的懷疑（Dubium Positivum）：乃人有充足的理由產生懷疑，或因爲被懷疑的事理本身不顯明，使人無法相信，或因被懷疑事項的反對者亦有相同的理由可以成立，簡言之，事物的本身有理由使人懷疑。

消極的懷疑（Dubium Negativum）：乃人無充足的理由所產生的懷疑，換言之，事理本身明顯清楚，不應該有懷疑而產生的懷疑。簡言之，無理由懷疑的懷疑等於無知。

明智的懷疑（Dubium Prudens）：乃經過人的理智之審查、推理、而確定被認識之對象有錯誤的可能，所產生之懷疑心情。此種懷疑近似積極懷疑。

愚笨的懷疑（Dubium Imprudens）：乃懷疑者不以理智之審查、推理爲根據，而盲目的加以懷疑。此種懷疑亦名不明智之懷疑，其性質近似消極的懷疑。

懷疑是研究學問的方法，積極與明智的懷疑促使人解決疑難、尋求眞理。消極與愚笨的懷疑阻碍人尋求眞理，亦非學者研究學問的方法。

叁・意見

意見（Opinion）：乃主觀的判斷或肯定的語句中，含有怕錯的可能。或者，肯定的決定，其內涵不排除相反意見的存在。細言之，主觀的判斷中有對的成份，但非百分之百的全對，而含有「蓋然」性的成份，因此不排除其他與自己意見不同的主張。簡言之，主觀自己認爲對者，也承認別人或者有更好的意見存在。

「蓋然」性（Probabilitas）乃不確實的意思，換言之，其表現的事理與性質無堅强的推動力與明顯的確實性，只以較多的「可能性」呈現出來，使人認識與判斷。

意見有明智的與愚昧的兩種，依意見人之理智與知識程度之多少而決定。

肆・猜　疑

猜疑（Suspicio）：猜疑居於「懷疑」與「意見」之間，其性質是指在不同或相對的事項中，心情偏向於某方面而產生的意識。

猜疑的產生，多起源於對象的不顯明，或被認識的對象內有許多破紋與疑惑，使認識者無法相信或肯定。

「猜疑」與「懷疑」、「疑懷」等三字，在中文內無確實的區分，其指意與用項多相同，乃認識者對被認識之對象無確實決定的肯定所形成。

伍・確　定

確定（Certitudo）亦名確實性，與明顯性是眞理的兩個標準，因此，於下節專題講述之。

第三節　眞理的標準

——確實性與明顯性——

壹・確實性

（一）確實的意義

確實（Certitudo）：是一個主觀的判斷，堅强的認識眞理；其本質含有積極的肯定性、與消極的否定性。

所謂積極的肯定，乃堅決的承認所判斷者爲眞理；所謂消極的排他性，乃排除怕錯誤的成份與心理。因此，確實乃理智的認識行爲，在衆多或相對的事項中，以不怕錯誤的成份與心情，堅定的承認一方是眞的，或否認一方是假的。換言之，確實性的內涵要素爲：堅決的肯定所認識的眞理；堅決是無懷疑的心情，肯定是判斷，認識眞理乃肯定其確實性。

（二）確實的區分

確實就不同的觀點，有下列各種不同的區分：

①就認識言，分主觀的與客觀的兩種。

主觀的確實（Certitudo Subjectiva）：乃主觀認識者對客觀事物有清晰明顯的判斷，決定其眞實或虛僞。換言之，認識者對所認識之對象無絲毫懷疑或怕錯的心理，堅定對象的確實性。

客觀的確實（Certitudo Objectiva）：乃被認識的客觀事物，其本身是明顯確定的事實，不因外在環境事物或認識者的年齡與地方的不同而改變。換言之，認識者不能不承認其眞實存在，如圓不是方。

②就確實的「程度」言，分通俗的與哲學的兩種。

通俗的確實（Certitudo Vulgaris）：乃認識者不需要經過理智的推究與詳細的研究，便肯定事理的確實性，如農人相信國家的法律存在。

哲學的確實（Certitudo Philosophica）：乃認識者經過理智的詳細研究所認識與肯定的確實性，如哲學家經過懷疑、研究、或實驗等所證明的眞理。

③就確實的樣式言，分必然的與自由的兩種。

必然的確實（Certitudo Necessaria）：乃客觀存在的事實或事理明顯的呈現出來，使認識者不能不承認其確實性。換言之，客觀的對象明顯的呈現於眼前，或以具體的事實，或以明顯的事理，以强迫性的姿態，使人的理智不能否認事實或事理是眞實者，如哲學的第一原理、「全體大於部份」等。

自由的確實（Certitudo Libera）：乃理智對不太明顯的事理所有的認識。換言之，客觀的對象不太明顯的呈現出來，或理智的判斷亦非强迫性的決斷其眞僞，如歷史中所記述的許多事實，完全藉「意志」之力而認定其確實性。

④就確實的性質言，分本性的與超性的兩種。

本性的確實（Certitudo Naturalis）：乃人藉着自己理智的功能便可認識對象的眞僞，不需要藉着神的啓示或信仰的力量。

超性的確實（Certitudo Supernaturalis）：乃人的理智功能所不能認識者，換言之，某事實或事理超越人的理智認識之能力，如宗教性的啓示道理（天主三位一體），人應依據聖經或神學的啓示才可認定其確實性。

⑤就確實的主體言，分絕對的與相對的兩種。

絕對的確實（Certitudo Absoluta）：乃某實有或某事理有充足明顯的理由，任何人皆能認識承認之。

相對的確實（Certitudo Relativa）：乃某實有或某事理不是普遍明顯的，而是爲某等級的某些人是明顯確定的。如天文學爲某些科學家是明顯確實的。

⑥就確實的等級言，分形而上的、物理的、倫理的三種。（絕對確實的性質近於必然確實性）

形而上的確實（Certitudo Metaphysica）：乃依據形而上原理所承認的對象實有。換言之，確實是建立在形上學的原理上，其內涵關連着事物的內在本質，其實有是恒久不變的；因此依形上學所認定的確實，亦名絕對的確實，如數學上的二加二等於四，或三角形之內角總和爲一百八十度。此種確實性無任何「相反或錯誤」的可能性存在着，亦無任何例外事件發生。

物理的確實（Certitudo Physica）：此確實是建立於物理的規律上，或依據物理性規律所形成的肯定。細言之，物理的規律常有一定的形式與樣式，並有一定的物理結果，很少有例外的事件出現，如物體墜則落地，生物缺少養料則枯萎；但有時有宗教性的例外事情發生，如病人立即痊癒的奇蹟事件，其原因，物理的性質是依據事物的形體，但形體的依附性有時有例外事件產生，故物理確實性不是完全絕對的。

倫理的確實（Certitudo Moralis）：乃依據倫理的規律與行爲的樣式所肯定。換言之，倫理的行爲乃依據倫理的規則，倫理的規律建立於人的本性上，普通言，人的行爲依據着倫理的規律而行止，但人是自由的，有個人的意志與能力，亦可違倫理的規律而行止；因此倫理的確實性不是完全絕對者，屢次有例外事件發生，如行善避惡的良心律，或禁止偷竊的道德律，而常有人「行惡避善」去偷竊別人的東西。

以上三種等級的確實，以形而上的確實爲最高級，也最確切完善；物理的確實則次之，因爲有時有例外事件發生；倫理的確實更次之，因爲人有自由與意志，在倫理的規律中，常有越軌的行爲與事件發生。因此後世學者稱物理與倫理的確實爲「假定的確實」（Certitudo Hypothetica）

因爲此二者未消除確實的「錯誤與相反」的事項，形而上確實被稱爲絕對的確實，其完整性無任何例外事件發生。

（三）哲學家的意見

(I)懷疑派（Scepticismus）主張：「無確實、無意見」，否認世間有絕對的眞理存在，人的認識常居於懷疑狀態。

(II)士林哲學的意見（Scholasticismus）

士林哲學主張世間有確實事理存在。因爲就人的實際生活與話語言，人無怕錯誤的心情，與堅强的判斷所形成的認識行爲，此正是確實的意義。

所謂堅强的判斷與認識，乃認識的肯定成份內沒有絲毫怕錯的成份存在着。認識者的認識行爲，乃人的理智之判斷，使認識與被認識的對象相合爲一，而非單純的觀念意識。

眞理乃認識者認識行爲的終極目標，因爲理智的功能作用在追求眞，理智獲得眞理後，才滿足而息止。

人無怕錯誤的心理，乃認識眞理的完善境界，亦是「確實」的眞正意義。

士林哲學家對「確實」的種類有不同的意見：

①有的哲學家認爲「認識的確實性」該是必然絕對的，因此，無相對的自由確實性，其理由如下：

人的理智功能作用是認識眞理，其認識之條件是要求被認識的客觀對象該是明顯清楚者；而理智對明顯清楚的對象不能不承認其是眞，或否認其是假。換言之，理智的認識乃判斷對象是眞或假，其必然絕對的確實性是認識首先要求的。

再者，就人的後天經驗言，人看到明顯清楚的對象，便會接納與認定其確實性，不需要意志在理智不明白的情形下强迫去承認，如「二加二等於四」的定理一樣。因此，不贊同認識有相同的自由確實性存在。

②多數士林哲學家主張：自由確實性在認識內是准許存在的，其理由如下：

自由相對的確實性在認識內存在着，其本身並無矛盾處。

「自由確實」的意義是對象本身不太明顯清楚，而理智的認識判斷也不是非承認其眞僞不可。換言之，自由確實無强迫力或要求理智的認定眞僞，但在兩種條件之下，理智仍可認識接納之。

理智接納自由確實的兩個條件：第一、某種事理存在的本身不該當自相矛盾，第二、有後天的經驗證明其存在是可能的。換言之，凡自身不相矛盾的事理，與後天證明可能存在者，雖其本身不明顯確實（自由確實），理智亦可接納承認之。

再者，由人的實際經驗及宗教的生活領域，有些宗教的啓示道理，就理智認識言，多是不明顯清楚的，但信徒們藉意志的決定，可以接納之，因此，自由性相對確實在認識內是可以成立存在着。

③士林哲學家承認形而上確實是絕對的確實，其他物理與倫理的確實亦是眞的確實，但非絕對的確實，而是「假定的」確實，其理由如下：

形而上確實是建築在事物的本質與形而上原理上，其存在與性質無任何例外與條件，因之被稱爲絕對的確實，如人是理性的動物，鐘錶是計時的工具等。

物理的確實與倫理的確實則不然，有時有例外的事件發生。細言之，物理與倫理的確實建基於物理的規律與倫理的原則上，故稱爲眞的確實，其被認識的性質亦是「堅强的承認與無怕錯誤的心理」，但二者皆有例外的事件發生，如物理事件是依據物體，物體有依附性，其依附性常因環境等因素改變而有例外。倫理事件是依據人的行爲規範，但人有意志與自由，人屢次不依據行爲的規範而行動，因此二者亦被稱爲有條件的假定性確實（ Certitudo Hypothetica ）。或二者在正常條件之內皆是確實的，因事實經驗現示出屢次有例外事件發生，如宗教的聖蹟，或惡人的犯奸等。

貳·明顯性

（一）明顯的意義

明顯（Evidentia）：在認識論言，「明顯」是主體認識客體時，客體顯明清楚的呈現出來，被認識者確定其存在。如太陽發光。簡言之，乃一個顯明的客體事實或事理，呈現給認識者。

（二）明顯的區分

明顯可區分下列數種：

①主觀的明顯（Evidentia Subjectiva）：乃主觀認識者對客觀事物的清晰認識與判斷。換言之，主觀認識者以自己的理智與學識對事物之清晰認識與判斷，如人清楚的看到杜鵑花開。（人因學識、血型等不同，對客觀事理認識之程度有深淺之不同，但就主體認識者言，已清楚的認識對象，便是主觀的認識）。

②客觀的明顯（Evidentia Objectiva）：乃被認識的客觀事物或事理，其本身顯明清楚的表現出來，其確實性不需要任何其他標準或理論證明之，如太陽是發光體。

客觀的明顯又分：直接的明顯與間接的明顯，內在的明顯與外在的明顯，完整的明顯與不完整的明顯數種。

ⓐ直接的明顯（Evidentia Immediata）：乃被認識的事物或事理顯明的表現出來，不需要任何證明其確實存有者。如電燈發光亮。

ⓑ間接的明顯（Evidentia Mediata）：乃被認識的存在客體或事理需要依據其他原理證明其確實者。如數學的理論方程式。

ⓒ內在的明顯（Evidentia Interna）：乃被認識的事物或事理本身有顯明清晰的道理，使認識者能直接或間接的領悟之，如一加一等於二，或物體的全體大於自己的其他部份。

ⓓ外在的明顯（Evidentia Externa）：乃被認識的事物或事理之本身不夠顯明，應藉着權威的述說，或外在事理的佐證，以確定其存有。如：孔子存在，由論語一書證明，或羅馬的聖伯多祿大教堂存在，因爲有人去看過；因此，外在明顯亦名可相信的明顯性（Evidentia Credibilitatis）。

亦有外在的明顯非十分可信者，換言之，其明顯性含有疑惑與未能證明的成份在內，後世學者稱其爲蓋然的明顯性（Evidentia Probabilitatis）。

ⓔ完整的明顯（Evidentia Perfecta）：乃被認識的對象完全清晰的呈現出來，任何人皆

能認識之，或認識者不能不承認其確實性。

ⓕ不完整明顯（Evidentia Imperfecta）：乃被認識的對象不是完全清楚的呈現出來，使人不容易立卽被認識，亦或其本身亦無强迫性，使認識者肯定其確實存在。

總結以上，明顯性是人在知識學內認識眞理的標準，其本身代表着被認識的事物與事理，其存有的性質不需要依據其他事項做標準。

（三）哲學家的意見

①觀念論（Idealismus）：主張眞理的標準不是「明顯性」，而是認識與被認識的相合，或思想與思想的規律相合。

②笛卡兒（Cartesius）：主張眞理的標準是明晰清楚的觀念，而非被認識之對象的明顯性。

③實用主義（Pragmatismus）：眞理的標準是建立於有用的益處上，而非被認識事物的明顯性。

④實證主義（Positivismus）：眞理的標準在於後天的「經驗」證明，而非事物的明顯性。

⑤傳統主義（Traditionalismus）：人只有藉天主的啓示，才能認識眞理。

⑥科學家（Scientistae）：認爲眞理的標準建立於科學的檢證。

總結以上各派哲學家的意見，他們不以明顯性做爲認識眞理的標準。

⑦士林哲學的意見（Scholasticistae）

士林哲學認爲眞理的普遍標準與確實性的最後依據是客觀的明顯性（Evidentia Objectiva），藉此明顯性，認識者可從虛僞錯誤中，找出確實的眞理存在，其理由如下：

ⓐ客觀明顯性乃具體存在的事實，其明晰淸楚的表示，使人無畏懼錯誤的心理肯定認識之。

ⓑ客觀明顯性不因時地環境的不同而改變，其存有是常久獨立不變的，使人人皆能認識之。

ⓒ客觀明顯性是完全中立獨存的，不因主觀認識者的影響而改變其眞實性。

總結以上，士林哲學家認爲事物的客觀明顯性是人認識事物與事理的標準，藉此標準，堅定了眞理的確實性。

第四節　錯　誤

（一）錯誤的意義

與眞理相反者爲錯誤。

錯誤的意義乃假的判斷，其性質是判斷與事實不合。換言之，認識者所承認的事理及判斷與客觀的事實不相合，將眞的判爲假的，將假的言爲眞的。

錯誤，就人言，是常有的現象，在哲學史中，詭辯派與柏拉圖對「錯誤」的主張有不同的意見。

詭辯派認爲「錯誤」是不可能的，因爲人的認識是獲取實有（Ens），凡實有皆是眞實的，故人認識眞實便不會錯；反之，若認識獲取非實有（Non-Ens），非實有爲「無有」，則不存在，獲取不存在的「無有」，亦不能錯誤，故錯誤是不可能存在的。

柏拉圖認爲詭辯派的思想是錯誤的，因爲「錯誤」的性質不是建立於認識對象之「實有」與「非實有」上，而建立於「有無」與「眞假」的對錯上，換言之，認識者以「有」爲「無」，或以「無」爲「有」；以「眞」爲「假」，或以「假」爲「眞」上，故錯誤在認識上是可能的。其可能性不是認識者以獲取對象之「有」「無」爲基礎，而是主觀的認識與客觀的事實不相符合所形成。

（二）錯誤的原因

錯誤形成的原因不是來自被認識的客觀對象，因爲對象本身是自有存在的本體；錯誤的原因是來自主體的認識，乃主體錯誤的判斷所形成。

人普通錯誤的形成，多來自先天的成見，正如近代哲學家培根（Francis Bacon, 1561～1626）所言，人的知識境界有四個先天偶像存在着，即：種族偶像、洞穴偶像、市場偶像、戲劇偶像等，人多因以上的先天成見，阻礙人理智的正確判斷與客觀知識的獲得。

再者，人因血型與素質的不同，無形中，亦受幻想與情慾之影響，在認識眞理的過程中，失缺中正，其意志所做的決定，也容易走入錯誤的偏途中，因此，哲學有句諺語「錯誤是人的本性」（Erare humanum est）。換言之，人因以上的理由，將判斷走入錯誤的歧途中。

（三）錯誤的避免與救助

人研究學問，追求眞理，應先有心靈的準備，細言之，眞理追求者第一應心理中正，消除先有的預定成見，以愛眞理與追求眞理的心研究眞理的客觀性，然後以懷疑的方法做起步點，逐步解除懷疑，獲得學問的眞諦。

參　考　資　料

1. Aristoteles: Met IV., Cfr. Comm S. Thomae.

2. Thomas Aquinas : De Ver. I. 9;
3. S. Augustinus : Contra Academicos (Probabilitas).
4. Card D. Mercier : Criteriologie generale (8 edit). Louvain.
5. J. Di Napoli : Manuale philosophiae, Gnoseologia.

第二章　認識眞理的要素

由上章眞理的基本概念，哲學家詢問：「人是否可以認識眞理」？

在講述人能認識眞理以前，應先講述：「認識的意義」，「認識的方法與對象」，「人能認識眞理」。

茲逐條講述以上各問題：

第一節　認識的意義與內涵

認識（Cognitio）：就意義言，乃一種行爲，人藉此行爲，能意識到知覺的事物。

由此，分析出認識有三要素，即：認識的主體，被認識的客體，認識的行爲。分述如下：

認識的主體（Subjectum Cognitionis — Cognoscens）：乃認識事物者，即主體接納呈現的事物時，主體由無知變成有知。其認識之方法是藉着五官的感覺及心靈的意識作用。

認識的客體（Objectum Cognitionis — Cognitum）：乃被認識的對象，被認識者所肯定、否定、或推知的客體事物。如形而上的神靈，形而下的宇宙萬物，思想內的情感意志等。

認識的行爲（Actus Cognitionis）：乃認識之主體與客體的連繫作用；換言之，認識的主體將意識行爲接觸到客體上；認識行爲產生在主體與客體之間，客體的對象呈現給主體時，客體被主體的感覺及意識所接納。

認識的行爲，平常是藉着感覺的印象與理智的觀念所形成；印象與觀念是代表外面存在的客觀事物；認識的情形，平常是客體先存在，主體有認識的能力與行爲時，才發其存有之價值。認識行爲也被稱爲「主體對客體」的肯定或否定的限定作用，其過程是藉着意識、觀念、和判斷。

ⓐ意識（Conscientia）：乃人對自己的內心事態或行爲的一種的理會作用。普通言，分直接意識與反省意識兩種。

直接意識（Conscientia Concomitans）：乃由官能直接接觸到、並理會其意義，如學生在教室聽到老師的講話，並理會其語言的意義。

反省意識（Conscientia Reflexa）：乃認識者以客觀的立場反省自己過去的行爲，並理會該行爲之對錯，如人反省自己昨天讀書的情形。

ⓑ觀念（Idea）：在認識論言，乃客體在認識內的替身。或觀念在人認識時的「理性之形式符號」。因爲人第一個認識是具體的客體，而觀念是經過人的反省意識所認識者，因此，有人

稱觀念爲第二個認識。

觀念亦是事物存在於理智及意識內者，但此事物非外在的具體實物，而是事物在認識內的表現與替身，因此，觀念亦被人稱爲主體與客體間的媒介物，使認識的主體與被認識的客體合二爲一。

ⓒ判斷（Judicium）：乃理智的行爲，決定觀念的相合或不相合，其功能作用是認識的主體與客體的相合或相反，換言之，當理智的認識與客觀事物相合一致時，其判斷爲眞，反之，理智的認識與事物相反時，其判斷爲假。

判斷的形成平常是藉着「主詞」與「述詞」的兩觀念，人的理智將「主」「述」兩觀念的內涵與外延作比較，以決定其相合或相反，而形成理智的判斷，換言之，兩觀念的內涵相同者，則形成肯定判斷，如人是動物；或兩觀念的外延不相同者，則形成否定判斷，如猫不是狗。

總結以上所言，人藉着意識、觀念、判斷，才有眞正的認識作用。

第二節　判斷與眞理

眞理、判斷、明顯性等基本概念已於上章與上節內講述過，此節就以上觀念詳述其連繫關係。

（一）判斷的意義與區分

判斷（ Judicia ）：簡言之，乃主觀認識客觀時，藉觀念與對象的相合或相反，以肯定或否定的方式，表明事物者。

（二）判斷的區分

判斷分：具體的與抽象的兩種。

具體的判斷（ Judicia Concreta ）：亦名存在的判斷（ Judicia Existentiae ），乃被判斷的事項是一個具體的事實，而由人的感官所感受到者，如張生在跑步。

抽象的判斷（ Judicia Abstracta ）：亦名本質的判斷（ Judicia Essentiae ），乃被判斷的事項是事物的本質要素，而由人的理智抽象獲得形成者，如「全體大於部份」。

具體與抽象的判斷皆分爲：直接與間接的判斷兩小種：

具體的直接判斷（ Judicia Concreta Immediata ）：乃被判斷的事項直接關連着人的感官，或由人的感覺所形成，如我感覺手痛。

具體的間接判斷（ Jubicia Concreta Mediata ）：乃被判斷的事項來自經驗的推集，或由人的觀察所形成，如水熱到百度便沸騰。

抽象的直接判斷（Judicia Abstracta Immediata）：乃被判斷的事項不需要經過三段論的推理，便能決定其眞僞對錯，如方不是圓。

抽象的間接判斷（Judicia Abstracta Mediata）：乃被判斷的事項需要經過理性的推論或三段論的推演而形成，如人的靈魂是精神性實有。

（三）哲學家的意見

哲學家詢問具體的或抽象的直接判斷是否是眞的判斷？或者，是否有判斷的價值？

士林哲學認爲具體的或抽象的直接判斷有其客觀的價值，因爲內在的判斷與外在的事實相符合。

就具體的直接判斷言，主觀的判斷與客觀的事實相合，如我感受脚痛，乃言：「我脚痛」；此判斷是眞實的，因爲我的感覺感受與主觀的我是一個體，不需要藉着第三者外物之介入，才感覺出我脚痛，因此我言「我脚痛」的判斷是一個內外相合的眞事實，故具體的直接判斷是確實的眞理。

就抽象的直接判斷言，主觀的判斷亦與客觀的事實相合，如數學的二加三等於五；此判斷是眞實的，因二加三是先件，五是二者相加的結果；二加三雖是抽象的數目，但事實證明的結果是正確的；故抽象的直接判斷亦是確實的眞理。

第三節　判斷眞理的標準

判斷眞理的標準，哲學家有不同的意見。

（一）哲學家的意見

①觀念論（Idealistae）主張：人的一切認識之對象皆是觀念，眞理之最後基礎與認識之判斷皆在主觀的信念內。此派亦名主觀觀念論（Idealistae Subjectivi）。

②內在論（Immanentistae）主張：世間的一切現象皆歸縮於絕對的一，眞理與判斷的標準皆由絕對的一所產生。

③反理性論（Anti-Intellectualistae）主張：眞理與判斷之標準不該以理智之認識為原則。

④實踐論（Pragmatistae）主張：眞理與判斷之標準建立於人類生活有益上。（實踐論亦名實用主義）。

(二)士林哲學的意見

士林哲學主張，判斷眞理的標準該是客觀的、內在的、直接的，而非主觀的、外在的、間接的。分述如下：

(Ⅰ)判斷的最後標準是客觀的直接明顯性

明顯性，拉丁文爲〝Evidens〞，此字的組成是〝E-Videre〞，其指意是『眼睛清楚的看見某事物』，此字用於哲學上，便指示「感官清楚的認識對象，或理智清楚的認識事理」；或者，被認識的事物與事理清楚的呈現出來，被認識者接納，皆稱爲明顯性。

所謂直接的（Immediata），乃不需要中間第三者加入，由被認識的事物本身顯明，被感覺認識或理智判斷決定者，如人直接看見紅色的玫瑰花，或方不是圓的定理。

直接的明顯性表現於客觀的物體上，使認識者產生判斷，以決定其對象之眞僞；此直接明顯性亦是人日常生活所經歷體驗者，判斷眞理的必然條件。

(Ⅱ)眞理的最後標準該是內在的，而非外在的。

眞理的最後標準（Criterium）是內在的或外在的？哲學家有兩種不同的意見。

就人的理智認識言，眞理的標準爲內在的認識，換言之，人的理智可以淸楚的認識與推論事理，並能確實的判斷事物的眞實性，故眞理的標準不是外在的權威。

傳統主義者（Traditionalistae）主張：眞理的標準是外在的權威，換言之，他們認爲人的理智不足以認識外在的眞理，該以祖先的言詞，或天主的啓示做爲眞理的標準，故眞理不是內在的認識。

士林哲學不贊同傳統主義的主張，因爲由人的具體經驗得知，人確實有理智的認識，並認識了外在的確實事物；反之，若將眞理的標準定爲外在的權威，則減低了人的理智功能。

宗教神學內有以「權威」做爲眞理的認識標準，特別關於「啓示」性教義的道理，不是人的理智所可明白認識；但在哲學的領域內不採用「權威」做爲眞理的標準，因爲哲學是以人理性追求眞理、認識眞理者，而非感情性的相信眞理者。

（Ⅲ）眞理的最後標準該是直接的明顯性，而非間接的明顯性

眞理的最後標準該是直接或間接的？哲學家有不同的意見。

笛卡兒等（Cartesius）認爲眞理的標準是間接的，換言之，人的理智不足以認識眞理，應

依據天主的啓示或權威的證明，以堅定眞理的確實性。

感覺論者（Sentimentalistae）主張：人的理智的功能不足以直接認識眞理，而人的內外感覺是認識眞理的力量，換言之，人的理智功能有限，世間的許多眞理可以感覺出，而理智無法講明與認識。

士林哲學不贊同以上的意見。

①感覺論的感覺功能雖可認識部份眞理，但許多高深的道理皆超出感覺的範圍，換言之，人的感覺功能只可認識部份性的普通眞理，其他形上學及哲學的抽象理論，皆不是人的感覺所可感受的。再者，人的感覺屢次因年齡、地域及身體素質之改變而殊異，則被感覺之眞理便無一定的標準了。

②若眞理的標準是間接的，或由「啓示」與「權威」證明的，則減低了理智的認識與判斷的功能，換言之，當理論判斷事理時，應尋找外在「權威」與「證據」做爲支援標準；如此，認識者必追問此「權威」與「證據」的標準又是什麼？其結果必相繼的追尋下問，永無結論。

③士林哲學主張：眞理的標準該是直接明顯的，換言之，眞理的認識乃來自客觀事物的明顯性，不需要再依恃第三者的證明，由該事物本身明顯性便可肯定其眞實性。

第四節 推理

認識眞理的判斷有直接與間接的兩種。

直接的判斷（Judicia Immediata）乃不需要經過理智的推論，或藉助第三者媒介的加入，便可以判定其眞僞對錯，如全體大於部份，圓形不是方。

間接的判斷（Judicia Mediata）乃需要經過第三者媒介體的加入，或藉理智的推理與歸納或演繹的演算，所獲得的一個新的決定，如凡人有理性，張生是人，張生有理性。

此節所言之推理（Ratiocinium），乃就哲學的間接判斷言。

哲學之推理判斷，乃依據哲學的第一原理與邏輯學的推論的規律；哲學的第一原理乃矛盾律、同一律、排中律、因果律；邏輯學的推論規律爲演繹法與歸納法兩種；哲學的第一原理將於下章專題講述，今就演繹法與歸納法簡述如下：

壹・演繹法

（一）演繹法（Deductiva）

演繹法乃邏輯學三段論證內用的最多之方法，其組成的形式架構是大前提、小前提、與結論；三段論證之內涵基礎是前提中之大、中、小三個詞端，其結論是由前提中推演出來，故前提與結論有歸屬性的關係，如：凡金屬是傳電的（大前提），銅是金屬（小前提），銅是傳電的（結論）；三段論中的三詞爲：金屬、銅、傳電的。

演繹法的結論是由「推理」而來的新判斷，因爲在前提的語句中沒有此判斷語句，而推理的結果是與前提相關連。

哲學家則詢問：推理的結論是否有效？或推理是否有客觀的價值存在？

（二）哲學家的意見

①康德學派（Kantistae）：邏輯演繹法所得的結論沒有科學的價值，只是現象的超越而已。

②實證論（Positivistae）：不讚同演繹法，認邏輯演繹是觀念的遊戲，後天經驗的事實所形成的歸納法與歸納法所形成的判斷較爲合理。

③士林哲學派（Scholastici）：邏輯演繹法有客觀的價值，理智依哲學第一原理與邏輯規律的推演所形成的新判斷，是科學性的結論，絕對有效，其理由如下：

演繹法的推論是依據前提的「觀念」，其觀念代表着客觀的實有，故演繹法所形成的新判斷有客觀的價值實有存在。

演繹的法則是以普遍的原則爲基礎，此普遍原則是一個已被證明的確實眞理，演繹法據此前件眞理依原理與規律推演，所求出的新判斷，其結論性的事理必是正確的，因結論由前提推出，前提與結論有必然性的連繫關係。

因此，士林哲學不讚同康德學派的主張，因爲人的頭腦內不只是「現象」，亦是人的理智有推演的功能作用，認識超現象的高等事理。

士林哲學也不讚同實證論的主張，實證論只注意感覺的經驗事實，而人的理智可以超越感覺的經驗事物，認識事物後的本質與事理。

再者，演繹法所得之新判斷，屢次亦可以用實驗事實證明之，如張生確實是理性的動物。

貳．歸納法

（一）歸納法（Inductiva）

乃以單個的事項爲基礎，歸納出一個普遍性的原理，如：張三死了，李四死了，王五死了，以此單個具體的事項爲前件基礎，歸納出一個新判斷，「凡人皆會死」，此新判斷的形成，乃前件的歸屬關係。

（二）哲學家的意見

①物理哲學家（Physici-Philosophi）：哲學方法學中只有歸納法比較可靠，具有客觀的價值標準；因歸納法之形成，乃依據事物相同之本性而成功。

②實證論（Positivistae）：強調經驗的事實與知識，輕視普遍性的觀念原理。

③士林哲學（Scholastici）：承認歸納法是研究哲學的正式方法，有其客觀的價值存在；士林哲學亦不否認哲學演繹法的存在，其理由如下：

歸納法的形成，乃來自衆多的單個事項，其歸納的標準是依據衆多事項的相同性；此相同性乃每個單項事體所據有之基本要素，有其客觀的具體價值，其所形成的普遍原理亦有其客觀的價值標準；因此，歸納法所依據的原理被稱爲「本性的同一形式原理」（Principium Uniformitatis Naturae），由此原理所形成的結論性新判斷是客觀眞實的。

士林哲學與物理哲學家及實證論不同者，乃歸納法不是唯一的求知方法，換言之，物理哲學家與實證論者以歸納法爲哲學中求知的唯一方法，士林哲學認爲歸納法是哲學的求知方法之一，而非求知的唯一方法，因爲人的理智透過感覺性經驗事物，用演繹法等推理作用，亦可獲得推演出的眞理。

第五節　眞理的基本定律

眞理的基本定律，乃哲學內所言的第一原理，即：矛盾律、同一律、排中律、因果律四種。

（一）矛盾律

矛盾律（Principium Contradictionis）：亦名矛盾原理，可就邏輯學與實體論講述之。

①就邏輯學言：乃一事物不能就同時同觀點又是又不是；或者，一件事理同時又肯定又否定之。如：一語句的述詞（P）不能同時又適合主詞（S），又不適合主詞（S）；若述詞（P）同時又適合又不適合（S），則必爲矛盾。

②就實體論言：一個實有（Ens）不能同時又是又不是，因「是」與「不是」乃相矛盾，如「存在」便不是「非存在」，「實有」便不是「非實有」，二者不能同時存在，而且彼此相反對。（Existere ←→ Non-Existere, Esse ←→ Non-Esse），若二者同時存在，便是矛盾。

在認識論的矛盾定理中，要求眞理應建立於非矛盾的原理上，使之認識確定之。（Principium Non-Contradictionis）。

（二）同一律

同一律（Principium Identitatis）亦名同一原理，可就邏輯學與實體論講述之。

①就邏輯言：在語句的結構中，述詞的內涵完全合於主詞；或者，在眞理的判斷中，述詞(P)與主詞（S）相合爲一，此乃眞的語句，或眞的判斷。

②就實體論言，「是」便是「是」，「非」便是「非」，二者中無妥協的中間性存在。如A便是A，A不可能是A以外的任何事物。

同一律與矛盾律有連帶性的對當關係，同一律就是實有物之「是」——肯定式言之；矛盾律是就實有物之「不是」——否定式言之；換言之，同一律是就「是」言，「是其所是者」，矛盾律是就「否」言，是其所非者。

（三）排中律

排中律亦名排中原理（Principium Tertii Exclusi），可由邏輯學與實體論講述之。

①就邏輯學言：在語句的結構中，稱謂主詞的述詞（P）在二者中只有一個可能，如P或$\bar{p}$，無中間物或第三者出現。或者，在判斷眞理的語句中，或是肯定句、或是否定句，亦無第三者中

間句出現。如：張某是男生、不是女生；或張某是女生，不是男生；無中間性又是男生又是女生，或又不是男生又不是女生的句子出現。

②就實體論言：排中律與矛盾律及同一律皆相關連，實有之存在只能「是」與「不是」，不能「是」與「不是」同時存在，或同時不存在。

（四）因果律

因果律（Principium Causalitatis）亦名因果原理，乃由原因產生效果，或由效果推求原因的定理。

普通言，因果原理是由「原因」實有中產生出「效果」實有，即實體論中所言的——由「有」產生出另一個「有」出來。

知識論之因果律乃形上學所言的動力因（Causa Efficiens），即一實有是另一實有存在的理由。

就實體論言：因果原理亦是「有」與「非有」的問題，「因」「果」二者，就「因」言，由「有」生「沒有」（Esse → Non-Esse），換言之，「因」本身是「實有」（Esse），但此「實有」因自己之行動或他動，產生出「果」——另一個「實有」出來。就「果」言，此「另一實有」

「果」原爲「沒有」（Non-Esse），今成爲「有」（Esse），乃來自原因之實有；就因果律言，「果」之「有」來自「因」之「有」，二者有內在的連帶關係，正如孩子由父母生，原無孩子爲「沒有」（Non-Esse），後來孩子生出存在了，爲「有」（Esse），此「實有」來自父母之「實有」，二者表現出確實的因果律。

以上四規律，乃知識學內講述認識眞理與判斷標準的重要原則。

第六節　認識的主體與客體

認識行爲發生於主體認識者與客體被認識者之間，主體認識者乃人性的「我」，客體被認識者乃普通的物質體。分述如下：

壹・認識的主體——「我」

認識的主體，普通言，是人性的「我」（Ego），此「我」是一個存在的實有，也是人的意識與行爲活動之主體與根由，如我頭痛、難過、行走、活動等現象皆發生在「我」身上。

再者，人的理性意識在人的情緒活動中，可以清楚的分辨出情緒的活動、現狀與自己實體是有區別的；就人的「記憶」言，記憶是從前過去的印象遺留在自己的頭腦內，平時想不起來，亦不在腦內出現，或產生任何作用；但當追憶或記起過去的事實時，逝去之事實又在腦中清楚的呈現出來；此表示「記憶」之事是存在「我」的存有上。

人的官能感受，因器官之不同而殊異，如眼目的官能是認識顏色，耳的官能是聽聲音，手的官能是接觸冷熱，舌的官能是品嚐滋味；當不同的官能一齊集中於「我」時，「我」會產生一種「綜合」作用，並決定我對不同事物感受的行動；此亦表明有認識性主體的「我」存在。

再次，人的利害官能（Aestimativa）感覺好及有益者，則喜悅親近之；感覺壞及有害者，則厭惡躲避之，此親近與躲避之感受與行動乃「我」身體之活動，與意識之感受是有區別的。

總結上言，由人的感覺、喜樂、痛疼、記憶、利害、及外五官的感受，清楚的顯明人性的「我」存在着，此「我」是一個獨立的實在存有者，感覺的主體、情緒的主體，更是認識與判斷的主體。

因之，觀念論等所言的：「言之存在，則存在；不思之則不在」的謬論是不對的。

貳・認識之對象——物質體

就人的認識言，認識的程序是人的感覺官能開始的；人的感覺官能有其固有之對象，因此，人的感覺認識必需要外在的物質體。今就人的感官認識講述於下：

(一)感官的意義

①感官（Sensus）：乃感覺器官，身體對外接觸的組織性部份體，故名「身體的組織器官」，以接觸外在的事物。

感官分外在的與內在的、知覺的與重生的數種：

外在的感官（Sensus Externi）：乃就該器官所在的外在位置言，分視官、聽官、味官、嗅官、觸官。

內在的感官（Sensus Interni）：乃存在於人的頭腦內，而無外在的固定器官，如綜合、記憶、想像、利害。

知覺的感官（Sensus Perceptivi）：普通言，以現實存在的事物為對象，而接納感受者，因此，知覺的官能多以外在官能為主。

重生的感官（Sensus Productivi）：普通言，以過去感受過的對象為基礎，而重新於官能內回復再生者，因此，重生官能多以內在的官能為主。

②感覺官能的對象是「物質性事體」（Res Materiales），感覺官能藉「物質事體」的外在出現，於感官上發生變化而接納之；因此，感官的感覺是感官的基本要素。

感覺（Seusibile）：就人的外在官能言，感受到外在事物的存有，其固有對象是：「物體、單個、佔有時間與空間」的具體東西。

被感覺的事物，普通言，俱有「顏色、氣味、冷暖、形式、樣子、與獨立性」。

③感覺分：固有的、普通的、偶然的三種。

固有性感覺（Sensibile Proprium）：乃感覺官能之感覺有其固有之對象，如眼睛之固有感覺是接納感受之顏色，耳的固有感覺是接納感受之聲音。

普遍的感覺（Sensibile Commune）：乃感覺官能之感覺不是由一個器官所產生，而是藉着其他官能或幾個官能一齊所接納感受者，如黃玫瑰是香的，乃由視覺與嗅覺官能同是感受者。（哲學家亦將普遍性感覺歸屬於固有感覺的範圍內）。

偶然的感覺（Sensibile Per Accidens）：乃感覺所感受到事物不是直接由感官所得到，而是藉着感覺與其他官能或理智所感受，如看見湖水深藍或觸覺冰冷，則感覺湖底水深；或看到聖誕樹，使感覺時間為十二月份了。

④感官感受到外在的對象，有三個基本條件：

ⓐ就感覺的「器官」言，器官該是正常健康無病的，換言之，健康正常的器官才能感受到外在事物的存有狀況。

ⓑ就「感覺」的對象言：被感覺的事物應該明顯與清楚的呈現給感官，使感覺器官能正式的接納其存有與其存有之依附性。

ⓒ感官與對象之間應有合適的「方式」，換言之，感官以合適的「方式」與對象相接觸，如以「光」存在的方式，人的眼睛官能才可以清楚的看到對象事物。

叄・哲學家的意見

①觀念論否認有外在的事物存在，並主張：被認識的對象是腦海內的產物。

②士林哲學主張：有被認識的外在事物存在，該外物有顏色、形狀、延伸性、並佔有空間及時間，其理由如下：

ⓐ就哲學第一原理的因果律言：凡事物之發生，必有其相關之原因，而人的外在官能的感受，必有使之感覺的外在原因與事物；換言之，人的外在感官因受外物之刺激，才使感官產生感受的作用，故必有被認識的外在刺激性事物存在。

ⓑ人的感覺與印象受外物之形狀、樣式而形成，如小孩見大狗而驚叫，人見猛虎而畏懼，此證明「大狗」與「猛虎」皆是外在的實有物，此被認識之實有物存在着。

（人有時因精神病或幻覺的原因，在腦內產生異像，並將異像爲眞而驚叫；但此驚叫等行爲是來自病人的錯覺，而非正常人皆有者，故感覺的三要素之一，要求人的感覺器官該是健康正常的，而非病人的例外事件。）

ⓒ再者，人的不同感官之不同感受，可證明被感覺之事物存在的同一性。如人的眼目看見一張四方桌子，以手扶摸出其形狀角度，二者的感受能互相印證其眞實存有性。再如人的眼睛看到一張椅子，其身體便坐在椅子上；眼目之視覺感受與身體之觸覺感受是相同的外在事物，故被認識的外在事物確實存在着。

ⓓ人的感官感覺同時可感覺到不同的衆多事物，而人的其他官能亦可因不同之感受而行動，如人同時看見左邊有椅子、右邊有茶杯，人因感官之感受，可拉左邊的椅子坐下，取右邊的茶杯飲茶，故被認識的外在事物確實存在着。

由以上數點，士林哲學主張：人的感覺官能有其固有之對象，其對象之本質皆是實在存有之事物；因此，士林哲學不贊同觀念論之主張。

（認識的對象除以上的實體事物外，尙有非物質的其他實有對象，將於另節講述之）

肆・認識的實有對象

在講述認識的物質對象後，哲學家有不同的意見。

（一）觀念論（Idealismus）

人的認識完全是心理的觀念問題，認識的對象與被認識的主體沒有區分，二者乃合一的事情。觀念論分：主觀的與客觀的兩種。

①主觀的觀念論（Idealismus Subjectivus）：一切認識之基礎皆在觀念內，換言之，外在一切之存有皆歸縮到人的觀念中，與觀念合爲一。

②客觀觀念論（Idealismus Objectivus）：一切的認識皆是觀念，連外在的眞實體也以觀念爲基礎而決定其存有，如非宇宙觀念論、現象論、內在論等。

非宇宙觀念論（Idealismus Acomicus）以柏克萊（Berkeley）爲代表，他主張「存在即知覺（Esse est percipi），將被認識之對象歸縮於感覺觀念內，即一切存在之物皆是由知覺經意識而生觀念，凡存在實有皆與人相關連。

現象論者（Phaenomenalismus）主張：認識的對象皆在人的現象內，感覺經驗的事物充實人的認識基礎；當代哲學家的休謨、彌爾、孔德、泰因等皆如此主張。

內在論者（Immanentismus）主張：世間的一切事項皆歸於人的內在認識；眞實與認識相合爲一。

（二）士林哲學的意見

士林哲學不贊同觀念論等人的意見，主張人的認識有外在的眞實體。

①眞實（Reale），普通言，乃某物，是其所是者，或眞實存在者，如桌子是存在的某物，牆上的白顏色是存在的某物，皆是眞實者，事物的觀念形象是代表某物，亦是眞實的存在人的腦海中。

眞實存有，乃實在存在者，其相對者便是非眞實存有，不存在者。（Esse ⟷ Non-esse ; Reale ⟷ Non-Reale），因此，實有不是虛無。

人所認識的對象是實有，而非虛無，虛無不存在，人亦無法認識之。因此，士林哲學主張：人所認識者乃外在實有物，與認識之主體是有區別的。

②人的理智可以認識與自己有區別的對象，此對象不歸縮於觀念的範疇，而是外在的存有物。觀念就認識言，乃人認識事物時的媒介體，此媒介體在人腦海中出現，其所代表的事物仍是外在的存在事物；故外物是實在獨立體，不是與觀念同一體（Identificatio），觀念與實物實在是兩件事，一在人腦海內，一在人的腦海外。

③以實體的例子言，我現在看見門、窗戶、桌子、聽課的學生，並聽我授課；同時，我也感覺出我在看以上的事物，理會意識到我看見的情形；如此，我個人又多了一層身份，我意識、我

看、被看見的對象；由此現出認識的三種內涵：「有認識者意識之人，有看的作用，有被看見的物質事體」，此三者彼此是有區別的，而三者皆是眞實存在的實有，因爲在人的意識中，清楚的出現了「主觀的自我意識、視覺的看見作用、被看見的對象實有」。

④認識行爲是認識的主體與被認識的客體相連合，觀念是腦內出現的媒介體，此三者是彼此有區別的眞實體，故對象物與觀念不是同一物。

再者，人同時可以意識到許多不同的對象，如同時看見不同的人與事及其行動，或同時聽到兩種不同的聲音，而領悟其意義，如此清楚的顯明——被意識與領悟到的外物是被認識的對象，其本身間亦是彼此有區別而獨立存在的。

總結以上，觀念論各種不同的主張與意見皆無法成立。

第七節　人能認識眞理（結論——撮要）

總結以上各節所述，我們可以結論說：「人可以認識眞理」，其理由如下：

①人有認識的功能作用，人的感官功能可認識具體性的外在事物，人的理智功能，可認識超感覺的事理與精神性的實有。

②認識是人的行爲，其基本要素是：認識的主體、被認識的對象、認識的行爲；認識的主體

是認識之人，被認識之客體是認識之對象；認識之行爲是官能之接納感受與理智藉觀念推理與抽象之認識。

③觀念是由外在實有的事物對象抽出者，在人的腦海內代表着外在的存有物；藉此觀念，認識者主觀的人與被認識者客觀的外物相合爲一。

④認識的眞理藉着觀念而形成，以「判斷」表示之。

判斷是理智的行爲，比較觀念之內涵與外延，將被認識之對象以「肯定」或「否定」方式，決定對象之眞僞對錯，普通言，判斷是對被認識者以述詞或主詞之相合或相反表示之。

⑤判斷眞理的標準是藉着確實性與明顯性。

確實性是客觀的事物明顯的呈現出來，使認識者無畏錯的心情，堅決判斷其眞僞實有。

明顯性是客體清楚的呈現出來，被認識者確定其存在。

確實性分形上的、物理的、倫理的三種。士林哲學認爲形上的確實性是絕對的確實，物理的與倫理的確實性亦是確實，但有時有例外事件發生，因此被稱爲有條件的假定確實，此三者皆是人判斷眞理的標準，而形上確實居首位。

明顯性分主觀的、客觀的、直接的、間接的、內在的、外在的、完整的、不完整的數種。士林哲學主張：認識與判斷的標準該是客觀明顯性，因其是完全中立與永久不變的。

⑥人屢次有錯誤的認識，以眞爲假，以假爲眞，或者，先前認爲眞的判斷，後來發現爲假，述詞與主詞不合，或從前認爲假的錯誤者，後來發現爲眞的確實者；哲學家詢問：其原因何在？

士林哲學認爲：人的理智認識，就其本性言（Intellectus per se），是驅向眞理的，不會錯；但就其偶有性言（Intellectus per Accidens），可能錯誤，其理由如下：

ⓐ理智的有限度（Limitatio Intellectus）：人的理智雖很聰明，但有限度；換言之，人有限度的理智不可能認識宇宙間無限的事物；事實上，宇宙間事理衆多，有的淺顯明白，容易被人認識，亦有的艱澀深奧，不容易被人認識；因此，在艱難深奧的事理中，或超過一般人的認識功能上，則人的認識走入歧途，形成了錯誤的判斷。

ⓑ受人身的生理影響（Conditiones Psychologicae）：人的理智認識屢次受人身生理的官能影響；人的認識過程，普通言，先由外在感官的經驗開始，然後通過內在感官的傳遞而形成。事實上，人的內外官能屢次因身體之健康或疲乏之狀況受影響，不能有清楚明顯的認識，因之，其理智之判斷便形成了錯誤的決定。

ⓒ人的理智認識也有時受「意志」的影響，或受「先入爲主」的印象，對客觀的眞理缺少清晰的認識與正確的判斷，甚至對不清楚的對象，藉「意志」命令的力量，加以判斷，因之形成了錯誤之成立。

ⓓ人的理智判斷亦受人的「感情」或「情慾」之影響，使理智的認識不能「以眞者爲實，以假者爲僞」，甚至理智不能作公正的判斷；或者，個人受情慾之愛惡影響，減低理智之認識能力，形成錯誤之判斷，以眞爲假，以對爲錯。

總之，人的理智之本性是不會錯的，其錯誤的理由乃來自「依附性」的原因；有的依附性之原因可以改正之，如人的生理狀況，在身體健康與情緒安穩下，再做判斷；但有的依附性原因較難更改之，如人的情慾與秉賦、氣質等缺欠；因此，人在眞理認識與判斷上，屢次有錯誤的事件發生。

⑦眞理的判斷有直接的與間接的兩種，直接的判斷是不需要第三者媒介體之加入，便可以判斷其眞僞對錯；間接的判斷是需要第三者的加入與理智的推演，以判斷某事理之眞僞對錯。直接的判斷來自直觀或眞理的明顯性，間接的判斷便是知識學之推理作用。如邏輯學的三段論證法。

推理所依據之方法是演繹法與歸納法。

演繹法是以普遍的原理爲基礎，推求個別的事項，如：凡人皆會死，張生是人，推演出張生會死。

歸納法是以個別的事項爲基礎，推求出普遍的原則，如：張三死了、李四死了、王五死了，歸納出「凡人皆會死」。

演繹法與歸納法所形成的判斷皆是新的判斷，也是人認識眞理與獲得眞理的正當方法。

⑧眞理與判斷所依據的規律是哲學的第一原理，即：矛盾律、同一律、排中律、因果律。

矛盾律就邏輯學言，乃一語句中的述詞同時又適合又不適合主詞，就實體學言，乃一個「實有」同時又是又不是。

同一律就邏輯學言，乃一語句中的述詞之內涵完全合於主詞。就實體學言，乃一「實有」是其所是者。

排中律就邏輯學言，乃稱謂主詞的兩個述詞中，只能選一個，而無第三者存有。就實體學言，乃一「實有」只能「是」或「不是」某物，沒有第三者存在。

因果律乃「因」與「果」二者的連屬關係，由原因產生效果，或由效果推求原因的定理。

以上四者是認識眞理與判斷眞僞的重要原則。

⑨認識分認識的主體與認識之客體，認識的主體乃人性的「我」，一個存在的實有，人的意識與行爲活動之根由；認識的對象，普通言，其外在存有的物質體；因爲人第一步認識乃感官所接觸到的外在物質體。

人藉感官的感覺作用認識外在的各種事物，人藉着理智推理作用，亦可以認識事物內的抽象事理。此二者皆是人認識對象的眞實體。

眞實體乃實在存有者，其性質非「虛無」，其存在之形式，或是外在實有物，或是理智內之實有體，二者皆是被認識的確實對象實有。

哲學家的意見

哲學家對以上的學理有不同的意見，較著名者有以下代表性的學說：

①懷疑派（Sceptici）：人的認識居於恒久的懷疑狀態，常有繼續不斷的疑問存在着，因此，人不能認識外在的客觀事物與事理，人永遠以懷疑的心情懷疑所遭遇到一切事物與事理。

懷疑論在哲學史中分古懷疑與今懷疑兩派，古懷疑派中又分積極的與緩和的懷疑兩種。

後世學者將蘇格拉底以前的詭辯派（Sophist）列入古懷疑的範圍，詭辯派主張主觀性的相對眞理，以自己有利的觀點講述事理，如普羅打高拉斯（Protagoras）所言：「個人爲萬物之權衡」（Homo Mensura Omnium），其權衡是以感覺做判斷，形成主觀性的眞理。

蘇格拉底以後的懷疑論（Scepticismus）主張懷疑一切，其學說的重點是「無確實、無意見」，人常居於恒久的懷疑狀態。

今懷疑派又分老懷疑、中懷疑、新懷疑三種，其著名的學者有：艾里斯．皮龍，弟蒙，阿塞西老等（Pyrrhon of Ellis, Timon of Philius, Arcesilaus），後人稱他們爲蓋然主義。

②觀念論者（Idealistae）：人可以認識某種對象，此對象是人理念的產物，故對象與認識是同一的；因此，認識與被認識者無外在客體與主體之區別。

③唯名論者（Nominalistae）：人只能認識世間單獨具體的個別物，共相只是人給的一個名詞而已，觀念只能代表思想，不能代表客體，故人的單個認識才是眞的認識。

④傳統主義者（Traditionalistae）：眞理的標準是外在的，來自祖先前輩的傳授、與神的啓示。

⑤實證論者（Positivistae）：眞理的標準在於感覺的實驗與後天的證明。

⑥實在論者（Realistae）：主張人可以認識客觀事物，該事物與主觀認識者有區別，並單獨存在着，認識的觀念也表示出被認識的實有。

實在論分：急進的與緩和的兩種。

急進的實在論（Realistae Exaggerati）承認事物的普遍概念。

緩和的實在論（Realistae Moderati）承認事物的概念由人的理智抽象而來，表現出事物的本質要素。

⑦士林哲學（Scholastici）：贊同實在論的意見（士林哲學亦被後人稱爲實在主義），主

張人可以認識客觀的事物與事理，並主張主觀的認識與客觀的被認識是有區別的。因此亦不贊同懷疑論與詭辯派等哲學家的學說，其理由如下：

ⓐ懷疑論的學說不能成立，其學說的本身有矛盾。懷疑論主張：「宇宙間無絕對眞理，人的認識與信念永遠站在懷疑的狀態」。換言之，懷疑論主張「懷疑一切，宇宙間無絕對眞理」，其學說本身亦非絕對眞理，不能做爲可相信的原理；因懷疑世間的一切眞理，內含着其學理亦在被懷疑之內；以被懷疑的學理做爲自己的學理主張，乃外在的否定世間一切眞理存在，內在的肯定自己的學說是眞理，其本身便自相矛盾，不能成立。

ⓑ詭辯派的學說，依理則學言，相反三段論證的規律，大前提的前件不是後件的充足條件，只採取了條件命題的部份關係；其選言命題亦非互不相容唯一存在的，其前提爲部份性之對當，如天氣熱，使人難過，天氣冷使人難過（大前提），天氣冷或熱（小前提），皆使人難過（結論）；其學說未提到天氣冷或熱外，尙有不冷不熱的溫和時間。

詭辯論的學說犯了三段論的論證法則，只持着部份性的理由，選擇有利於自己者爲原理，失掉眞理的客觀性，故詭辯論的主張無法成立。

ⓒ觀念論、唯名論、傳統論、實證論者皆疏忽了眞理的標準是客觀的明顯性，（見第三節，判斷眞理的標準），其學說主張不爲後人所接受。

⑧再者，其他哲學家的不同學說，亦有商榷之理。（註）

ⓐ不可知論（Agnosticismus）：分兩種，一種是完全不可知，即對於形上學或天主存在的問題，他們認爲是超越人的認識能力，不可能知道。另一種不可知論，將知識僅限於「感覺」的感受部份，換言之，可感覺的知識是確實的，超感覺的知識皆不確實。

士林哲學不贊同此意見，其理由，形上學的道理是研究「實有」的；實有分現實實有與理性實有；現實實有是具體存在物，人的感官可以感覺領受之；理性實有乃由現實實有或具體實有抽出認識者，有其客觀的存在價值，理智可以淸楚認識之，如由物質到精神，由有限到無限；不可知論者將認識僅限於感覺範疇內，則太狹窄了。

對神性的天主存在，亦是同樣的道理；天主是精神性的實有，無限至高者，人的感覺不可能感覺到，但人的理性可以由物質實有推出精神性的至高天主存有；因爲由有限到無限，由物質到精神的推理認識，毫無矛盾處，人可以淸楚的認識之，故不可知論的學理無法立足。

ⓑ相對論（Relativismus）：否認人能認識絕對的眞理，主張人只能認識相對的眞理。換言之，眞理是相對的，認識因人的年齡、地方、與文化教育之不同而改變。

士林哲學不贊同相對論的道理，其理由如下：

眞理是建立在主觀的認識與客觀的事實相合上，因此，認識判斷的本質是不可改變的眞實；

換言之，當主觀的判斷認識對象時，其眞判斷是要求判斷與事實相結合；事實的存在是不變的，眞判斷與不變的該事實相合也是眞實不變的，故人可以認識該時的該眞理；後來年齡較長，或因時間、地方與文化敎育之改變，對同一事物或事理有不同的意見，非被認識之事物改變，亦非眞理改變，乃人因自己認識之觀點不同而改變；後有之不同觀點之認識仍要求與該眞的事物或事理相合一。如孩童幼小時喜歡玩要，不喜歡讀書，認爲玩要是好，讀書是壞；年齡長大，則認爲玩要不好，讀書是好；其玩要爲孩童，讀書爲成年人，皆是好的；故凡認識與事實相符合者爲眞理，世間有絕對眞理存在。相對論的理論太偏差，則不能爲人所接納。

ⓒ理性主義（Rationalismus） 亦名唯理論：主張人只能認識理性所能理解的事理，超理性的道理與宗敎啓示的道理，人無法理解明白。

士林哲學認爲：人的理性固然有限，不能完全明白天主的性理；但人的理智就形上學原理，仍然可以推究出有天主存在，天主是全能、全知、全善的；天主是自由者，不被動的自動者，無限實有等，因此，人由有限的實有與屬性可以推究出神的無限實有與屬性，此乃理性認識的結果，理智推究的神與宗敎啓示的神相吻合，故理性可以認識與比擬式的講述超理性的宗敎道理。

總結以上，士林哲學主張：人可以認識客觀的眞理。

再者，眞理的存在有其客觀性，也有其主觀性，換言之，眞理存在於客觀的事物上，眞理也存在於主觀的認識上。

眞理存在於客觀事物上，乃該事物明顯的呈現給認識的主體，使認識者不能亦不肯定其存在。眞理存在於主觀認識上，乃認識者有完整的感覺官能，與正確的理智判斷，對呈現的客觀事物與事理，有正確眞實的判斷。

因此，主觀的正確認識與客觀的實物存有，是眞理存在的堅定條件與基礎。

再次，事物與事理的眞實，不僅使認識者肯定其眞實而事物與事理的本身亦是其存有眞實的。如人稱某事物爲眞、善、美，不但是該事物有眞、善、美的價值，而該事物確實是眞、善、美者；換言之，因爲該事物合於眞善美的客觀標準條件，該物才有眞善美的實在價值，也因此，人能認識之、判斷之；此眞實的認識與判斷乃是眞理，故宇宙間有一切事物的眞理存在，人有認識眞理的能力，也確實認識了眞理。

〔註〕：

認識論中有各種不同的學說，今將常見的幾種列表於下：

①觀念論（Idealismus）：否認觀念是與認識者有區分或獨立存在的；承認觀念的對象是人理性的產物。

②主觀論（Subjectivismus）：否認客觀的存在價值，承認人的認識皆是主觀的，換言之，認識的眞理價值沒有絕對的客觀性。

③信仰論（Fiderismus）：否認人的理智可以認識形上事理與宗教性的道理；超經驗的事理只有人的直觀與信仰可以達到獲得之，換言之，超感覺的事理只有人的信仰可以獲得。

④現象論（Phaenomenalismus）：否認事物的本身能眞的被人認識，承認人認識的只是事物的現象而已。

⑤心理學派（Psychologismus）：否認客觀的存在價值與絕對性眞理存在，承認人的認識乃心理事實，換言之，人的認識是心理與生理的現象，無外在的客觀絕對眞理存在。

⑥實證論（Positivismus）：強調感覺經驗乃認識眞理的方法，非感覺與經驗者便不是眞理；故否認形上學及宗教性的事理。

⑦實用主義（Pragmatismus）：否認人在自己內認識眞理，主張眞的認識是在對生命有益，換言之，凡認識的事物與事理爲人有益者，才是存在的眞理。

⑧相對論（Relativismus）：否認眞理的絕對性，主張眞理是相對的，因人的年齡、地方、

時間而改變，故宇宙間沒有絕對的眞理存在。

⑨懷疑論（Scepticismus）：分絕對懷疑與相對懷疑兩種，絕對懷疑否認人間有絕對眞理存在，相對的懷疑論則承認人間有部份性的確實眞理存在。

⑩直觀論（Intuitionismus）：承認人可以認識絕對與超越的眞理，但不是理智的推理認識，而是人直觀的直覺領悟之認識。

總之，認識論中有各種不同的學說意見，多在有關的理論中分析指正過，在此不再講述。以上十種乃常見者，爲讀者便於查尋，將寫於註釋欄內。其他主要哲學派別於認識論的其他章節內皆可遇見，未列於此註釋欄內。

參考資料

1. Card. D. Mercier：Criteriologie generale,（8 edit）, Louvain.
2. De Vries：Critica in usum scholarum. Friburgi.
3. E. Gilson：Realisme thomiste et critique de la connaissance, Parisiis.
4. J. Donat：Critica（Summa Philosophiae Christianae）Innsbruck.

5. P. Thoma Uyttenbroeck : Critica. Macau.

第三章　認識的確實性

——懷疑論之懷疑，方法論之懷疑——

一總人皆承認自己有正確的認識，但哲學家對此有不同的意見，有人反對「人有絕對的正確認識」，並主張：「人常存留在懷疑的狀態中」；有人主張：「人有正確的認識」，其程序是由懷疑而完成；本章就此二點分兩節講述之，先論懷疑論的懷疑，後論懷疑的方法。

第一節　懷疑論的懷疑

（一）懷疑論的意見

懷疑論（ Scepticismus ）主張：人常居於不確定的懷疑狀態，因此，人總不能達到確定與眞實的認識。

懷疑論就學理言，分普遍懷疑與部份懷疑，絕對懷疑與可能懷疑數種。

普遍懷疑論（Scepticismus Universalis）：懷疑一切的事物與事理，否認人有確實認識的可能性。換言之，人的任何認識皆是不確實的，人該懷疑一切。

部份懷疑論（Scepticismus Particularis）：懷疑部份事理，否認人能確實的認識一切眞理。換言之，承認人可以認識部份性的確實眞理。

絕對懷疑論（Scepticismus Absolutus）：否認人有認識確實眞理的可能性。換言之，人絕對無能力認識確實眞理。

可能懷疑論亦名溫和懷疑論（Scepticismus Mitigatus）：否認人有絕對的正確認識，但承認人有「大約」認識眞理的可能性。

懷疑論的著名學者有：詭辯派的高吉亞（Gorgias），皮龍學派的艾里斯・皮龍（Pyrrhon of Ellis），弟蒙（Timon of Philius），阿塞西老（Arcesilaus），卡爾底亞（Carneades），艾乃西代木斯（Aenesidemus）等。

高吉亞主張：人不能認識任何絕對眞的事理。

皮龍主張：人的眞認識是不判斷任何事理。

普遍懷疑論與溫和懷疑論者主張：人的認識皆是意見式的確定，換言之，人的認識皆是蓋然性者（Arcesilaus, Carneades）；此思想影響羅馬時代的西塞老（Cicero）。

部份性懷疑論者，範疇較廣，後世學者將經驗論、實證論、理性主義、信仰主義、相對論、現象學等皆歸入部份性懷疑論之範圍。

經驗論與實證論（Empiricismus, Positivismus）：否認人的理性能認識確實眞理。

理性主義（Rationalismus）：否認感覺經驗能獲得確實眞理。

信仰論者（Fideismus）：否認人的理性能自然的認識確實的眞理。

相對論者（Relativismus）：否認人有絕對眞的認識。

現象論者（Phaenomenismus）：否認人能認識事物本身。換言之，人只能認識事物的現象而已。

總結以上所言，我們將懷疑論者分爲：絕對懷疑與相對懷疑，或普遍懷疑與部份懷疑兩大類，其學說的重點是人不能認識確實的眞理。

（二）士林哲學的意見

士林哲學不贊同懷疑論的意見，並主張：「人能認識確實的眞理」，其理由如下：

①懷疑論無法證明自己的道理。

懷疑論者若願意證明自己的道理是正確的，該以確實的理由證明之，如引用確實的原理與正確的推論方法；但確實的原理與正確的方法皆是懷疑論所反對不贊成者，因此，懷疑論的學理無法成立。換言之，懷疑論者無眞實正確之原理做自己的理論之基礎，其結果是自己的理論主張也不是確實可信的。

再者，懷疑論者疏忽自己學說的矛盾道理，亦無法向人講述自己的學理主張；以不能確定或不確實的道理做學說的基礎，其本身則無價值；因爲，凡不顧自己學說的矛盾，又堅持自己的道理主張者，其思想內便含有重大的矛盾性，無法使人信從。

②懷疑論者主張「將問題懸疑，不作判斷」，因此被後天稱爲「問題主義者」（Problematicismus），實乃相反哲學的精神，因爲哲學是研究事理的最後原因與原理的學問，若問題懸而不決，或常存於疑問中，不作判斷，則相反哲學的求眞精神，因爲學者的求眞與判斷，乃謀取學理的確實答案。

再者，研究學問的方法是「尋找」與「獲得」，「尋找」是尋找事理的答案，「獲得」是獲得眞理的結果；人若懸疑不決，便是不「尋找」，亦不要「獲得」答案；如此，不但不合哲學的求眞精神，在知識學的領域中亦無存在的價值。

③就事實言，無眞正絕對的普遍懷疑論存在。懷疑論雖然堅定自己的立場，主張懷疑的學說；事實上，其堅定自己的學說，便是第一個相反「懷疑」的思想，因爲他不懷疑自己的道理—「懷

疑主義」。

再者，懷疑論者亦不懷疑自己個人存在，因爲有自己的個人存在，才能由「自己」人的口中講出懷疑的思想；否則，懷疑無出生之根源；因此，其個人存在的事實，對懷疑論言，是一個確定不移的眞理，亦相反懷疑論主義。

由以上數點，可以結論說，懷疑論的思想是一個錯誤的學說。由此，亦可以間接推論說，人能認識眞理，人亦有眞正的確實認識。

第二節　懷疑的方法（方法論的懷疑）

懷疑論的學說在知識學不被接納，但「懷疑」問題在知識學內是應該討論的，因爲「懷疑」是人認識眞理與追求學問的起步點，故「懷疑」是研究學問的方法，而不是研究學問的目的。換言之，以「懷疑」爲目的，則無法講述學問，以「懷疑」爲方法，則是研究學問的正途徑。今就懷疑的方法講述如下：

懷疑方法亦名方法論的懷疑，其目的是研究學問的起步點，認識眞理的確實性。

亞里斯多德在其形上學第一卷，第二章亦言：「哲學起源於無知」，因對事理之無知而驚奇事物之現象，因而產生「懷疑」的心情；再由「懷疑」而追研事物之理由，最後完成事理，明白眞相，便是「哲學」，故「懷疑」是研究學問之起步點。

在近代哲學家中，首先提倡懷疑方法者是理性主義的笛卡兒（Rene Desccartes, 1596～1650），在其著作「方法論」中（Discours de la Methode），强調「懷疑方法」的重要（Dubitatio Methodica）。

笛卡兒的方法論主張：將人心內的一切意見，無論來自他人的傳授，或來自個人的認識，一概加以懷疑；只有經過理智認爲絕對明顯者，才能接受。

笛卡兒主張「在疑惑中找眞理」，其方法是由人的清楚觀念開始，如其著名成語：「吾思，故我在」（Cogito, ergo Sum）；其理由，由於「吾思」（Cogito）是一個清晰顯明的觀念，而知道我必然存在；因爲無我存在，必無「吾思想」產生出來；在人的認識上亦有相同的道理，先對一切事理懷疑，則我必有「懷疑」的思想，此思想不是空虛的在別處，而是在思想者「我」身上，故「我思，我存在」。

士林哲學對笛卡兒的思想學說不完全同意，其理由如下：

笛卡兒的「懷疑一切」之語句有問題，因爲「懷疑一切」之「一切」應推展到「吾思」的本位上，換言之，懷疑的「意識」也應該包括在「一切」內加以懷疑；笛卡兒認爲「吾思」是認識內的清晰觀念，不必懷疑；但其他判斷、推理、與接納外在的事物等作用亦是清晰，亦不應加以懷疑。況「吾思」，「故我在」，正是理智的推理作用。因此，笛卡兒以「懷疑」爲求知方法的思想是對的；以「懷疑一切」的心情研究學問，仍有商榷的必要。

士林哲學贊同亞里斯多德的主張：「因無知而驚奇」由驚奇而「懷疑」，由「懷疑」而追究「眞理」；換言之，懷疑是研究學問之起步點，追究事物現象發生之原因，解除懷疑，認識眞理。故懷疑是學者研究學問的方法，不是目的；否則，懷疑者將一切事理停於懷疑狀態，則永遠達不到眞理。

懷疑者在懷疑方法中，應遵循着理則學的思想規則，並依據着學術上的第一原理，如：同一律、矛盾律、排中律、因果律等；以上之規則與原理是明顯與證明過的公理，無理由再懷疑；反之，已證明之規則與原理正是解除疑難的途徑，追究學問與認識眞理的必需工具。

參考資料

1. J. Donat : Critica (Summa Philosophiae Christianae). Innsbruck.

2. J. Di Napoli : Manuale Philosophiae, Gnoseologia Marietti.

第四章　認識的超越性

本章討論認識本身的價値問題。

認識關連着兩個大問題：第一，認識本身是否確實？其存在是否爲超越的？第二，認識除了認識自己以外，是否亦認識與自己有區別的其他實有？

認識的確實問題，已於上三章討論過了，今就認識的超越性講述於後。

在討論認識的超越性以前，先講述與認識相關的內在性，此內在性有兩種，一是經驗的內在性，二是絕對的內在性。

經驗的內在性（ Immanentia Empirica ）：乃人的認識不全是客觀的，其認識受情緒的、經驗的、歷史背境等主觀的影響，故認識的眞理亦非絕對客觀的。

絕對內在性（ Immanentia Absoluta ）：乃認識有絕對的內在性，其認識只能認識自己本身，不能認識與認識本身有區別的其他實有。

由此，哲學家產生兩個問題：

①人的認識是否受主觀條件與歷史背景的限制？或者，認識可超越主觀的條件，有絕對的客

觀價值？

②人的認識是否只能認識自己？（被認識的事物只在認識內或由認識生出者），或者，認識亦能認識與自己有區別的其他實有。

以上兩問題，乃認識的價值問題，哲學家對此有不同的意見，茲分兩節講述之。

㈠就經驗條件，論認識的超越性。

㈡就認識本身，論認識的超越性。

第一節　就經驗條件，論認識的超越性

認識論主張：人有認識眞理的能力，並承認眞理是絕對客觀獨立的，不因人的主觀與經驗條件、或歷史、社會與環境的影響而改變。

人亦常言：「這是眞的」，其眞實性在任何地方、任何時間、或對任何人言，皆是眞實的；換言之，眞理不因人、地、時間而改變。

事實上，人因地區與文化之不同，而有風俗與習慣的殊異，但眞理之存在本身言，是不會改變的，故眞理是超越時空、主觀的成見與社會環境的；相連着，認識眞理的認識也應該是超越的。

近代哲學家對「眞理的絕對性」與「認識眞理的超越性」有不同的意見，今將各種學說簡介

於下：

相對論者（Relativismus）：或否認認識的絕對價值，或承認認識的部份價值；由此，相對論分兩種，一是系統性的相對論，一是方法性的相對論。

①系統性的相對論（Relativismus Systematicus）：主張眞理是相對的，其內涵是組合的。換言之，眞理受人的歷史背境與主觀條件的影響，因此，否認眞理的絕對價值，也否認認識眞理的超越性。

②方法性的相對論（Relativismus Methodicus）：承認眞理的絕對系統性，但主張認識眞理的方法是相對的，換言之，人因自己準備與需要之不同，相隨着，對眞理之認識亦不同；如此，絕對的眞理陷入主觀的歧途中，眞理亦無絕對價值了。

今將兩種的相關思想介紹於後：

壹・系統性相對論

否認眞理與認識的絕對價值

①心理學家（Psychologismus）：眞理與人的心理相關連，眞理因人的年齡、教育、文化而殊異；換言之，人因年齡的差異與文化教育之不同，對眞理的認識亦不同，故眞理不是求自眞理

本身的明顯性與確實性，而是來自認識者的主體；如此，眞理不是絕對客觀的，而是相對主觀的；早期詭辯派的普老刀高拉斯（Protagoras）亦如此主張：「人爲萬物的權衡」（Homo est Mensura Omnium Rerum）。

②歷史學家（Historicismus）：眞理的認識因歷史的變遷而改變。換言之，從前認爲眞理者，後因環境與歷史的演變，該眞理亦隨着改變了，故眞理的本性不是絕對的，而是相對的。

歷史學家因意見殊異，又分爲：文化的、唯物的、社會的三種。

ⓐ文化的歷史學家（Hist. Culturalisticus）：此輩學者主張：眞理因時代背境的不同，而有不同的認識標準，換言之，眞理不是絕對客觀的，而人因文化與時代背境之不同，對眞理有不同的認識作用。

ⓑ唯物的歷史學家（Hist. Materialisticus）：眞理的基礎建立於物質的經濟條件上。換言之，以物質與經濟的觀點，決定眞理的價値標準，故眞理不是絕對客觀的。

ⓒ社會的歷史學家（Hist Sociologicus）：眞理的標準決定於社會的演變中的道德規範，故眞理不是絕對客觀不變的。

③情緒主義者（Sentimentalismus）：眞理因人情緒之影響而改變，或人因潛在的意識，對眞理發生偏見，使眞理缺少絕對的客觀確實性。

④直觀論者（Intuitionismus）：眞理來自直觀的感應，非來自理智的認識；因爲有許多眞理，特別宗教性的眞理不是人的理智可以清楚認識的，人的直觀便可知道該眞理是確實存在的。

⑤意志主義者（Voluntarismus）：眞理決定於生命生活的實際需要；細分之，有下列幾種不同的意見：

ⓐ康德的意志主義者（Voluntarismus Kantianus）：眞理來自人實踐理性的道德要求，宗教性的眞理不是藉著證明可以認識的。

ⓑ實用主義者（Pragmatismus）：眞理的標準建立於生活的利益上。換言之，凡使人的生命與生活有益的，便是眞理；反之，使人的生命與生活有害者，便不是眞理。（英國的 Schiller 美國的 Peirce, James 等皆如此主張）。

ⓒ價值哲學論（Philosophia Valorum）：眞理的認識標準建築於人的思想價值上。換言之，對人有價值的思想便是眞理，與人無價值的思想，便不是眞理。

ⓓ絕對行動論（Activismus Absolutus）：眞理建立於人的人性行爲上，否則，人間無眞理存在。

⑥存在主義（Existentialismus）：他們大多否認世間有絕對的眞理存在，並主張眞理是建築在人性生命的現象與爲己的生命價值上。

貳・方法性相對論（Relativismus Methodicus）

方法相對論者主張：眞理有其系統性，但因人認識的方法與需要的殊異，將眞理陷入相對的歧途中。細分之，有下列數種意見：

①信仰主義者（Fideismus）：認識眞理的標準是信仰。換言之，凡與信仰相同者，爲眞理；與信仰相反者，乃非眞理。

②傳統主義者（Traditionalismus）：眞理的標準是口語的傳授，其來自天主對上主的啓示與當今教會的維護。

③斯高學派的直觀論（Intuitionismus Scoticus）：此派學術思想是受中世紀，董斯高都斯的影響，認爲內心的直觀與自覺是眞理的標準；因爲人的理性認識之能力有限，尤其宗教性的眞理更不是人的理智能清楚認識者，但人的內在心靈上可以直覺的感應出來。

④雅各情緒論及神秘主義（Sentimentalismus Jacobi et Mysticismus）：眞理是不變的，但眞理的認識標準是建立在「高超的感覺上」（Sensum Superiorem）。

⑤行爲哲學（Philosophia Actionis）：眞理有絕對的價値，其眞理是建築在人性行爲的需要上；換言之，眞理與人性的需要相關連。

⑥倫理獨斷論（Dogmatismus Moralis）：此派主張眞理有本身的絕對性，但亦主張，人承認眞理受主觀的條件限制。換言之，人認識眞理時，受主觀認識者的條件限制，因此人認識的眞理只是倫理性的確實，而非絕對的確實眞理。

叁・士林哲學的意見

士林哲學主張：眞理有絕對的客觀價值，人有能力認識之。換言之，人有能力認識客觀的絕對眞理，因此不贊同以上各種哲學家的意見，其理由如下：

（一）不贊同系統性相對論的主張

眞理被稱爲客觀不變的，其原因是「形式的」（Formaliter）建立於認識與事物的「合一」上，而非「物質」的（Materialiter）建立於被認識的事物個體上。反之，若眞理只是物質性的被認識主體，則主體變換，眞理亦跟着變換；眞理無客觀標準性，人亦無法確定認識之。

再者，人的知識常不斷的增加，人認識事理的能力亦不斷的濶大；若眞理是主觀相對的，則眞理必無標準，亦無被認識的確實性。因此，眞理應該是客觀不變的，其眞實性乃建立於認識與對象之眞正相合，而非主觀認識者或客觀被認識者之單面個體上。

(二)不贊同方法性相對論的主張

眞理是客觀絕對的，眞理的標準性亦應該是客觀絕對的；其基礎乃理智明顯的確實認識。理智的明顯認識，如第一章所言，是事物的確實性；同理，眞理的確實性是認識者不能不承認眞的事實；換言之，事物的確實性推動認識者肯定其存有。

事物的明顯性乃事物呈現於認識者，亦促使認識的理智承認其事物存有。(參閱第一章)

由此，明顯性可從兩方面講述之，就明顯的「事物」言，明顯性存在於被認識的客觀物體上，該物體明顯的存在於認識者面前；此明顯性亦名客觀的明顯，與主觀認識者有確實的區別。

就明顯的「存在性質」言，乃存在於人的理智認識內；換言之，人的理智清楚的認識對象，並肯定其存有與性質；由此，可以結論說：客觀的明顯性呈現於主觀的認識，認識的理智藉此明顯性、堅定客觀的事理；如此認識的主體與被認識的客體相結合，乃成爲一個確實的眞理存有。

因此，

(三)士林哲學不贊同其他哲學家的理論

①相對論主張「知識是相對的」，並主張「自己能確定認識某事物」；如此則形成相對論的自

相矛盾現象，其原因，先主張認識是相對的，又主張自己所認識的是絕對眞理，則二者的內涵性質便相矛盾，使人無法接受。

②就文化與哲學歷史言，有許多事理改變了，但改變的內涵中，仍有許多相關連者，如知識學的邏輯推理方式、哲學中的第一原理等皆不改變，故絕對的客觀眞理應該是不改變的。

③實用主義認爲「眞理建築於人民的益處上」，此理論亦有被檢討的需要；第一，眞理是客觀存有的，不因人的主觀利益或害處而改變；第二，益處分眞的益處與假的益處兩種，眞假益處關連着人的理智判斷與認識，其性質仍是要求客觀的絕對眞理性；因此，不是益處決定眞理，而是眞理決定益處，故實用主義的學說不被接納。

④信仰論與情緒派的思想亦有問題，因爲信仰與情緒皆關連着認識者主觀的感覺性；但主觀的意見因人而不同，則眞理失掉客觀的確實性，故信仰與情緒不該是眞理的最後標準。

⑤斯高學派的直觀論亦無眞理的客觀性，因爲人的直觀或直覺皆來自人的主觀心靈感應；但人的心理狀態不同，或有人根本缺某感應，則眞理無所顯明。因此，直觀或直覺論的思想不僅無眞理標準，也容易將人引入主觀論的錯誤中。

再者，人的內在共同感覺只能幫助人明白與堅定認識，但不是認識的最高標準。

⑥行爲哲學與倫理獨斷論者認爲：眞理存在於人的需要與認識者準備的條件；此乃形成主觀

論的相對思想，因爲人的需要各不相同，人的認識準備條件亦各殊異，如以各人的需要及準備爲標準，則眞理便無客觀絕對性了。

再者，人的需要與認識準備的條件皆是尋求眞理的方法與方式，而非認識眞理的標準。

⑦傳統論者主張眞理是來自祖先的傳述，此學說缺乏堅强的明顯性。因爲祖先的傳授，使認識者以祖先的語句爲眞理的標準與權威，但祖先又要依恃上輩的傳授；若上輩所言的眞理不明或有問題，則後人所信之眞理便失掉存在的價值了；故傳統主義的學說只能輔佐性的幫助人研究眞理，而不是眞理的最高標準。

⑧存在主義所主張的眞理建築於人性生命的價值與需要上，亦有商榷的必要。人性的需要因人生活環境的影響而改變，若人以生命的生活需要爲眞理的標準，則眞理亦無絕對的客觀性了；存在主義的學理將人引入主觀的感覺內，疏忽了人的理性之認識與眞理的客觀性。

存在主義因人的感受不同，將人生的問題引出，但未有解決人生問題的方法，因爲他們疏忽了理性的正確認識，也疏忽了眞理的絕對客觀性。

⑨總結以上所言，方法性相對論等各種主張將人引入相對論的思想領域，領人走入主觀論或相對論的錯誤道理中，否定了眞理的絕對客觀性，也否定了人理智認識眞理的客觀功能。因此，士林哲學仍堅持自己以往的意見，認爲眞理是絕對客觀存在的，眞理的認識是認識者與被認識的

對象相合爲一。眞理的認識是理智的功能作用，以正確的客觀判斷：「是其所是者，非其所非者」，而不是人依自己的主觀，受情緒、信仰、文化、環境等影響所決定。

再者，眞理的標準是事物與事理的客觀明顯性，認識的對象清楚的呈現出來，使認識者能夠肯定其確實性，此乃人的理智之認識作用，在無懷疑與畏錯誤的心理下判斷眞僞存有，絕非以上各哲學家所言之眞理標準。

總之，士林哲學認爲眞理是絕對客觀的，眞理的認識亦應是絕對客觀的、超越的。

第二節 就認識本身，論認識的超越性

此節所討論的問題，乃認識的本身問題，其重點在被認識的對象與認識是否有區別？換言之，被認識的對象在認識內是認識本身？或是與認識有區別的其他事物？

亦有哲學家詢問：被認識的事物是否由認識所生？或是認識以外的其他事物？或者，被認識之對象是留在認識內？或是超越認識之存有？

普通的答語：人的認識功能是認識與自己有區別的外在對象。但觀念論的哲學家則有不同的意見，他們認爲人的認識不是認識外在的對象事物，而是認識留在自己內，並由自己所產生的實有，今將其思想重點介紹於下：

壹・內在觀念論（Idealismus Immanentisticus）

內在觀念論主張：被認識的事物是由認識所生者，並存留在認識內；因此，認識者不是認識與自己有區別的其他事物。此乃觀念論的內在原理。

康德雖承認被認識的事物是離開認識者獨立存在的，但康德主張人的認識受主觀認識者的條件影響，不能完全認識所認識之事物對象；換言之，客觀獨立的實有不能被主觀者完全認識。再者，物體存在皆受先天格式的時間與空間之影響，因此認識者更不容易認識客觀對象體。康德的認識思想被後人稱爲形式的或超越的觀念思想。

康德的學生與康德主義者則認爲：認識的對象是觀念的，但主張二元論思想，即「事物本身與認識」是兩件事（Res in se et Cognitio）。

受康德思想影響最深的是費希特（J.A. Fichte），其觀念論主張更俱積極性，如其所言：「唯一的眞理是純全的我」（Unica realitas est "Ego Purum"），此「純我」亦稱爲「純主體」，「絕對的我」，由絕對的我自身能意識到無限事物，因爲人的意識在內省中直接的發現自我存在，然後又直覺意識到「我」以外的很多「非我」之事物存在。

費氏的意識內「認定」思想被後人稱爲主觀的觀念論（Idealismus Subjectivus），其學理的重點是「事物乃由純認識中所產生的純對象」（ Res est merum objectum productum a pura cognitione ）。

費希特以後的德國哲學家謝林與黑格爾皆受其影響，謝林（ Schelling ）根據費希特的「萬物為絕對自我的產物」之理論，更進一步，將精神與心靈推至無機物，以自然為可見的精神，精神為不可見的自然，融合為一。謝林又主張：人先有感覺、直觀、抽象等認識作用，而後才知道有客觀的萬物存在；兩種認識作用先發生於主觀的統一人身上，然後才知道有宇宙間萬物的存有。

黑格爾認為一切學問的基點是「觀念」，宇宙間最大和最普遍的觀念是「實有」；此「實有」包含最廣又最空虛，只有理智能獲得到它，其存在最抽象也最具體，最眞實也最高級；宇宙間一切事物的性質、數量、動作、現象皆是實有的變形；此實有就抽象與普遍性言，是一個純精神性實有，其性質在不斷的變化，其次序是由正而反，由反而合。（此乃黑格爾的精神哲學三一運動說）。

貳・當代觀念論（ Idealismus Gentilianus ）

當代觀念論，亦名現行觀念論（ Actualismus ），其主張：「唯一的眞理是認識行為」（ Unica realitas est ipse actus cognitionis ），萬有由認識行為生，並留在認識行為內；此萬有乃認識行爲的變化，故認識只是認識自己本身，整個認識爲自動意識作用（Autoconscientia）。

在自動意識內有三種成份，即：認識者、被認識者、認識者與被認識的合一（Cognitans Cognitata, Cogitans-cognitata）；認識者被稱爲主觀的「正」（Thesis），被認識者可稱爲客觀的「反」（Antithesis），認識者與被認識者合一稱爲「綜合」（Synthesis），這三成份皆在認識行爲內完成，認識是絕對單一的。

當代觀念論亦名觀念行爲論（Idealismus Actualisticus），因爲他們主張：「唯一的眞理乃認識的純行爲」（Qui tenet unicam realitatem esse actum purum cogitandi）。

叁・士林哲學的意見

士林哲學家不贊同以上內在觀念論與當代觀念論的意見，並主張「被認識的對象與認識是有區別的，認識是超越事物的，其理由如下：

①就人的超越意識言：由經驗得知，每個人皆明白意識到自己認識外物，此外物與自己的認識有區別，爲外在的獨立物；此感覺是顯明與確實的，每個人皆有過此具體經驗，如人看見一杯咖啡，知道其存在，並手取飲食之。但觀念論未講明此種事實之具體經驗——爲什麼人看見外物、手取拿外物飲用之。

再者，認識就其功能作用言，必要求認識之對象，此對象是認識活動的目的；普通言，被認識之對象是外在的存有物，（人亦能以自己做爲內在認識的對象），但對象絕不是由認識所產生出來的（In cognitione acquiritur objectum, non producitur ab ea）。

②就認識的定義言：認識乃認識的活動行爲，認識者認識了對象事物，則認識行爲乃成立。換言之，人無任何認識，亦無任何認識作用（Cognitio nullius rei est nulla cognitio）；若如觀念論所言，「認識只在認識內認識，或認識只認識自己」，則認識等於無認識；因爲認識乃行爲活動，其認識的對象必爲「實有」（Ens）；實有的種類不同，有物質性實有、精神性實有、感覺實有、理性實有等等，凡實有被認識者皆是以對象的現在狀態呈現出來，故認識與被認識者必有區分，而非由認識所生出者。

③就認識的現象言：認識不是抽象空虛的，而是具體存在的；換言之，乃實有主體之人認識對象實有，而非認識與認識之人分離獨立，如某人認識此物，或某人感覺與理解此物，此某人之認識、感覺、理解，皆現出有認識之主體與被認識之對象分開存有。

④就回憶性的認識言：人回憶性的認識行爲含有兩個基本要素，一是認識的行爲，認識了某對象；一是認識行爲的回憶到自己身上，換言之，認識已往之認識（Cognitio Cognitionis）；先前的認識行爲是認識某對象，不是回憶性的認識行爲；回憶性的認識是以過去的認識爲認識之

對象，故認識不僅是認識自己，也認識與自己有區別的其他實有。

⑤就人的錯誤認識言：錯誤的形成乃來自「認識與事實不相符合」。人由具體經驗言，屢次有錯誤的事情發生過；若依觀念論的意見，認爲萬有皆由觀念而生或留在觀念內，則不該當有任何錯誤發生出來；因爲一切萬有皆來自觀念或存在觀念內，則不該當有「認識與事實不相符合」的現象，換言之，世間不該當有錯誤事情發生，事實上，人屢次錯誤了，故觀念論的思想不被學者所接納。

⑥若認識只能認識自己，則世間除了認識者以外，無其他眞實存在了；如某甲被某乙所認識，則甲是乙的認識產品；反之，某乙被某甲所認識，則乙又是甲的認識產品了；如此，甲是認識者，便不能是被認識者；反之亦然，乙是認識者，便不能是被認識者；二者同是認識者與被認識者，則互爲矛盾，故認識與被認識應有區別，乃爲眞理。

⑦當代觀念論的意識學理亦不被人接納：自動意識論主張：「自動意識是唯一的眞理，此外，無任何其他法規存在或超越之」。若此學理爲眞的，則無倫理法規與宗教生活，因爲此二者皆是超越自動意識的；倫理法規約束人的意志，使人不能爲所欲爲，故倫理法規不是由自動意識所產生；宗教生活是人精神的存在實有，更超越人的感覺認識與自我意識；以上二者絕不是認識的產物或留在認識中，故觀念論的內在存留與主客不分的思想不被學者所採納。

⑧觀念論是反對經驗論者，因爲經驗論只主張「被感覺經驗者才是眞理」。

觀念論就反對經驗論言，有部份性的眞理，因爲認識是生命的內在行爲，非外在的純感覺認識。觀念論的錯誤是過於强調認識的內在存有性，因爲被認識的對象不是由認識所產生，而是與認識有區別者。

再者，認識的「行動」與「產生」是兩件事情，（Agere non est idem ac producere），「產生」是由產生者生出有區別的成果，乃創造的流出行爲（Actio Transiens）；「行動」不一定常產生出有區別的成果，如人的內在行爲，行動者與行動的結果存留在人身上（Actio Immanens）。

就生命行爲言，人的認識是內在存留的行爲，乃生理的心理現象，此內在行爲在人的主體內發生，存在於人的主體內；若就被認識的事物言，該事物存在於人的主體外，而非存在於人的主體內；在人的認識行爲內，人有心理的內在行爲，有認識外物的功能作用，也有被認識的外物存有。

認識在認識外物時，不是佔有外在對象，而是就外物的存在樣式接納認識之，（Quidquid recipitur ad modum recipientis recipitur），如哲學心理學所言：「人的認識是藉『印象』與『表象』，將外物成爲被認識的對象」，其認識之過程如下：

人的內在官能——想像（Phantasia）將外在對象「想像」化（Phantasinata），動性理智（Intellectus agens）將之形成印象（Species impressa），受性理智（Intellectus patiens）再將之改爲表象（Species expressa），外在有形之事物才被人所認識。因此，絕對觀念論的思想不被後世學者所接納。

再次，宗教哲學家亦反對觀念論的主張，因爲觀念論的「內在認識與外在存有」問題，關連着「有神與無神」的存在問題，換言之，一切事物若皆在認識內，亦無外在神的存在了；因此，宗教哲學家認爲人的內在認識與外在存有是分開存在的，客觀事物不是主觀者認其有，則有之；或認其無，則無之；外在事物有其完全客觀的獨立存在性。

總結以上所言，觀念論的思想不能被人接納。認識與被認識是有區別的，認識有完全的超越性。

總結：撮要

總結以上，其撮要如下：

壹．就人的經驗條件，人的認識有其超越性。認識的超越性乃指眞的認識，其性質是超越人的經驗條件，並認識與自己有區別的客觀實有。

相對論的哲學家對此有不同的意見，他們否認認識的超越性，並主張眞理的內在性與相對性。

相對論分系統性與方法性兩種，二者皆主張眞理是相對的而非絕對的。

㈠系統性相對論有下列數種：

①心理學相對論者主張：眞理依單個人的心理條件而決定。

②歷史學家的相對論主張：眞理依人的歷史、文化、及物質等條件而決定。

③情緒相對論者主張：眞理依人的情緒而決定。

④直觀相對論者主張：眞理依人的直覺感受而決定。

⑤意志相對論者主張：眞理依人的生命需要而決定。

⑥存在主義相對論者主張：眞理依個人生存的條件而決定。

㈡方法性相對論有下列數種：

①信仰主義相對論者主張：眞理依信仰而決定。

②傳統主義相對論者主張：眞理來自傳統的傳授。

③斯高學派直觀論者主張：眞理來自內心的直觀與自覺。

④雅各情緒派及神秘主義的相對論主張：眞理來自人的情緒或潛意識的情緒活動。

⑤行爲哲學的相對論主張：眞理來自人性行爲的需要。

⑥倫理獨斷論的相對論主張：眞理因人主觀的條件而決定。

貳・就認識本身，論認識的超越性

認識是認識與自己有區別的對象實有，但哲學家有不同的意見。

㈠內在觀念論主張：認識不是認識與自己有區別的對象，而是被認識的對象由認識所生，並存留在認識內。（德國觀念論與當代觀念論多如此主張）。

士林哲學不贊同以上之意見，其理由如下：

①觀念論無法講解人在認識時所「意識」到自己認識外物。

②認識的本性是要求認識與自己有區別的對象實有。

③認識需要認識的主體，此主體之認識者與被認識之對象有區別。

④在回憶認識中，認識不是認識自己，而是回憶過去之一切與自己有區別的其他實有。

⑤觀念論不能講解「錯誤是認識與事實不相符合」的現象。

⑥觀念論走入詭辯派的思想系統。

⑦當代觀念論破壞了倫理與宗敎的道理。

⑧認識就生命行爲言，有其內在性，此乃就生理的心理學言，而非就知識學的認識言；生理心理學講述人認識行爲之狀況，知識學講述認識行爲與所認識之對象。

在人的認識行爲上會產生「某物」，此「某物」爲理智之「觀念」，人藉此觀念能認識所認識的對象實有，但不是認識產生所認識之「某物」，故認識者要求被認識的對象實有。

參・士林哲學不贊同以上兩種相對論的意見，並主張：眞理有其絕對的存在價値，人的理智藉其客觀的明顯性，能淸楚認識之。因此，否定了以上各學派的主張，並言：

㈠系統性相對論疏忽了下列眞理：

①眞理是認識與事物相符合，認識因外物而決定，故認識客觀實有是理智的對象，不因主觀的影響而改變。

②學問的基本原理是不變的，不因主觀的影響而改變。

③眞理與人的認識乃超越人自身的需要。

④眞理的客觀性不因人的利益或損傷而改變。

㈡方法相對論有下列錯處：

①信仰主義者的理論失掉了眞理的客觀性。

②傳統主義者缺乏了眞理的客觀明顯性。

③斯高學派的直觀論否定了人的理智認識，也否定了哲學的實質，因哲學以人的理智認識眞理爲主，而非人的直覺感應；再者，各人的直覺不同，容易將人引入相對主觀論的思想，疏忽了

客觀的標準，也減低了哲學的價值性。

④雅各情緒派及神秘主義將人引入主觀的相對論，因各人的情緒及神秘感應不同，失掉了眞理的客觀標準性。

⑤當代行爲哲學及倫理學家的思想雖有部份性的眞理，但非眞理的最後標準，失掉了眞理的客觀確實性。

參考資料

1. Aristoteles：Top I.1,
2. Thomas Acquinas：S.T: I,106,7; II-II,1.4; C.G.III,154; III Sent. 23,2.2; De Ver. 9.2; 14.1. ad 7.
3. S. Angustinus： Contra Academicos.
4. D. Mercier：Criteriologia Generale N-N. 64-74.

第五章　認識的客觀性

——知覺的客觀性，概念的客觀性——

上章討論過認識的超越性，此章講述認識的客觀性（Questio de objectivitate cognitionis）。

認識就功能言，是認識對象，其現象是主觀的認識與客觀的事物相合一，形成眞理；如此呈現出「認識的客觀性」，認識忠於被認識者；或者，認 識之客觀性乃認識與事物間之忠實性（Fidelitas inter cognitionem et rem）。

爲清楚的講述主題，將認識分單個的與普遍的兩種，因爲人對此兩種認識皆有不同的意識作用。

單個的認識（Cognitio Singularis）乃人認識具體性的單個物質體，如人看見一塊玉石、一朵玫瑰花、一匹馬等。

普遍的認識（Cognitio Universalis）乃人認識普遍性的事理，如人有石頭、玫瑰花、馬匹等普遍的認識概念。

人對單個具體事物的認識，乃直接藉着感官的感受認識，此感覺性的認識被稱為「感覺」或「知覺」（Sensatio vel Perceptio）。

人對普遍的認識乃間接性理智的推理認識，此理智的認識亦稱為概念的認識或理性的認識（Conceptus）；本章依以上兩系統分兩節講述之，先就事物的被知覺言，講述知覺的客觀性；再就事物的概念系統，講述概念的客觀性，茲分述如下：

第一節　知覺的客觀性

就人的知覺言，常感覺到有外在的具體事物作為認識的對象，並能感覺到其物質性、廣度、顏色、聲音、味道、及變動、靜止等狀態；由此，哲學家講述知覺的客觀性，並詢問：

㈠在知覺以外，是否存在着被知覺到的事物體？

㈡被知覺到的事物體是直接被知覺？或知覺是主體的依附體，藉知覺能確定有事物體存在？

㈢物體怎樣被知覺？因自己的特性？或因別種樣式被知覺？

第一問題是討論知覺的超越主觀性，第二問題是討論知覺的直接性，第三問題是討論直觀的相關性。

哲學家對以上三問題有不同的意見；簡介如下：

壹・哲學家的意見

(一)就第一問題——知覺的超越主觀性言（Transubjectivitas Perceptionis）。

純觀念論者否認知覺的超越性，也否認認識事物的超越認識；因此，否認知覺以外有物體存在。

柏克萊（G. Berkeley）：否認知覺的超主觀性，亦否認在人的知覺外有事物存在；因此，否認了事物的顏色、聲音、味道，與事物的動、靜、伸延性等。

柏克萊主張：「存在即知覺」（Esse est Percipere），或「存在即是被知覺」（Esse est Percipi）其「存在」（Esse）乃指的事物體之存有，「存在即知覺」乃指事物的存在只在人的知覺內，換言之，在人的感覺以外便沒有知覺之物存有。

柏克萊認爲接受事物者不是非物質性的人之精神或靈魂，因精神體不產生出被知覺之事物。

柏克萊被後人稱爲觀念論，但其觀念論與絕對觀念論不同；絕對觀念論主張完全內在論（Immanentisticus），並主張在人的認識以外什麼也沒有；柏克萊的觀念論被稱爲有神的觀念論（Idealismus Theisticus），並主張天主是我們的知覺之原因。

經驗性的觀念論（ Idealismus Empiricus ）：否認抽象與普遍性的認識，而主張事物單個體的認識。

無宇宙論者的觀念論（ Idealismus Acosmisticus ）乃非物質主義者，否認任何宇宙事物的眞實存在性。

(二)就第二問題——知覺的直接性言（ Immediatio Perceptionis ）：

哲學家對「知覺的直接性」有不同的意見，普通言，知覺分直接的與間接的兩種，直接的知覺乃直接認識物體與物體之特性；間接的知覺是在主觀的感受中（如內在的現象）認識事物。

由此產生下列兩個問題：

①知覺是否直接到物質事體？

②知覺是否有時需要間接的證明認識？

第一問題乃知識心理學的問題，言人的認識先有主體性變化（ Modificatio Subjectiva ），然後在變化中認識物質事體。第二問題是知識論問題，就知覺的事實討論確實性之認識。

實在論者（ Realistae ）不贊同觀念論的意見，主張知覺可以認識外在的事物。

就知識心理學言，實在論認爲知覺是間接的，知覺的外在事物存在之確實需要證明；此派被後人稱爲「間接實在主義」（ Realismus Mediatus ）。

推理主義者（Illationismus）認為外在物體存在的確實性由主體的變化而來。

近代哲學家多主張「間接實在論的學理」，如：笛卡兒、洛克、斯賓諾莎、馬來勃朗、休謨、康德等，他們的共同意見：主體不能直接接納外在物質體，乃藉着「主體變化」——「觀念、印象、表象」等認識之；由此產生出認識的中間性「橋樑」問題，換言之，認識者藉「何橋樑」能連絡知覺的主體與被知覺的客體。

士林哲學家意見不一，有的主張直接實在論，亦有主張間接實在論；直接實在論被人稱為直觀主意者（Intuitionismus），間接實在論被人稱為辨證實在論（Realismus Criticus），如比國墨爾西樞機及其學生，戴維里斯等（Mercier, De Vries）。

㈢就第三問題——知覺的相關性言（Relativitas Perceptionis）：

就知覺的相關性言，分：第一特性與第二特性兩種。

第一特性（Proprietates Primariae）亦名事物的基本特性，乃事物的廣度、形式、數目、變動、靜止等，此種特性乃事物的物理特性。

第二特性（Proprietates Secundariae）亦名事物的感覺性質，如：顏色、聲音、味道、冷熱等。

近代哲學家的笛卡兒、洛克等將第一特性稱為事物的眞實體，第二特性不在事物上存在，而存在於主體的知覺上。

當代解釋論者（Interpretationismus）否認事物的第二特性，不承認事物的感覺性質之客觀性；他們認爲事物的第二特性只是人的感覺樣式，使知覺的主體將第一性變爲第二性而已，實在的對象是一個。

知覺主義者（Perceptionismus）反對此學說，並主張「感覺的性質乃超越主體者」，並堅持知覺的性質是實在體。

解釋主義者被後人稱爲辯論的實在論，知覺主義者被後人稱爲自然的實在論。

當代士林哲學家則有不同的意見，有人跟隨知識論者，有人跟隨解釋論者；眞的知覺論者不承認「自然實在論」的名稱（Realismus Ingenuus），因爲他們不承認感覺的性質是物理性的附着在物體上。（附註）

由以上三個問題，我們將分三要點講述之。

貳・士林哲學的意見

①就知覺的超越主體性言，士林哲學反對柏克萊的非物質論，主張有外在的物質體存在。

②就知覺的直接與間接性言，士林哲學主張有間接的知覺存有，但對物質事體言，則是絕對

的直接知覺。

③就知覺的相對性言，知覺的主體對感覺的性質，非解釋論與知覺論所可充分證明的。士林哲學主張在人的知覺中有相關性存在着。

由此，我們分三要點講述如下：

①在知覺外，有知覺的物體存在。

②物體的知覺該是絕對直接的。

③在知覺內有相關性存有。

(一) 在知覺外，有知覺物體存在

①就人的具體經驗及內在意識言，在知覺的感受中，有兩種要素存有，一是感覺的主體，一是有關的外在事物；如我看見一朵花，則顯明的事實告訴人，有知覺主體的我，有知覺，有被知覺到的外在花朵；故在人的知覺以外，有知覺的物體存在着。

②人的知覺超越主觀性，在人的意識情緒、活動與行爲中充分的表現出來，如人的內在飢餓時，知覺出需要外在的食物飲食之。換言之，人的內在活動需要外在性活動之對象實有，此證明知覺外必有被知覺之事物存在着。

③士林哲學不贊同絕對觀念論，因爲他們不能否認以上兩件具體的事實證件，柏克萊的觀念論亦無法講解在知覺事物上所產生的外物性質之意識現象。

（二）物體的知覺該是絕對直接的

有些哲學家認爲物體的知覺是間接的，但士林哲學不贊同他們的意見，因爲間接的知覺需要「中間」物相連繫，此「連繫」物是什麼，哲學家有不同的意見。

①笛卡兒（Cartesius）主張：物體的知覺是間接的，其連繫物是「天主」，換言之，人不能直接知覺外在事物，但天主給了我們官能的力量，使知覺認識外物。

士林哲學不贊同此意見，因爲哲學是純理性理論的，不應該以神學性的天主加入；再者，若以天主作爲理論的支持點，哲學又需要證明天主存在；但證明天主存在比證明事物存在更困難。

②馬來勃朗（Malebranche）認爲：外物的知覺連繫物是「聖經」，因爲聖經內講述了天主是宇宙萬物的創造主，故人的知覺與天主相關連；換言之，天主是知覺與外物的橋樑。

士林哲學同樣不贊同此意見，以聖經言語證明哲學原理，同樣的不是哲學的方法與系統，也同樣不爲哲學家所接納；因爲哲學與神學是兩種不同的學術系統，以神學信仰性的道理做證據，減低了理智的功能與哲學的價值。

③康底拉可（Candillac）認爲：知覺與知覺對象的橋樑乃衆多感覺之連合，此感覺連合使人知覺出有外物事體存在着。

士林哲學也不贊同此意見，因爲衆多感覺之連繫不是直接性知覺到外在事物；感覺的不同接觸皆是部份性者，而非知覺之直接性者。

④墨爾西（Mercier）等主張：知覺與知覺物連繫的橋樑是在因果原理內，人的內在性情緒變化需要外在的物體原因。

有些士林哲學家贊同，有些士林哲學家不贊同；不贊同者認爲：因果原理是用來證明事情發生之因果連繫關係，不是證明知覺與外在物體之存有。

⑤士林哲學認爲：事物的知覺是直接的，因爲人的知覺可以直接知覺到外物存在着；就心理學言，人的認識意識中有外物的「代表」出現，此「代表」乃代表外在存有的事物；若人不直接認識外物，則意識中亦不會出現其「代表」的實有物；人認識外物與意識到的「代表」實有，該是相同合一的，因此士林哲學主張「外物的知覺是直接感受的」。

（三）在知覺內有相關性存在

士林哲學家認爲：人因地域與時間之不同，對外在事物的知覺有不同的感受，此證明知覺與知覺物有實際的相關性存有；其情形如下：

①人在觀看事物時，若改變光亮的度數，則改變事物的顏色，人對事物的知覺感應亦不相同。

②人觀看水晶或水珠時，人因觀看的角度不同，水晶與水珠的光波反映亦不同，換言之，人觀看水晶或水珠的光波反映，因角度之不同而有不同的知覺感受。

③人的感官接受外物刺激之長短强弱，必影響人知覺的不同感受。

④人觀看早晨與晚間的太陽與中午的太陽不一樣，一是紅色而體大，一是光耀而體小，但太陽的體積是完全一樣的，人因時間與空氣中水份之影響而有不同的知覺感受。

以上的事實證明，知覺以外，有知覺物體存在，事物的知覺是直接的，事物在知覺內與知覺有相關性存在着。

〔附　註〕

（一）知覺與感官之對象

人知覺所接觸到的外在事物，有物體的第一特性與第二特性兩種，此二者皆是知覺的對象實有；士林哲學對知覺與感官之對象有不同的意見。

知覺與感官之對象物，士林哲學稱爲「可感覺者」（Sensibile），細分之，有下列兩種：本有的與偶有的可感覺者，分述如下：

⑴本有的可感覺者（Sensibile per se）：乃該事物的本有性質與形式被感覺所接納者，如：事物的延伸、變動、顏色、聲音等，由此可感覺者又分兩樣式：

①個別可感覺者（Sensibile proprium）：乃各器官各有其固有之感覺對象，如顏色與視官，聲音與聽官，味道與口舌，香臭與嗅官，冷熱與觸官等。

②共同可感覺者（Sensibile Commune）：乃該外在實有被衆多器官所接納，如事物的「變動」樣式，被人的眼目看見，也被人的手指接觸撫摸到。

⑵偶有的可感覺者（Sensibile Per Accidens）：乃事物本身的理由不足以被器官所感覺者，或者，事物的本性不被某器所知覺，但因着已往經驗的連帶關係，知道該事物的感覺性，如：「我看見黑菓子是苦澀的」，「苦澀」是人的味覺之感覺對象，眼目不能看出來；但因爲以往之經驗，黑子小圓形的植物菓子是苦澀的，便言「我看見它是苦澀的」，此「苦澀」與顏色的連繫是經驗的記憶，乃偶有性可感覺者。再如「我看見我父親」，「父親」是一個自立體，不專屬於任何器官者，但因了父親的固有「形貌」與「顏色」，則父親專屬於視覺的對象了，此亦爲偶有

性可感覺者。

(二)共同感覺與個別感覺

就共同性感覺與其客觀性言：哲學家多不贊同觀念論的意見，亞里斯多德、笛卡兒、士林哲學家等皆承認感覺的客觀性。

就個別感覺言：知覺主義者主張事物有眞實形式，並主張：感覺與事物相等，感覺是眞的認識。解釋主義者持相反的意見，他們認爲個別感覺的知覺，需要主體的行動與參予，此現象在事物上可以找到，如聲音、顏色於人的感覺上；二者的區別，知覺論者認爲單個感覺是在知覺以外有眞實形式存有；解釋論者認爲事物在知覺內有原因性實有。

知覺主義的主要理由是感覺要求對象，否則，認識或是不可能，或是落入觀念論中。感覺認識不要求事物的一切特性，只要事物出現的第一特性。

第二節　概念的客觀性

由人的知覺與意識，告訴人有外在的具體事物與事理存在着；由人的理智判斷，也告訴人有

「觀念」與「名詞」以講論對象事物者，如：張生是人，李士是人；人的理智認識亦可以用普遍性名詞講述普遍性事理，如：德行是可愛的，毛病是可惡的。

由此產生出「概念」與「普遍概念」的問題，哲學家則詢問：「在人的認識內是否有概念與普遍概念存在」？

爲講答此問題，先講述「概念」與「普遍概念」問題。

（一）概念的意義

概念普通亦稱觀念（Idea），就認識論言，乃「事物在人領悟中的替身」，或「事物普遍而抽象的認識」。

觀念在理則學內，就「質」與「量」之區別，分單純觀念、複合觀念、單稱觀念、特稱觀念、全稱觀念、集體觀念、相同觀念、殊異觀念、相容觀念、不相容觀念、矛盾觀念、反對觀念、缺失觀念、相關觀念、直觀觀念、推知觀念、具體觀念、抽象觀念、清晰觀念、含糊觀念等數種。（參閱：理則學．觀念篇）

此處所講的概念是就觀念的普遍性言，乃普通所稱謂的「普遍概念」或「共相」（Idea Universalis）。亦有人簡稱爲「概念」者（Conceptus）。

概念的定義，普通言，乃普遍性實有，可以「一義」或「周延」的應用到相同的衆多事物上，如人的普遍概念是「理性的動物」，此「概念」可應用到某個人或一總正常人的身上。「一義」與「周延」的講述衆多事物，乃普遍概念的特有性；「一義之意」（Univoce）是就任何時地言，其意義相同不變，而非「比擬」式（Analogo）的講述事物。「周延」亦名「散佈」性（Distributive），乃普遍性的觀念或名詞能擴延的散佈於相同的事物上，其性質能指示一總同類的事體或單個的同種類事物，如「人」可應用於「一總的理性動物」，亦可以應用到「張生是人」，此「人」常有相同的觀念與指意，其性質不因時地的不同而改變，與「周延」相對者爲「集體」性觀念（Collectiva），如軍隊，其性質只指集體實有，而不能應用於集體分散後的單人上。

因此，普遍概念的普遍性，乃「一義」與「周延」的應用到相同的事物上，不因人的時地不同而改變。

普遍概念的形成，乃是由衆多同種類的事物中，抽出其本質的相同性；此基本要素是屬於該種類事物的每個實有，因此，普遍概念有其客觀的價值存在着；而人的理智功能可從衆多事物中尋找出同種類事物的本質要素，因此，人有普遍性的概念存有。

今以具體實例講述如下：

我看到一張桌子，我便說：「此桌子是方形的」，然後又看到相似的桌子，我又知覺到桌子是方形的，以後又看到不同的桌子，圓的、長的、大的、小的、木做的、石做的等，我隨得到一個桌子的普遍概念—一個室內用的平面傢俱，有桌腿或無桌腿，在桌面上可以工作；此概念代表每一個及所有桌子的本質存有，此概念亦可以應用於每個桌子及所有桌子。

因此，概念的意義乃一個存在實有，可應用於單個及一總同種類的對象上；其第一性質是普遍的（Universalis），其性質是抽象的（Abstractus），其形成是理智的功能由同種類的衆多對象中抽出其本質要素。

本質（Essentia）是某事物之所以爲該事物的基本要素；本質形成的概念，表現出某事物眞實的存在實有。

概念性質的三要素：抽象的、普遍的、可應用於單個及衆多相同種類的事物上。

由此，哲學上產生了以下的問題：

①普遍概念是怎樣產生的？（心理學）

②普遍概念怎樣稱述事物？（知識學）

③在理智推論中，普遍概念佔何等地位？（理則學）

④普遍概念的最後基礎是什麼？（實體學）

在以上的問題中，第一、第三、第四問題在心理學、理則學、實體學內講述，第二問題乃普遍概念的價值問題，關連到認識的觀念與眞實關係，乃是我們此節所要討論的主題。

（二）哲學家的意見

共相「普遍概念」的問題，在哲學史內是常久談論的問題，希臘的蘇格拉底曾主張：「理智的認識，藉抽象的功能，從具體感覺的印象中，找出一個普遍而絕對的眞實，做為永恒不變的眞理」，此眞實便是共相。

柏拉圖將世界分爲物質的與觀念的兩種，物質世界是人感覺認識的對象，觀念世界是人理智認識的對象；物質性感覺的認識不是絕對而是相對的，觀念性理智的認識是眞實絕對不變的；因此，柏拉圖主張世界的一切事理皆存在於觀念的模型內，物質世界只是觀念世界的影相而已，換言之，共相早已是存在實有的。

亞里斯多德不贊成柏拉圖的觀念世界說，否認觀念是先實體而存在，或者，宇宙事物存在觀念內，而主張：「觀念是存在於宇宙事物中」，其理由是觀念來自人的感覺，存在於人的理智內（Idea fundamentaliter in rebus ipsis, formaliter in mente），換言之，人的理智從宇宙事物中，抽出事物內的普遍實有，此實有便是理智所認識的共相觀念（Universal idea）。

以上三種不同的「共相」思想影響到教父哲學，也影響到中世紀哲學，有的主張「共相後於事物」（Universalia post rem），有的主張「觀念先於事物」（Universalia ante rem），也有的主張「觀念在事物內」（Universalia in re）；其中較著名者有唯名論與實在論，唯名論主張共相只是一個名詞，强調人的單個體之認識；實在論主張共相在事物的本質上，其性質是絕對的；近代哲學家也因個人意見之殊異，而有不同的主張，茲簡介於下：

①唯名論（Nominalismus）：否認有普遍概念存在，主張人只有單個認識；觀念內沒有類與種差的區別，此乃概念之外在講述，而人的眞正認識是具體的單個體，而非普遍性的抽象實有；因此，共相只是一個純名詞，可講述衆多事物者，無共同其他實有性；或者，共相只是一個聲音，或聲音的氣息，只能指示個別事物的集合性而已，換言之，只有普遍名詞，而無普遍概念。

唯名論的代表人是英國的奧坎木（Occam，1285～1349），他主張：共相是一種主觀的記號，代表外在的單個事體，而該事體本身毫無共相的踪跡；其理由，宇宙間唯有單獨的、具體的、個別的事物，才是眞實的存在；而抽象的普遍性共相只存在於人的思維中，故概念只能代表思想，不能代表客體；共相只是主體給的一個名詞而已，如人的共相「理性的動物」不存在，只存在着具體的張三、李四、王五、趙六；動物的共相「無理性的動物」不存在，只存在着狗、猫、馬、牛等。

由此，奧坎木否認「共相」與實體事物間有相關連性，也否定了形而上與形而下的關係，因爲人理智的認識功能，由感覺界提升到理性界，由個別具體的形而下事物，提升到普遍性的形而上「共相」實有；因此，名詞論否定了形上學，其思想影響到近代的經驗論與實在論。

②經驗論者（Empiricistae）主張：人的認識限制於內在與外在的單個對象之感覺經驗，因此不贊同有眞的普遍概念存在，換言之，人的認識只有知覺與形像而已，主張此學說者有：David Hume，Candillac，J.S.Mill 等。

③實證論者（Positivismus）主張：人所認識者乃可實證的事物，如事物之觸摸性、感覺性、測量性等，故事實以外或超越事實者，皆不能認識之。因此，否定了普遍性「共相」存有，也否認了人有普遍性事理的認識；相隨着，也不要形上學、自然神學、倫理道德律；將學問限制於物理、化學、生物等感覺性的範疇內，偏重於經驗科學的範圍；其著名的學者：英國的 Stuart - Mill，法國的 Comte，Taine，德國的 Wundt，意國的 Ardigo。

④當代哲學家否定共相論者，多否認理智認識的價值程度，較著名的學者有：柏克森、存在主義、新實證論等。

柏克森（Bergson）主張人的理智之直觀認識，否認人理智的推理認識，因此，也疏滅了人的「共相」知識。

存在主義者（Existentialismus）强調人的認識應注意事物的存在事實，不應注意事物的本質；因此，疏忽了理智的推理與「共相」的存有。

新實證論者（Neo-Positivistae）强調感覺經驗的事實，否認普遍性的事理，因此，也否認「共相」與形上學的原理，主張「凡可後天驗證者才是眞的，不可後天驗證者便是假的」，較著名的學者爲邏輯實證論者，如：Wienner Kreis, Shilick, Carnap。

⑤概念論者（Conceptualismus）：一方面承認人的頭腦內有普遍概念存在，一方面又主張：概念與事實不完全相對，因此否定了概念的客觀價值。

⑥實在論者（Realistae）：主張在人的腦海內有普遍概念，此概念代表着外在的事物。

實在論分極端的與緩和的兩種：

極端實在論（Ultrarealismus）亦名過激實在論（Realismus Exaggeratus），其學說主張：普遍概念絕對存在，此概念是在人的頭腦以外存有者，其本質是絕不改變的在已存有。此派受柏拉圖的觀念世界與柏拉圖主義的影響，他們認爲：在感覺性的物質世界以外，有理性的觀念世界存在；在感覺界有眞善美的事物，在理性界有眞善美的觀念存有；此理性界的觀念實有是感覺界事物的樣式模型，其存在是絕對眞實的，物質界事物只是分享其模仿了模型存有而已，柏拉圖稱模型爲觀念世界，乃絕對眞實的存有。

緩和實在論（Realismus Moderatus）亦名溫和實在論，其學說主張：有抽象的普遍概念存在，代表外在事物的本質要素；普遍概念在單個事物上與在人的頭腦內不一樣，在事物上的本質是事物的基本實在性，在人頭腦內的概念是事物的「形式」存有；正如士林哲學所言：「普遍概念形式的存在於人的頭腦內，其基礎是在物質性的事物上」。（註）

〔註〕：Conceptus Universale materialiter esse in rebus singularibus, sed formaliter, uti universale, esse in mente.

（三）士林哲學的意見

①士林哲學不贊同唯名論的意見。

——概念不是純名詞——

普遍概念不是一個純名詞：事實的經驗清楚的呈現出，人頭腦內（In mente）有普遍概念存在着，此概念能應用於衆多同種類的相同事物上，如桌子是方圓形的家用工具，桌面上可以讀書寫字；此乃明顯的事實存有，每人皆可感覺出來，而非空洞的名詞而已。

再者，就理則學言，名詞是表現觀念者；觀念就外延言，分單個觀念、特稱觀念、集體觀念、全稱觀念等（全稱觀念亦名普遍概念）；單稱觀念是指的單個對象，如孔子；特稱觀念是指的部份實有，如有些青年；集體觀念是指的集合性的事物，如軍隊；普遍性的全稱觀念是指的同種類相似的事物，如理性的動物（人）；此全稱觀念乃人的普遍概念，乃人的理智由衆多具體事物中抽出者，泛指同種類相似的事物，而非一個單純名詞；故普遍概念確實存在着，其性質是公衆的、抽象的、普遍的存在實有。

②士林哲學不贊同經驗論、實證論與當代哲學家的意見。

——概念超越感覺事物——

經驗論與實證論的道理皆是以「感覺的事實」做理論的基礎，並主張「事實是不能超越的」：此二者的學理有自相矛盾的地方，因爲凡原則性的原理皆是純理論的，而非感覺性的具體事物；經驗論與實證論堅持自己的原則定理，則非感覺性的具體實有物，而是觀念性的普遍理念了，此理念是概念性的實有，而非具體感覺物；因此，其自相矛盾的學理不被接納。

再者，學問若無基本原理與普遍性，則不能成立；因爲普遍原理是由同種類事項中獲得，亦能應用於同種類的事物上；經驗論等若否認普遍性原理，則肯定自己學問的原理不能成立。

邏輯實證論等的新實證論者，强調數理邏輯與後天驗證的重要；他們忽略了數學邏輯等定理皆不是感覺體的事實，而是普遍性的概念原理。

存在主義者强調「存在的事實」，但當其學說成立時，存在事實便與存在的概念及事物之本質相接連，換言之，存在的概念定理不是單個事實，而是普遍性的概念了。因此，其學理的自相矛盾處不能被人接納。

柏克森的理智直觀論否認了人的理智之推理認識，事實上，每人皆知道自己有理智之認識功能與推理作用，客觀存有的事實不能被否定，其主張應無法成立。

以上哲學家的講論，我們可以結論說：經驗論的學說在心理學言，有部份性的眞理，因爲，人的初步認識是由感覺與感覺的事物開始的，但感覺後的認識不應只停留在感官上，人的知覺與意識是由感覺開始到人的理智，形成超感覺的理智認識，而非只是感覺性的經驗知識。

同理，唯名論與實證論的學理亦來自感覺事實，但哲學與人的高深認識不該停留在感覺的事實上，人的眞認識是透過感覺事實到人的理智認識，此理智之認識不是單個感覺的事物知識，因此，二者在知識學的理論不成爲原理，亦不能被後人所接受。

③士林哲學不贊同概念論的意見。

——概念不是人心靈外的存有物——

概念論的學理主張：一切的眞實皆歸於概念；並承認人的理念內有「共相」性純概念存在，但此概念與外在事物不全相合，亦無外在的客觀基礎；主張概念論的始祖柏拉圖更强調觀念是在人的心靈以外的獨立實有物，萬物只是觀念的影像或分享觀念的存有。

士林哲學不贊同此意見，因爲在上章已討論過的「認識」問題內，講述了人的認識對象與認識者是有區別的，被認識者是外在的客觀實有體，其存在是自己存有，而非由觀念所產生者。再者，觀念被稱爲在人理念內的代表，乃代表出外在的事物存有與其本質要素，此觀念乃普遍性的「共相」概念，可應用於衆多外在的同種類事物上，而非產生出外在的衆多實有體。

在人的理智判斷中，述詞的觀念是講述主詞者，如張生是人；此述詞人的觀念內涵乃普遍性共相，完全合於主詞「張生」的觀念之內涵，張生眞的是人；此表明普遍性概念乃在人的心靈內，可用之講述外在事物；而非在外獨立存在，或產生外在事物；因此，概念論的學說不被後人所接受。

④士林哲學不贊同極端實在論。

——事物不是概念的分享者——

極端實在論者强調：普遍概念乃絕對存有，在人的頭腦以外存在者；並主張：「世界萬物乃絕對觀念的『分享』。」（柏拉圖）。

士林哲學不贊同此學說，其原因如下：

「絕對觀念存在，或世界萬物分享絕對觀念」等，皆是柏拉圖等人自己想像的學理，無任何具體事實能證明此「分享」的理論；事實上，人的觀念是由後天的經驗從具體事物中抽出而形成者，然後此觀念存於人的腦海中，而非先天已存有，人後天從事物中回憶想起來者。

再者，「分享」是指被分享的「主體」與分享的「部份」有相同的「本性」體，事實上，觀念是理念性的實有，事物是感覺界的實有，二者的「本性」根本不相同；故感覺事物不是由普遍概念「分享」或「分割」出來的。

因此，士林哲學主張：共相性的普遍概念絕不是人心靈以外的獨立存在物。

⑤士林哲學贊同溫和實在論的意見。

——普遍概念「形式」的存在於人的頭腦內，「物質」的存在於外在的事物上——

士林哲學主張：概念由認識的現象而獲得，抽象的存在於人的頭腦內，可應用於具體事物上。概念之獲得，普通言，起始於人之感官感覺，然後由感覺的印象中抽出所感覺到的事物，如由眼目的視覺獲得顏色的概念，由耳的聽覺中獲得聲音的概念；反之，瞎眼者無顏色的概念，聾子無聲音的概念；此表明概念是感官藉着感覺到的外物獲得，故言：「概念是存在外在事物上，由認識現象而獲得」。

再者，就人的感官感覺言，當感官認識外物後，在自己的腦海內留下該事物的概念印象，當再一次與該事物相遇時便認出該事物；或藉着該事物之概念，認識出其他相同種類之事物，此表明概念的形式存在於人的頭腦中；如小孩子吃牛奶，由幾次的經驗，再看到奶瓶時，便會用手抱着往口內吸吮，此表明小孩子由奶瓶獲得可吃的東西在奶瓶內的概念，然後藉此奶瓶的普遍概念，應用於相似的單個奶瓶上，故言：概念是由具體的事物中抽出的印象（或言：概念物質性的存在於外在事物中，其形式的存在於人的腦海中。）（Idea Universalis est fundamentaliter in rebus formaliter in mente）。

再次，由事實證明，人確實有概念在腦海中，此概念可以應用於許多同種類的事物上，如人有「理性動物」人的概念，此概念可適用於張三、李四、王五等人身上；此「理性動物」概念之形成是來自衆多存在的人，換言之，由衆多不同的人身上抽出此共有性的本質，形成人的普遍概念，此概念有其客觀的存在價值，並能應用於同種類的每個人身上。

概念的形成是人理智的抽象作用，理智的認識功能可從感覺到的事物中，以審察、比較、選擇、歸納等方法，抽出同種類事物的基本要素，在腦海內形成普遍概念，代替外在的同種類之存有事物，因此概念被稱爲事物在人腦海內的替身者，其基礎是在外在事物上（Universalia formaliter in mente, fundamentaliter in rebus ipsis）。

總結：撮要

本章以上所言，其要義如下：

本章所討論的主題是論「認識的客觀性」，其內容分：知覺的客觀性與概念的客觀性兩種。

在第一節知覺的客觀性內，將問題分三方面講述：

在第一問題內講述知覺的超越主觀性，其重點，在知覺以外，是否存在着被知覺到的事物體？第二問題討論知覺的直觀性，其重點，知覺是是否可以直接接納外物？第三問題討論知覺的關係性，其重點，知覺物在知覺上是否與接納之主體有關係？

就第一問題言，純觀念論、柏克萊、經驗性觀念論等皆否認之。

就第二問題言，實在論、推理主義、近代哲學家、部份士林學派者皆認爲知覺與外物相關連，並直接影響主體之認識。亦有部份的士林哲學家主張知覺是間接的影響主體，其認識是藉着證明而得到。

就第三問題言，有人認爲次等性質不在事物上，而在主體的知覺上，如顏色、聲音等，凡在事物上者皆爲不同樣式之變動。但也有部份士林哲學家認爲次等特性在事物上。

士林哲學將以上三問題，分三要點講述之：

ⓐ在知覺外，有知覺物體存在：

人在知覺感受中，感覺出有感覺的主體，有關的外在事物，如人看見一朵花，則採而嗅之，或感覺飢餓時，找食物吃之；因此，不贊同純觀念論的主張，因爲他們不能否認以上之事實。

ⓑ物體的知覺該是絕對直接的：

有些哲學家認爲物體的知覺是間接的。笛卡兒認爲：知覺與物體中間的連繫物是「天主」，馬來勃朗認爲中間連繫物是「聖經」，康底拉可認爲中間連繫之橋樑是衆多感覺之連合，墨爾西等認爲中間連繫物是「因果原理」。

士林哲學不贊同以上之意見，因爲純理論的哲學不該以神學的「天主」及「聖經」做理論之基礎。衆多感覺之連合不是直接性知覺外物，不同的感覺皆是部份性者。墨爾西的主張有部份士林哲學贊成，反對者的理由，因果原理乃證明事情發生之因果連繫，而非證明知覺與外物之存有。

士林哲學主張：事物的知覺是直接的，因爲人的知覺確實知覺到外物存在着，人的認識意識中亦有外物的代表出現。

ⓒ在知覺內有相關性存在。

士林哲學認爲：人因時地之不同，對外物的知覺有不同的感受，此表明知覺與知覺物有實際關係性。如：人觀看事物時，光度的改變，其色彩亦改變；人觀看水晶時，因角度之不同，水晶體之光波反映亦不同；人接受外物刺激之長短强弱，影響人感覺的差異感受；人觀看早晨與中午之太陽，因時間與空氣水份之影響而有不同之感受；因此士林哲學主張：知覺與知覺物有相關性存在。

在第二節概念的客觀性內，講述下列情形：

概念的意義乃普遍性實有，可以「一義」或「周延」的應用到相同的衆多事物上，如人的普遍概念爲「理性的動物」，可以應用於單個人，亦可以應用於一總正常人的身上。

哲學家對此有不同的意見：

唯名論者認爲「共相」只是一個純名詞，否認有普遍概念存在；經驗論者主張人的認識只經驗性的事物，感官的知覺而已。實證論者主張人所認識者乃可實證之事物，當代哲學家、柏克森、存在主義、新實證論者或否認共相論，或減低了理智的認識價值。概念論承認人有共相存在，又主張概念與事實不完全相合；極端實在論者主張共相絕對存在，並在人的頭腦以外獨立存有。緩和實在論主張共相乃抽象的普遍概念，代表外在的事物，在人的頭腦內存有。

士林哲學不贊同以上全部學說，因爲：①共相不是一個純名詞，有客觀的事實存有。②概念是超越感覺的，而非可感覺之具體事物；各種主義的學理皆是原則性的純理論概念，亦非經驗、實證、存在等具體事物。③概念不是人心靈以外的存有物，概念只是外在事物在人理念內的代表，其來源於外在事物的抽象作用，而非觀念能產生外物。④概念亦不是外在事物的分享者，因概念與事物不是同性體者，概念是理念的實有，事物是感覺的實有，二者本性不同，不能有「分享」作用。

士林哲學贊同溫和實在論的意見，普遍概念形式的存在於人的頭腦理智內，物質的存在於外在的事物上。

〔附註〕：認識與共相

壹・康德主義

十七世紀，哲學思想界有三個特殊現象，即①數學與物理等科學知識的興起，如牛頓等人的學說。②經驗論的興起，將認識限制於感覺現象的事實上，否認了共相的眞理認識。③萊布尼滋與伍爾夫的理性主義，强調理性概念的眞實性。經驗論者將人引入主觀論，理性主義將人引入獨斷論的危機中。

康德先是理性主義者，後來由純理論形成了自己的批判主義（Criticismus），其名著「純理性批判」便是在一七八一年寫成的，其主要觀念如下：

①康德認爲學問的認識與組成來自判斷的兩個基本特性，一是客觀的普遍性，一是認識中的進步性。

客觀普遍性的認識，其判斷是先天的，乃理性主義與獨斷論者所採用的，其性質是純理性之分析，其結構是述詞與主詞的關係，其認識是藉着主詞的分析而明白；因此，客觀普遍性認識之判斷被稱爲先天的，不受後天經驗的影響，也不受主觀的影響，完全是客觀的認識與言明。

進步性的認識，乃經驗論所主張的綜合判斷，其述詞與主詞的關係，乃起於後天的經驗；換言之，述詞與主詞的相合性起源於經驗的獲得，因此，綜合性的認識被稱爲「進步式」的認識，而非客觀性的純理認識。

康德認爲學問形成的判斷該是「客觀」與「進步」相合者，換言之，乃「先天」與「綜合」形成的先天綜合判斷；其述詞與主詞的相合該是普遍性的，如數學的「五」加「六」是「十一」，幾何學內兩點間的直線最短，物理學的任何結果皆需要原因；在以上的判斷中述詞與主詞在純概念中雖不相同，但其性質是普遍確實的。

由此產生哲學上的問題：「先天性綜合判斷」是可能的嗎？

康德就人的認識功能言，主張人有三種官能作用，即：感覺性、理智、理性，（Sensibilitas，Intellectus，Ratio），感覺性是由外在事物上接受印象的官能，理智是判斷的官能，理性是推理的官能，亦名超感覺之官能。

康德認爲人的事物知覺可擴張到無限種類，但皆在空間與時間的格式內，因此，在人的知覺內有兩個基本要素，一是感覺的印衆（Sensationes — Impressioni），由後天所生者；二是空間與時間（Spatium et tempus），乃先天存有者；感覺供獻出知覺的物質材料，使知覺接納；空間與時間供獻出知覺的形式材料，卽知覺物之空間與時間性，使知覺發生。康德稱空間與時間爲感覺性的先天形式（Formae a priori Sensibilitatis），空間是外在知覺事物的形式，時間是內在與外在事物的知覺形式，因爲在人的知覺內常有時間性存在着。

②康德又言：「超越分析（Analytica Transcendentalis）是人理智的先天要素，藉此形成判斷。理智在判斷中，藉着概念，形成合一的知覺作用，如判斷「太陽使石頭溫暖」；其形成是經驗的直觀「太陽」、「石頭」，因「溫暖」原因而合一。在判斷中，知覺因物質對象之不同，有不同種類之區別，但概念是普遍的，乃理智的先天形式。不是來自感覺的經驗；康德以純概念

(Conceptus purus)爲認識之最高範疇。

康德的概念與亞里斯多德及多瑪斯的概念不同，康德的概念不是知覺的事物的普遍性共相，而是理智功能外在性的與知覺相合一。

康德的範疇是由判斷的種類及特性生出者，其數目如下：

①就量度言：其範疇有：單一性、部份性、全體性，乃形成人的單獨判斷、特殊判斷、普遍判斷。

②就性質言：其範疇有：實在性、否定性、限定性，乃形成人的肯定判斷、否定判斷，限定判斷。

③就關係言：其範疇有：實體性、因果性、相關性，乃形成人的斷言判斷、假言判斷、選言判斷。

④就樣態言：其範疇有：可能性、存在性、必然性，乃形成人的蓋然判斷、現實判斷、必然判斷。

以上判斷皆是先天性的綜合判斷，因爲述詞與主詞不是同一的，其被稱爲先天者，乃來自於普遍性的先天形式。

一切判斷皆需要認識原理，康德稱此原理爲普遍性意識(Conscientia Generalis)，或原始性自覺(Apperceptio Originaria)，或我思(Ego Cogito)，此原理與單個思想不同，但康德未清楚言明二者之區別性，可能是認識性的普遍條件對一總的判斷言者。

③士林哲學認爲康德的「先天形式」思想無助於解決認識的普遍性，因爲人認識的普遍性是藉着理智的抽象功能，換言之，人藉理智的抽象，可獲得事物的普遍概念，並在人的理性判斷中明顯的表現出來，如「此人」、「此理性動物」，在判斷的語句中，可以抽出「人」，「理性」等普遍概念，亦可以抽出人是理性動物的普遍概念，故人的認識是來自普遍概念的關係性，此乃理性功能之形成。

再者，康德主義很容易引人走入以下的境界

ⓐ康德認爲人不能認識事物如其本身的存在一樣，如此形成了事物本身的不可知論，相隨着，形成各人有不同認識的主觀論思想。

ⓑ若人不能認識客觀事物，亦不能認識客觀的眞理了，其眞理若只是觀念間的相組合，而非認識與事物相合一，則眞理形成相對者，而非絕對客觀者。

ⓒ康德主義影響當代思想，如：由超越理性產生了內在觀念論，由經驗產生了實證主義，由純理批判與實踐理性批判產生了意志主義與非理性主義，最後亦產生了自然的理性宗教與相對論思想。

ⓓ康德主義與士林哲學之異同：士林哲學是講「眞實」論者，並主張：學問的建立不是純經

驗，也不是純理性，而是在知覺事物與概念中，在感官與理智中，在知覺與思想中建立起來；康德主義稱此合一爲外在的，因爲概念是外在的先天形式，用於經驗直觀上；士林哲學則認爲此種合一是內在的，因爲人的理智藉抽象的普遍概念，講述感覺性之事物與事理。

康德主義與士林哲學皆不贊同純後天經驗論或先天理性論，而贊成採取二者之綜合；但二者對先天與後天的立場也不相同；士林哲學主張先天基礎是人的理智功能，可從知覺事物中抽出普遍性實有；康德主義則認爲先天基礎是概念自己，可加於經驗直觀上。士林哲學認爲「存在的事物」，人可以認識之，其普遍性是人理智之認識與獲得；康德主義者認爲「存在的事物」，人只能認識其樣式。

康德主義的「經驗」乃認識的結果，其本質由先天形式而組成；士林哲學的「經驗」乃事物的直接直觀，但人可由感覺事物中抽出普遍實有性。

貳・理智的實在主義

理智的實在主義（Realismus Intellectualisticus）包涵有：實在的理性主義，實在概念主義，溫和實在主義（Intellectualismus realisticus, Conceptualismus realisticus, Realisticus moderatus），皆主張：「共相是在人心靈內的實有，但以心靈外的事物做基礎」（Universalia esse aliquid intra animam cum fundamento in re extra animam)。

㈠共相的意義，亦名普遍性（Universale），乃存在實有，可以講述衆多事物者，亦可以講述同類的單個事體；今就三方面講述之：

①就共相在人心靈以外的存有言，其本性是單純的，乃存在事物上的單個體，如「張三、李四、王五」，或「此人、此動物、此生活者」。（Hic homo，hoc animal，hoc vivum）

②就事物存在的純狀態言：乃「人、動物、生活者」，乃眞實存在物。（Homo，Animal，Vivens）

③就存在事物的純理念或邏輯言：乃「人性、動物性、生命」，（Humanitas，Animalitas，Vita）。

就「共相」與衆多事物的關係言，是就第③種的純理念或邏輯言，因爲，「此人」不能通用於衆多人上，「此人」是具體的單物體，不與別的人物相關連；「人」是一個共有名詞，近於共相，而非完整的共相；「人性」不是具體的單個體，其性質可適用於衆多同種類的任何人身上。

㈡個體是形成共相的基本材料，換言之，共相乃理智的抽象功能由衆多個體中抽出者，故個體被稱爲：基礎性的共相（Universale fundamentale），其性質爲：基礎的，潛能的，具體的。個體被稱爲基礎的，乃藉着外在存有的客體形成共相；個體被稱爲潛能的，因爲由個體中能形成共相；個體被稱為具體的，乃指出具體事物的本性。

(三)共相分現實共相、形上共相、物質共相數種：

現實共相（Universale actuale）：乃由眾多表象記號抽出之觀念，細分之，有下列兩種：

①抽出之事物本性與眾多個體無關者，乃直接共相（Univerale directum），亦稱隱然性現實共相（Universale implicate actuale），如「人」。

②抽出之事物本性與眾多有關者，稱為迴返共相（Universale reflexum），亦明顯現實性共相（Universale explicite actuale），如「人性」。

直接共相亦分為：形上的與物質的兩小種：

形上的直接共相（Universale directum metaphysicum），亦名實在共相，乃在概念內具實包涵着（Reale）。

物質的直接共相（Universale directum-Materiale）：乃供獻出普遍性的質料。

迴反共相亦分為：邏輯的與形式的兩種：

邏輯的迴反共相（Universale reflexum-logicum）：乃共相存在於人的理念內。

形式的迴反共相（Universale reflexum-formale）：乃該共相內含有特別的形式。

物質共相乃藉着完全的抽象而獲得；形式共相乃藉着事物的形式而獲得；在物質共相內只有

抽象，如「人」是由「此人」抽出者；在形象抽象內先有抽象，然後將抽象應用於衆多同種類的個體上。

物質共相指示概念的內涵，乃概念組成的最高元素，形式共相乃指概念的外延，乃伸延到許多單個主體上。

叁・士林哲學的意見

由以上名詞所言，士林哲學主張如下：

①共相的「本性」（Natura）表現於個體中與理念內，但樣式不同。

②普遍性的「形式」（Forma）是邏輯性實有，但有事物的基礎。

其理由分述如下：

㈠事物的本性藉着普遍觀念可講述單個物體，如判斷言：「張生是人」，其述詞之「人」是講述「張生」者，若人的本性（理性動物）不在個體上與理智上，則以上的判斷語便是錯誤的；事實上，張生確實是人，其判斷正確，故普遍性共相概念是在事物上，亦在人的理智內。「張生是人」的述詞「人」，乃抽象出的本性實有，存在於認識者的理智內；「張生」主詞是指的單個存在的個體，理智判斷「張生是人」時，該「人」便在張生個體上，也在人的理智內。

再者，「人」就「人」言，是在理智內的實有，「人」就稱述單個主體言，則「人」便在單個體內，與單個體合一；該人便不是理智內抽象之人，而是指定的「某人」了。因此，人的本性在人理智內是普遍性，在具體人內則是個體存有了；士林哲學稱普遍性共相所表現的本性是在個體內，也在理智內。

㈡普遍性的「形式」是邏輯性實有，但有事實的基礎。

普遍性的「形式」、或是單個體的本性、或是絕對的純本性、或是在人的理念內；事實上，普遍性的形式不是屬於單個物體之本性，亦不是屬於絕對的純本性；其結論則是第三者，屬於人理念內。

普遍性，普通言，與衆多之實有合一；此合一性的關係不是屬於單個體的本性，因爲單個體的實有物不能再與其他外物相溝通；亦非屬於絕對純本性，因爲絕對純本性則不可能於判斷內應用於單個體上，因此，普遍性在人的理智內存有，並能實際的稱謂外在的具體事物；多瑪斯哲學所稱此普遍性爲「迴反共相」（Universale reflexum），「理性的實有，有事實的基礎。」（Ens rationis cum fundamento in re）。

共相的「事實基礎」，乃共相的普遍性是由許多同種類的個體中抽出者；「理性實有」乃理智抽象的對象，由理智所產生、並存在理智內；「有事實的基礎」，乃理智所有的共相不是理智自己捏造的，而是由具體的外在事物中找出者。如下例可以證明之：

被知覺之個體有：此張三、此李四、此王五，從三個不同的具體人中，可以抽其相同者爲「人」，此乃直接共相，或隱然的現實共相；再由其「人」的共相中，抽出更高的「人性」，此「人性」乃迴反共相，或顯然的現實共相，並可用之稱述相同種類之衆多單個體。

在單個體上，如在張三身上，人的本性與個別性無眞實的分開，只有在人的理性推論與理智認識上，有能力性的區分（Distinctio virtualis），如「此人」是一個具體性的眞實體，但人的理智可以分析出人的本性與其個別性，人的「本性」是可以適用於衆多個體人的相通性（Communicabilis），單體的個別性則是不可以適用於其他實體的不相通性（Incommunicabilis）。因此，士林哲學主張：「概念在人的理智內是現實性一個，而有潛能性在衆多事物上；單個體則是現實性衆多，而在潛能中有合一性。」

參考資料

1. Aristoteles：Met，IV，5，10106.

Met，I. 9，990b，X III. 10，1087a.

Met. VII. 13, 1038b

2. S. Thomas Acquinas : S. T., I, 85, 2.

S. T., I, 84, 1, 85, 1, 8b, 1ss.

第二篇　知識學概論

此篇所討論的主題是「學問」的知識問題。

人的一切認識不全是學問性的知識，學問的知識乃此篇所討論的知識學。

知識學可就「主觀」與「客觀」兩方面講述之。

㈠主觀性的知識學：乃個人主觀的知識學問，其性質是確實的、明顯的、普遍的、系統性的認識，細分如下：

①確實的認識（Cognitio Certa）：乃堅定的認識，無任何怕錯的心情存在；其性質與「意見」不同，因意見含有可能錯誤的成份存在。

②明顯的認識（Cognitio Evidens）：乃認識的對象與內涵是清楚顯明的，無任何可疑惑的存有；其性質與「信仰」不同，因「信仰」含有不明顯的存有。

③普遍的認識（Cognitio Universalis）：乃認識的肯定性是「普遍」不改變的；其性質與「單個」性不同，因爲個體性是可改變的；可改變者不能做爲長久的確實對象；普遍的認識與純

經驗的認識不同，因爲經驗認識是由感覺的事實而來，普遍的認識是由抽象的概念而形成。

④系統的認識（Cognitio Methodica）：亦名方法的認識，乃認識的形成是依據一定的程序獲得，或者，學問的形成是自先有的「原因」而獲得。

(二)客觀性的知識學：乃研究語句與語句所講述的客觀事理，因爲學問是語句言明的確實眞理，乃藉着原因與證明所講述者。換言之，學問乃語言有系統講述的眞理，其性質是藉着先有的原理所證明；因此，客觀性的學問知識有下列基本要素：

①眞理（Veritas）：乃語言以系統性講明者，其性質是普遍抽象的。

②原理（Principia）：乃建立學問的基礎，其性質爲已證明過的普遍眞理。

③證明（Demonstratio）：乃建立學問的必要方法，眞理成立之過程中，由原始到結論的要緊步驟。

因此，客觀性的知識學問，乃語言講述之眞理，由原理所證明的有系統之知識。

知識性學問的研究，可從四個基點着手，即：學問的種別、學問的原理、學問證明的方式、與學問的方法。

本篇分三章講述之：

(一)論學問的種別、原理、證明之方式。

(二)論學問的分類。

(三)論學問的方法。

第一章 學問的種別、原理、治學之方式、證據

第一節 學問之種別

宇宙間，事物衆多，相隨着，研究事物的學問，分門別類，也有衆多不同的區別；哲學家隨詢問：「區分學問的標準是什麼？」

（一）哲學家的意見

哲學家對學問區分的標準有不同的意見，較著名者有以下數人：

㈠培根（Bacon）：依人的「官能」作用，分學問為三種，即：想像的、記憶的、推理的；想像的創造出「詩歌」的學問，記憶的產生出歷史的學問；推理的產生出數學、物理、哲學、神學等。

㈡安培爾（Ampere）：就學問的「物質」對象分，有宇宙論與概念論兩種；宇宙論是研究具體事物者，概念論是研究抽象學理者；研究事物者稱為自然性的物理學問；研究抽象學理者稱

爲理性之學問。

㈢孔德（A. Comte）：就學問的「物質」對象言，分數學、天文、物理、化學、生物、社會等學問，他認爲數學最小，因爲是講數目與點的延伸；社會學最大，是講人的人際關係。

㈣教父與中世士林哲學家：就學問的「形式」對象分：先是神性的學問，後是人性的學問；神性的學問藉「啓示」所形成，人性的學問藉「理性」而形成；神性學問被稱爲神學，人性學問被稱爲人文學；後世士林哲學家亦按此程序區分。

（二）人文的學問

本節所討論的學問乃人文的學問，其對象就「物質」與「形式」講述之。

學問的「物質」對象：乃就學問所討論的具體事物言，如人的「身體」。

學問的「形式」對象：乃就學問所討論的理由基點言；如人是「理性的動物」。

學問的「形式」對象，分「目的」與「程度」兩種：

就學問研究之「目的」言，各種學問研究的方法與效果有區別。

就學問可理解之「程度」言，有深淺難易等不同種類的學問。

今就學問之「形式」對象，以間接與直接方式講述之。

㈠間接言，以上哲學家的意見，有商榷的必要。

①就培根之言，學問依人的官能區分；但事實上，學問的區分，不是依據人的官能作用，因爲官能皆有一定的物質對象；而人的「想像」功能可用在一總的認識上，因爲想像的對象可在感覺內，亦可在感覺外。同理，記憶是在許多認識中之綜合行爲，可將過去的印象重新收回認識之。推理乃理智之行爲，由不知道到知道，可應用於一切學問上。總之，想像、記憶、推理等官能作用，在任何學問中皆需要，不應僅限於某種學問上。換言之，培根區分學問的方式雖有部份性的理由，但不能做爲區分一切學問的絕對標準。

②依安培爾之言，學問就「物質」對象而區分，亦有商榷的地方，因爲「物質」是一總學問所研究之對象，但各學問所研究之「形式」重點不同，因之形成各種不同的學問，如「人」是一個具體性物質實有體，但學問各就各種觀點研究之，如物理學、化學、生物學、社會學等皆可研究人，也因此形成其獨有的學問，故學問的區分不該以「物質」爲絕對的標準。

③孔德等區分學問的標準，以物質對象爲主，其最大的錯處是疏忽了形上學，他們認爲凡超越感覺的實有皆是人所不能認識理解者（實證論）；但事實上，一切學問皆是由客觀的普遍概念與原理所形成；概念與原理皆是超感覺經驗的實有，故孔德等實證論等區分學問的方式不是絕對的標準。

(二)直接言：學問的區分，應依據區分的原理。

學問區分的原理，乃學問的「形式」對象，此區分的原理不是人的官能與物質實有。就學問之「形式」對象與「目的」言，學問區分爲：靜觀的與實踐的兩種。學問就組合的理論言，皆是靜觀的，此處所言「靜觀」與「實踐」之分，乃就學問之本有目的言。

靜觀學問之目的是事物之純理論講述；換言之，靜觀的學問乃純理論講述之學問。實踐學問之目的乃講述人類行爲活動之規範，換言之，實踐的學問乃行爲規律之講述。

①實踐的學問，就特殊的目的言，有邏輯學、倫理學、美學等。

邏輯學（Logica）：乃技術性的學問，運用觀念、名詞、語句、推論等方式，求思維的「眞」與「對」爲目的。

倫理學（Ethica）：乃技術性的學問，運用人意志之功能，依人性的規律原理，以求「善」爲目的。

美學（Aesthetica）：乃技術性的學問，運用人的感覺，依對象實有之組合，以求「美」爲目的。

②靜觀的學問，乃就學問的物質對象中，抽出其可理解性，如物理學、數學、形上學等。

①物理學（Physica）：乃以物質體為研究之對象，泛論其變動與感覺性，找出物質的自然本性，因此物理學亦名論自然的學問（Scientia de Natura）。

②數學（Mathematica）：乃就事物的感覺性與變動性，討論其「量度」（Quantitas）的學問，此「量度」在事物的變動與感覺中有一定的規律。

③形上學（Metaphysica）：乃就事物的「量度性」內，找出其非物質的存在實有。

以上三種學問皆是就對象的「抽象」言，換言之，在物質對象中抽出其變動與感覺之原理，乃學問之第一級抽象；由事物的變動性與感覺性中抽出其量度，乃學問之第二級抽象；由量度性中抽出其實有（Entia），乃學問的第三級抽象，此三種學問及一級比一級高，由物理、經數學，而達形上學。

物理學細分之，有理論物理學與實驗物理學兩種。理論物理學乃物理哲學，研究事物的最高原因之學。實驗物理學乃研究事物的變動現象及近原因之學問，如天文物理學、化學等。

數學分哲學性與非哲學性兩種。哲學性的數學乃數理哲學，注意事物在宇宙間之廣度與量度，並講述其演變之規律學理。非哲學性之數學乃數學內之分科項目，如數學、代數、三角、幾何等，只注意其演算的程序與對錯。

形上學只有哲學的，而無非哲學性者，因為形上學所研究的對象皆是就事物的最高原因，研究其抽象實有的學問，亞里斯多德稱此學問爲「第一哲學」，或基礎性的哲學。

總結以上所言的數種學問被後人稱爲基礎性的第一級學問，在此基礎上才能建立與推演出其他學問。

(三)學問的先後秩序

學問的秩序，就人的不同觀點言，有先後不同的秩序。

①就人認識對象的先後程序言，先有感覺的認識，後有理性的認識；因此，先有感覺經驗的普遍學問，後有超感覺的理性學問。如學生先讀物理的科學，後讀理性的哲學。

②就學問在學術上的地位言，哲學佔先，科學在後；因爲哲學追求事物的最高原因與原理；科學研究事物的事實與表現。

③神學是另一系統，超越科學與哲學者，其理由如下：

ⓐ就學問的對象言，神學研究超感覺與理性的神，神的本性與本質不是人的感覺與理性所能清楚認識者，尤其是宗教的靈蹟等事項更是超越人的感覺與理性的範圍。

ⓑ神學所依據的定理多是聖經與神的啓示，聖經與啓示皆非人的感覺與理智所能清楚明白者。

ⓒ神學的功用也是超越科學與理性的，神學的道理能使人心身安靜，精神愉快，更能指示人

生的道路，達到聖善安和之境。

由以上學問之區分，使人知道學問各有其固有之原理，各有其研究之固有對象，相隨着，研究學問的方法亦各不相同；科學是感官實驗的，哲學是理智推論的，神學是感情信仰的；各有其固定之範疇；就學問之整個系統言，亦可上相關連，互相溝通，因爲科學的結論是哲學的起點，哲學的結論是神學的起點；換言之，由科學之結論，走入哲學的領域；由哲學之結論（事物之最高原因與實有），走入神學的領域；其秩序前後接銜，互相貫通。

第二節 學問的原理

此節分五點講述：原理的本性、原理的區分、原理的價值、原理的根源、原理的程序。

（一）原理的本性

原理（Principium），普通言，有「根源」的性質，由「根源」能產生出某物，正如由「原理」可產生出事理一樣。

此處所講之原理，乃就學問的觀點，爲認識性原理，由此根源產生出學問性的知識，此原理被稱爲證明的原理。

證明的原理之性質有堅定不疑的確實性，其成立是經過證明與檢證；證明的原理可能是某事實，或某判斷，或就事實所形成的判斷，因此，證明的原理乃顯明性判斷，由其判斷可產生出其他判斷。

證明的原理有直接性與顯明性，換言之，證明的原理不需要再追究與檢證，其性質是直接被採用爲其他判斷的標準與基礎，藉此可組成系統性的學問。

證明原理之事實判斷，如我思、我行；或如哲學性觀念的判斷「實有即實有」、或「非實有即非實有」之同一律；事實性的判斷亦名論事實之判斷。

(一)論「事實」之判斷有下列數種（Judicia de factis）

①經驗的（Empirica）：乃由經驗得來的判斷，如由知覺及意識所形成者。

②綜合的（Synthetica）：乃該判斷中的述詞加於主詞上，形成組合性的判斷。

③偶有性的（Contingentia）：乃被判斷者是可以有或可以無的偶有性事項。

④部份的（Particularia）：乃判斷的性質可適合於單個的或部份性事實。

(二)論「觀念」的判斷有下列數種（Judicium de ideis）

①推理的（Rationalia）：乃從觀念的比較中，藉純理智的推論而形成。

②分析的（Analytica）：乃主詞與述詞的相合中，分析主詞而形成，述詞是屬於主詞者。

③必需的（Necessaria）：乃述詞應該屬於主詞，換言之，取消述詞，則主詞無任何判斷的意義。

④普遍的（Universalia）：在此判斷內，述詞在任何時地皆適合於主詞。

論事實之判斷，亦名「後天」性判斷，就當代詞語言，乃偶有記號形成的語句；就邏輯學言，乃述詞合於主詞。

論觀念之判斷，亦名先天性判斷，或本身形成的語句。

論事實的判斷是就存在的秩序言，論觀念的判斷是就事物之本質秩序言。

就學問的原理言，乃觀念性判斷，其性質是推理的、分析的、必需的、普遍的，在以上判斷秩序上建立起有系統組織的學問。

（二）原理的區分

學問的原理可區分爲：公共的與特有的兩種：

公共原理（Principia communia）：亦名共同原理，乃極普遍性的判斷，其性質是直接明顯的，不需要證明者，並可引用於一切學問上，如矛盾律的「一件事不能同時又是又不是」，此定理亦稱公理，乃學問之第一原理，可適用於一切學問上。

特有的原理（Principia propria）：亦名個別原理，乃共同性判斷，但限制於某學問的物質對象上，或只限於某學問的範疇內適用；如數學的本有原理，兩條線分別與第三線相等，則彼此亦相等。

公同原理被稱爲非證明的原理，因其性質是直接性絕對的顯明，不需要再以其他方法證明之，並可做爲其他證明的基礎。再者，在學問的一連串的證明系統中，應該有一個確實顯明的原理做爲眞理的基礎。

（三）原理的價值

原理的價值是就「眞理」言，其性質是組成其他學問的根由，由此，應先講述「眞理」問題。眞理可就「形式」與「物質」兩方面討論之。

形式的眞理（Veritas formalis）是就觀念的關係言。

物質的眞理（Veritas materialis）是就原理的檢證言。

就形式的眞理言，原理是眞的，其判斷的述詞是必然與明顯的適合於主詞，其眞理的價值是獨立於事實經驗以外的，由觀念的分析或直觀皆可以得到。

就物質的眞理言，原理是眞實的，其判斷之述詞與主詞相合，並在事實上能檢明證實者。

矛盾原理是形式的原理，如某實有在同一觀點下，不能又是又不是，其觀念的關係性如實有與非實有（Ens，Non-Ens）；矛盾原理的本身是顯明的，在一切感覺經驗之外存在着，其連繫的關係乃判斷之形式，由此形成「形式」性的眞理，或形成原理性之判斷。

物質的眞理乃物質判斷，因其原理可在事物中證實者，如「此人」的判斷，則不能在同一觀點下，判斷不是「此人」，此人的觀念是物質性者，但在具體之人身上可以找到。

（四）原理的根源

由於原理的價值是不受經驗限制的，哲學家隨詢問：「原理的根源」是什麼？或者，原理是怎樣產生的？

若詢問原理的較近原因，則原理的根源是觀念的分析與直觀；若詢問原理的較遠原因，則原理的根源則是外在的物質體；換言之，乃觀念產生之根源；因此，可以結論說：「原理的根源，就形式言，是觀念的分析與直觀；就物質言，乃觀念產生之源的物質體」。

由此，士林哲學不贊同生成論、本體論、康德主義，也不贊同他們所主張的先天觀念論，或先天範疇說。而主張人認識的第一根源是經驗，然後是觀念的分析與組合；故原理的較遠根源是來自經驗與經驗的物質，原理的近根源是觀念的分析，故原理可以在經驗的事實上被證明。

在理性心理學內，將觀念形成的程序講述講述如下：人的動性理智（Intellectus agens）由想像（Phantasmatibus）中抽出理解性的「種」（Species intelligibilis），以形成原理的明顯性，並呈現出觀念的純本質。

普遍觀念是來自具體的衆多事實，換言之，由衆多具體的事實上歸納出該結論；同理，原理也是經此路線，藉歸納法而形成者。

原理與經驗相關連，乃起源於事物存在的先天性，人的認識先由感覺經驗的事物開始，當原理由觀念與表記形成後，便獨立於經驗以外而存在，因此形成了原理的普遍性，而非外在存有之經驗事物了。

（五）原理的秩序

共同原理有很多種，較著名者有：同一律、排中律、矛盾律、因果律、目的律等，以上之原理亦被稱為定理。

同一律（Principium identitatis）乃甲等於甲。

排中律（Principium tertii exclusi）：乃兩個相對與窮盡的前項事物，不可能有第三者存在。

矛盾律（Principium contradictionis）：乃甲不等於甲。

因果律（Principium causalitatis）：乃原因與結果有連屬性的關係。

目的律（Principium finalitatis）：乃事物之存在必各有其目的存有。

以上五種原理於認識論及形上學內皆詳細講述，哲學家在此詢問：以上五種原理內，何原理爲第一原理？

學問的第一原理，普通言，不是認識的根源；認識之源，就士林哲學言，乃事物之知覺與理解；學問之第一原理乃建立學問之條件而已。

在邏輯的形式系統內，第一原理乃矛盾原理，即一事物在同一觀點下，不可能又是又不是。此定理被稱爲認識眞理的最高規律；凡否認此定理者，便否定了眞理的存在；因爲在一總的肯定與否定中，在一總的原理與系統中，在一總的成果與現象中，該先堅定事物的存在與理論不能夠互相矛盾。

矛盾原理建基於本體論之形式上，即「一實有在同一觀點下，不能又是又不是」（Idem non potest esse simul（sub eodem respectu）et non esse），此定理顯出極大的明顯性，在形上學、認識論、理則學內皆爲最普遍性的定理。

在形上學內，矛盾原理是實有之第一規律（Prima lex entis）；在認識論內，矛盾原理是確實的第一規律（Prima lex certitudinis）；在理則學內，矛盾原理乃推論之第一規律

(Prima lex ratiocinii)。

矛盾原理清楚的顯示人的認識是有規律性的(理則學),受客觀的限制(認識論),眞的對象建築於實有上(形上學);換言之,人的認識在客觀對象內被規範,其客觀存有是建築在實有上,因此,矛盾律的第一原理被稱爲認識的最高規律。

第三節　治學的方式

學問的性質是講述眞理,眞理的獲得需要方法與證明,此節講述治學的方法與求知的方式。

(一)求知的基本方式

求知的普通方法,有三種常見的基本方式,即:演繹法、歸納法、證據法。

(一)演繹法(Deductio):乃邏輯學的三段論之推理方法,其結構有:大前提、小前提、結論、並有一定的推理規律。

演繹法乃理智之推演,由較大的普遍到較小的普遍,或由普遍到個體,由原理到事實;如:凡人要死,張生是人,張生要死。

哲學家由此詢問:①演繹法是否爲合法的推理程序?或者,②演繹法是否爲繁殖性的推演,並有新知識產生？

就第一問題言，所有理性哲學家皆承認演繹法是合理的求知方法，有合法的推演之規則與程序，邏輯學內有清楚詳細的講述。

就第二問題言，經驗論與實證論者（培根、陸克、休謨、泰因、彌爾等）皆認爲演繹法無新的事項產生，換言之，結論是大前提所包含的一份子，結論已包含有前提內了。如「凡人皆要死，張生是人，張三是要死的」；此結論之「張生是要死的」，已包含在「凡人皆要死」之內了；故結論無任何新的事項產生出來。

否認經驗論及實證論者，則主張三段論是合理的推論，也有新的眞理存在；因爲「凡人皆要死」的大前提是公共原理，句中未言「張生是要死的」，小前提也只言「張生是人」，結論的「張生是要死的」，乃由大小前提推演出來的新命題，故演繹法有新的眞理產生出來。

㈡歸納法（Inductio）：亦是邏輯學內的求知方式，其形成是由單個事項到普遍實有，細分之，有下列三種：

①由單個實體到普遍判斷：由許多同種類的單個事物中，藉理智之功能，抽出其相同性，歸納成普遍概念。

②由單個的判斷到普遍的判斷：此乃由衆多相似之理歸納出來，如：「全體大於部份」；由

此判斷，亦可歸納出：城市大於家庭，國家大於州省；因爲「全體」與「部份」的清晰概念，使人容易判斷二者之關係，並藉此歸納出相類似的事項，換言之，由單獨判斷的「樣本」，能歸納到相類似的普遍性判斷。

③由單個經驗的判斷到普遍的判斷：此判斷乃歸納法常用的方式，普遍判斷只是衆多判斷的結論而已，如水被燒到百度以上便會沸騰，此判斷之形成，乃由衆多次「水燒到百度便沸騰」的經驗現象所結論出來。由此得知，歸納方式不全是純概念所形成，亦是由具體經驗的感覺事實中所形成。

歸納法亦分完整的與不完整的兩種。

完整的歸納法（Inductio Completa）：乃歸納的前件基礎是該種類所有的單個事物，換言之，歸納來自所有單個先有事項，無任何單個遺漏出去。

不完整的歸納法（Inductio Incompleta）：乃歸納的前件基礎不是該種類所有的單個事物，換言之，歸納來自部份性的先有事項，亦有部份事項遺漏出去。

完整的歸納法不容易形成，因爲不容易從所有的先前事項中歸納出來；事實上，屢次有單個的事項遺漏出去。不完整的歸納法容易形成，因爲在某種條件與範圍內，容易歸納出該類物體的事理。

多瑪斯會言：「歸納法的原理是事物本性之驅向於一」。（Principium inductionis：Natura est determinata ad unum, S.T., I, 41, 2.）

哲學內的理性主義者多用演繹法，經驗主義者多用歸納法，在一般學問中多混合採用以上兩種求知的方式。

㈢證據（Testimonium）：證據乃可信賴的證明，有肯定事理的權威性，爲治學求知之方式之一。

證據有下列四種情形：

①證人（Testis）：乃述說或證明一個不太顯明的眞理。

②證據（Testimonium）：由證人所述說，或一個言明性的具體事物與文契。

③權力（Auctoritas）：乃證人與證物的價值，事理有堅强的肯定性，換言之，證人與證物能肯定與決定事理。

④信仰（Fides）：因證人與證據之權力，相信其事理。

證人與證據稱爲物質性的證據，權力與信仰稱爲形式性的證據。

演繹法與歸納法被視爲「內在性」證明方式，權威與信仰被稱爲「外在性」的證明方式。

〔證據爲知識學的大問題，將於下節專題講述之〕

理性主義不贊同歸納法，他們認為歸納法乃後天感覺經驗的方式尋求眞理；但感覺的認識不是絕對的，常因各人感覺的不同而形成不同的意見，因之由感覺經驗所形成的事理也不是確實絕對的。

（二）哲學家的意見

經驗主義不贊同演繹法，他們認為演繹法乃先天性的觀念推演，若觀念不清楚或差錯了，其推演的規律雖對，事理的結果仍然是錯誤的。

詭辯派或懷疑主義否認「證據」的證明法，認為證據不可信，或者根本不能證明眞理與學問的確實性。

士林哲學的意見：

士林哲學認為：演繹法、歸納法、證據三者皆是確定眞理與治學求知的有效方法，其理由如下：

㈠演繹法是合理的方式與獲知的途徑

演繹法是理則學內三段論的推理法，其組成是前提與結論相連合；三段論的前兩段被稱為前提，乃構成結論判斷的基礎，結論乃由大小前提中自然推論出來者；三段論的內涵元素是大中小三詞端，中詞在大小前提中分別與大小詞結合，做媒介作用，然後，結論捨棄中詞，依同一律或相反律的原理，以肯定或否定語句結合大小二詞，而形成新的判斷；如凡金屬是傳電的，銅是金屬，銅是傳電的；此三段論的語句中，第一二句為大小前提，第三句為結論；語句中的，金屬、銅、傳電的為三詞端；金屬是大小前提中出現兩次，為「媒介」作用，然後推演出新的判斷語句——銅是傳電的。

以上演繹的實例，可推論及實用於衆多不同的判斷中，如靈魂是精神體，可推演出靈魂是不死的，因為凡精神體皆是不毀滅死亡的（大前提），靈魂是精神體（小前提），靈魂是不死的（結論）。再者，由人的精神性活動，可以同理的推演出精神性的靈魂存有，這也是知識學的因果律所形成。

演繹法亦稱為繁衍式的推論，因為推論的大前提多是普遍性的語句；在普遍性的原理中，藉其觀念之組合或分析，推演出一個新的判斷語句，乃確定的事實。

經驗論與實證論者反對三段論的演繹法，其理由：學問的知識是來自物理性的事物，或學問應用於實際事物上，其價值與眞實性與語句無關（培根等）。

唯名論者更捨棄概念的價值，認為普遍性的共相只是單個體的集合，乃認識之延續，而非眞實的事理；因此也否定以觀念所組成的推理方式，換言之，否認演繹法是求知識的方式。

士林哲學由上述之實例，認爲演繹法是概念的系統，由普遍開始，推演到個體上，由已知推知未知，形成了獲得知識的系統方法，並藉此組成完整的學問。

形上學與一般哲學內多採用演繹法，現在的天文學與物理學亦採用之，因爲知識的獲得是由潛能到現實，由陰暗到顯明，亦是發現新眞理的正式途徑。

(二)歸納法是獲得眞理與確實的有效方式

歸納法的價值來自歸納的原理，歸納原理與因果律及目的律相連繫；因果律是講述一切事情的原因、結果與現象，目的律是講述事物的本性、限度與方向；二者皆是歸納法所應依據的基礎原理；換言之，否認事物的因果律及目的律，則歸納法無法成立；因爲事物的發生是有因果關係，事物的本性是驅向一致的，因此，歸納法亦是確實有效的方法，獲得眞理的正直方式。

(三)證據是正確認識的有效方法

若證人有權力與證據有確實性，不欺騙、不虛假，則證據確實是輔佐人獲得眞理與知識的有效方法。

事實證明，人在尋求知識與眞理的過程中，屢次藉助眞實與有力的證據，也確實獲得新的知識，故證據在治學的途徑上是不可缺少的有效方式。

第四節　證　據

學問講述眞理，眞理需要證據證明，此節專討論證據。

（一）證據的意義

證據，拉丁文爲〝Testimonium〞，有「證據、憑證、憑據、證言」等意思，普通以「證據」言明之。

證據的性質含有「權威」的意思，乃表示出存在的眞實，或表明存有的事實是眞的。

證據在知識學內是一種行爲（Actus），證人將此顯示給人，以堅定其確實性。

（二）證據的區分

①就證人言：分神性與人性的兩種。

神性的證據（T. Divinum），乃以天主及天主之言爲證據，如啓示。

人性的證據（T. Humanum），乃由人所形成的證據，如遺囑。

②就證據的對象分：道理的證據與歷史的證據。

道理的證據（T. Dogmaticum）：乃證據的本身是學術性的道理，如教義信函、聖經存稿。

歷史的證據（T. Historicum）：乃證據的本身是一個歷史的事實，如聖伯多祿在羅馬傳教。

③就方式分：口述的、書寫的、事實的。

口述的證據（T. Orale）：乃由口語傳述的證據，如某人的「好名譽」，乃該人之良善品德由人所口述稱道。

書寫的證據（T. Scriptum）：乃由文字書寫，或印刷而成的證據，如「契約」。

事實的證據（T. Reale）：乃一件眞的存在事實，明顯的呈現於衆人前，如逝去聖人的遺物。

（三）證人（Testis）

證據既爲證明事物與事理者，與證據有關者便是證人，換言之，證人屢次引用證據以證實事理。

證人的意義乃代表某人有「權力」（Auctoritas）與「信心」（Fides）者，並將自己已知之事理傳給與照示他人，使之知道其確實性。

證人的內涵含有「學識」與「眞理」的成份（Scientia et Veritas），就「學識」言，證人確實有「學識」，知道該事理；就「眞理」言，證人所證明者爲完全眞實無訛的。

證人分：直接的與間接的兩種：

直接證人（Testis immediatus）：乃自己由眼見、耳聞、或感官與理智直接獲得的，並用之告訴別人。

間接的證人（Testis mediatus）：非由自己的感覺或理智直接得到，而由別人轉告所知道的，再用之告訴別人。

證人的言詞與行動含有權威性，在懷疑不確定的事件中，使人相信所證明者爲眞實的。

證人的權威性，不是證人所證明之事理本身爲清楚顯明者，而是證人的本身之「學識與眞實」使人相信所證明之事理爲眞實者，如權威性的良醫對疾病輕重之判斷。

相信（Fides）：亦名信仰，乃人理智之肯定，其相信之理由是依據證人之權威；換言之，因爲相信證人，也相信證人所證明之事理或話語。

相信的對象分「物質的」與「形式的」兩種，相信的物質對象（Objectum materiale fidei）是被相信的事物或事理，相信之形式對象（Objectum formale fidei）乃指的證人之「權威」，因證人之權威，相信證人所言者爲眞實的。

（四）哲學家的意見

懷疑論與詭辯派者不贊成「證據」證明眞理的方法，因爲懷疑論者主張「無確實，無意見」，甚至連自己存在也懷疑，所以也否認一切證據之確實性了。詭辯論主張「人爲萬物的權衡」，以主觀的立場認識與判斷一切事理，因之對客觀的事理與證據也否認識之。

士林哲學則承認證據的存有及其價值，並分述如下：

壹・歷史證據（Testimonium historicum）

歷史證據是一個已經存在的歷史事實，知曉之證人將此歷史事實告訴他人知道。

歷史證據之告訴他人，分口述式與書寫式兩種。

I・口述的證據（Testimonium Orale）

口述的證據分直接的與間接的兩種。

直接口述的歷史證據，乃證人親自經歷過的歷史事實，並親口說出告訴他人知道。

間接口述的歷史證據，乃非證人親身經歷的歷史事件，而由別人口中聽到再轉述給他人知道。

以上兩種口述的歷史證據，直接的口述歷史比間接的口述歷史事件有價值。

哲學家對口述證據之詢問：口述證據是否可信？

士林哲學認爲直接或間接的口述證據在某些條件下，有可信的價值存在，其條件與理由如下：

①直接口述的證據

口述歷史證據之人該有相當程度的「學問與眞實」性（Scientia et Veritas）。

就證人的「學問」言，乃證人有正常的官能作用與精明的理智，並有學問的充足研究與知識，能將個人的感受與歷史事件堅定爲眞實，然後私下或公開的告訴他人；換言之，證人不缺欠器官與理智的功能作用，亦不隨便或無憑據的講述事實者，其口述的證據是可相信的。

證人若非一人時，衆多證人皆眞心誠意與異口同聲的述說相同的事實，則該口述證據之確實性有客觀的可信價值；因爲事實上，不可能衆多的人皆缺欠身體官能或理智之正確認識，皆陷入一樣的錯誤中。

就證人的「眞實」言，乃證人的品行道德是誠實可敬者，換言之，證人是忠實可靠者，絕不撒謊騙人，亦不輕易的揑造是非或謠言惑衆者；則其口述的證據是可相信的。

再者，若證人是衆多者，則更不可能有衆多的人皆虛報不正確的假事實，或衆多皆自欺欺人的成爲謊者之流。

因此，證人在滿全「學問與眞實」的條件下，其直接口述的證據是可相信的，亦有其客觀的存在價值。

②間接口述的證據

間接口述的證據乃證人所言的證據非親身獲得，而由他人或第三者中間人的口語聽到，再傳述給他人；此中間人可能是一個或少數，也可能是衆多的。

若中間人傳話者是一人或少數，亦該研究該中間人之「學識與眞實」性，如上所言，中間人該有充足的學問與眞實，則所傳遞之證據才有可相信的客觀價值。

若中間傳話者是衆多的，則該謹愼研究衆多口述的事實眞像是否一致，因爲衆多者的口述中，很容易加入個人的意見，其增加或減少的話語，必影響證據之眞實性。因此，衆多口傳的歷史證據應有其恒一相同的不變性。

再者，口述的歷史事件亦有相距時間的長短區別；距離時間較近的歷史事件，容易追尋研究，其可相信性較大；反之，距離時間較久之歷史事實，研究較難，可疑惑性較大；但對以上二者所應有的注意點是他們的「恒一相同」不變的口述事實，換言之，在明智與細心的研究下，衆多的口述證據恒一不變，則其眞實性有客觀的存在價值，亦有可相信的知識價值。

Ⅱ・書寫的證據（Testimonium Scriptum）

①書寫的證據亦名「文書或文憑」（Documentum），乃由人的手筆書寫或機器的印刷而成，

有存在檔案內文件的意思。

書寫的證據有三個基本要素，即：確定性、完整性、眞實性（Authenticitas, Integritas, Veracitas）。

書寫證據的確定性（Authenticum）：乃就「文書」的著者言，換言之，確定該「文書」或「手稿」確實出於某「著者」的手筆。

書寫證據之完整性（Integrum）：乃就「文書」之「保存」言，換言之，該文書保存的完好如初，其內涵沒有部份的遺失，亦無別人撰改或參加他人的意見。

書寫證據之眞實性（Verax）：乃就「文書」的「著者」相信言，換言之，著者本人對該文書有實在的學問與眞實，因之，相信該「著者」能寫出該文書的文稿。

②書寫證據的檢驗：可就內在與外在兩方面考證之。

ⓐ就「文書」的內在考證言（Criteria Interna）：乃考證著者所言的「道理」，寫字的「文筆」與「方法」等。

著者所言的「道理」（Doctrina）：乃著者的學者身份，及著者所主張的學理系統等。

著者的文筆（Stylus）：乃著者平常講話的語氣與寫作的方式，其書寫的筆法、語句與字形，並與著者的其他手稿相比較確定之。

著者的寫作方法（Methodus）：乃筆者平日或已往寫作所用的格式、程序與系統等。因此，哲學家研究「文書或書寫」證據時，應注意該「文書」內在的以上三要素，以決定該書寫證據之眞僞或對錯。

ⓑ就「文書」的外在考證言（Criteria Externa）：

文書的外在考證乃由人的口述傳言，紀念的雕刻石碑，及其他相關的事物等。

人的口述傳言（Traditiones Orales）：乃口述傳言者可能是該時代認識著者的人，或者，由別人口中聽說過著者曾寫過該文書。

紀念性雕刻的石碑或遺物（Monumentum）：在紀念性雕刻物或石碑等遺物上，可考證出著者所寫或曾寫過的東西，並依據作比較，以認識該文書或著者其他文書的眞假對錯。

總結上言，士林哲學主張：書寫的證據有其存有的客觀價值，也是人認識眞理的方法之一；但學者應注意認識之條件與內外考證之方式，然後決定其眞僞對錯的存有價值。

證據之內外考證，應首先注意著者手書的字體、筆跡、文法造句，如字體的縮寫、簡體字的採用、著者常用的語詞、語句，及著者在學術上的派別、主張、道理等；然後就著者與文書的年代時間、他人的口述傳語、及紀念性遺物的對比考證等，以決定證據的眞僞對錯之確定性，因此，歷史證據亦是人認識眞理的方法與求得知識的正式途徑。

貳・人的證據（人性證據）（Testimonium Humanum）

歷史的證據可稱爲「物」的證據，此段所言乃「人」的證據。人的證據非就人的「存在」言，而是就人的「意見」講述之，換言之，人的「意見」是否可以做爲眞理的認識標準？或求得知識的正式途徑？人的證據亦名人性的證據。

士林哲學有以下的意見：

人的意見乃人的主張，此主張含有眞理的成份與標準的意思，因此被稱爲人的證據。人的意見，普通分爲「智人」的意見與「普通人」的意見。

智人的意見亦名智人的證據（Testimonium Sapientium）；乃特殊聰明的智者之主張，其所言之道理多爲較深奧與難懂之眞理；換言之，智者之證據是講述較難知與難懂的道理。

普通人的意見亦名一般人的證據（Testimonium generis humani）：乃普遍性衆人的「公意」，其所言之道理乃是較淺與容易明白的眞理；換言之，衆人的證據是講述較易知與明白的道理。

士林哲學對人的證據有下列的主張：

①就智人的證據言：聰明的智人多有細心研究眞理的特性，因之，其所主張的意見亦有眞理

的客觀價值；但智者的意見不是百分之百的絕對者，因爲「意見」的本質不是絕對的眞，而含有錯誤的可能性；因此，智者之證據有眞理的成份，但非絕對不可批判的眞理。

再者，智者意見的對象乃較難的事理，而較難之事理又多有錯誤與爭持的地方，因此，智人之證據是人認識眞理的方法之一，但非眞理的絕對標準；也因此常有哲學家與神學家對哲學與神學中較難的問題，有爭持的不同意見發生。

②就普通人的證據言：乃一般人對事理的「公意」與認識，普通言，亦有眞理的客觀價值，如諺云：「人同此心，心同此理」；但此種眞理的程度亦非絕對眞實者，因爲意見的本質含有錯誤的成份存在着。

衆人的公意被視爲眞理的標準之一，其理由是一件事理不可能所有之人皆錯誤了，換言之，衆人對同一事理有相同的判斷與相同的看法，則該眞理必有其客觀確實性。

再者，衆人的公意有其界限性，換言之，較難懂的問題，衆人難有同一的意見，如一些哲學性與神學內相佐的難題，衆人更無相同的公意了。

因此，衆人的公意在以下的條件內，有其客觀的存在價值：ⓐ該眞理的性質應是淺而易明的，換言之，人不需要深度研究，便可明白與懂得其意義。ⓑ此眞理之易懂性使人皆可認識之，如人該行善避惡。

因此，衆人的公意是人認識眞理的標準之一，但非絕對正確的，因意見內含有錯誤的可能性。衆人的公意對普通顯明的事理，有其存在的客觀價值，也因此被稱爲人認識眞理與尋求知識的方法之一。

叁・神性證據（Testimonium Divinum）

神性證據乃神學所依據的認識眞理之方法，藉此證明神的存在與神的屬性等。

士林哲學對神性證據有以下的意見：

①神學分啓示神學與自然神學兩種：

啓示神學亦名信仰神學，其講述與證明的方式是採用「啓示」與「聖經」等。「啓示」乃神直接告訴人者，或經聖祖先賢的口傳授下來；「聖經」乃天主的言語與記錄；信仰神學藉此二者證明神的存在與屬性。

自然神學亦名理性神學，乃哲學所研究的範圍，其講述的方法是藉着人的理智與推論，以比擬的方式（Modo Analogo）證明神的存在與屬性。

②學問採用神學證據的理由，乃人的理智功能有限，世間有許多神秘性的高深事理，超越人的理智之認識功能；換言之，凡人的有限理性所不能明白者，只有依賴神的啓示與聖經等神性證

據認識之。

再者，就神學觀點言，人的理智是有限的，神是無限的，人以有限的理智功能不可能認識無限的神性，因此，學者只有藉「啓示」與「聖經」認識之。

③哲學不採用神學證據，但可以研究神性證據的「聖經」與「聖傳」的眞實性，若證據皆是眞實的，則神性證據有其存在的客觀價值。

④神性證據可相信的理由，來自「啓示與聖經」的權力，換言之，因爲相信天主存在，才相信天主的啓示與聖經等是確實的，因爲全能全知全善的神絕不欺騙人。

⑤啓示的眞與聖經的道理，有的合於人的理性，有的不合於人的理性；合於人的理性者，乃人的理智可以明瞭與講述的，如天主是「不動的自動者」，此來自哲學的因果律；不合於人的理性者，乃超越人的理智之認識能力，如靈蹟奇事等。

⑥哲學的理性對神學的事理所不能懂者，能證明該事理「不自相矛盾，可以成立」，便足夠了，因爲人的有限理智實在不明白許多高深的奧妙之理，而哲學與神學實在是兩種不同範疇的學問。

總結上言，神性證據在學問內有其存在的客觀價值，特別對神學與宗教哲學言，實在是認識眞理與尋求知識的途徑之一。

總結：撮要

①知識學可就主觀與客觀兩方面講述之。

主觀性的知識學乃個人主觀的知識學問，其性質是確實的、明顯的、普遍的、系統性的認識。

客觀性的知識學乃語句講述的客觀事理，其內涵是眞理、原理與證明。

因此學問性的知識是確實的、明顯的、普遍的，並藉着原理的證明，成爲有系統的知識。

②學問的種別，哲學家有不同的意見：

培根依人的「官能」作用，分學問爲想像的（詩歌），記憶的（歷史），推理的（數學、物理、哲學、神學）。——此區分不正確，因爲人的官能是爲求一切學問知識用的，不是僅限於某種知識學問上，因此人的官能不應作爲區分學問的標準。

安培爾就「物質」對象區分學問爲宇宙論與概念論兩種。——此分法亦不對，因爲各種不同的學問皆有相同的物質對象。

孔德與實證論就物質對象與感覺連結區分學問爲：數學、天文、物理、化學、生物、社會等。——此區分亦不正確，他們將形上學與非感覺的學問擯除外面。

士林哲學等依據事物的「形式」對象，區分靜觀的與實踐的學問。

靜觀的學問有：物理學、數學與形上學等；實踐的有：邏輯學、倫理學與美學等。

③學問的先後秩序：就人的認識言，先有感覺的經驗學問，後有超感覺的理性學問；就學術的地位言，哲學在先，科學在後；神學是另一範疇，超越科學與哲學者，因神學所研究的對象是精神性實有的神，其存有是超感覺與理性。

④學問的「原理」是結論式的判斷，有「根源」的性質，並由原理中可生出其他判斷。原理分「事實」的與「觀念」的兩種判斷。事實的判斷有：經驗的、綜合的、偶有的、部份的等。觀念的判斷分：推理的、分析的、必需的、普遍的等。

普通言，原理是觀念的直接判斷，其性質能形成普遍性公共原理，適合於一總的學問；亦可以成為某學問的特有學問，成為某學問的定理。

⑤原理的價值乃形成眞理，其樣式有「形式」的與「物質」的兩種，形式的眞理來自觀念的相合性，物質的眞理乃原理與事實互相檢證；形式原理不屬於經驗，但其產生是由感覺經驗的事物中抽出者。

⑥原理有許多種，較著名者為：同一律、排中律、矛盾律、因果律、目的律等，其中為首者為矛盾律，乃求知之最高規律，適用於形上學、知識學、邏輯學等，亦為實有、眞理、與人性認識的最高規律。

⑦治學求知的基本方式有三種，即：演繹法、歸納法、證據法。

演繹法是邏輯學內的三段推論法，其證明的規律是繁衍的，由普遍到個體；歸納法是綜合的，由現象到規律，由單個的事體到普遍的原理。證據乃可信賴的證明，其內涵有權力、證人與信仰等要素。

演繹法與歸納法乃認識眞理或尋求知識的內在方式，證人與證物所形成的證據乃尋求知識的外在方式。

演繹法多用於形上學等理性推論上，有完整的概念系統與規律。歸納法多用於物理學等經驗上，利用事物的同一性，找出綜合性的定理。證據有外在存有的確實性，其眞實的性質是幫助人尋求眞理的捷徑。

⑧證據在證明眞理與眞實時佔着重要的地位，其性質含有「權力」性證明事理爲確實者。

證據就證人言，分神性與人性的兩大種。

神性的證據以天主及天主之言爲證據，如啓示與聖經。

人性的證據乃由人所形成的證據，如遺囑、契約等。

證據就對象言，分：道理的與歷史的；道理的證據乃學術性的學理，如聖經存稿；歷史的證據乃歷史的存在事實，如聖伯多祿在羅馬傳教。

證據就方式言，分：口述的、書寫的、事實的。

口述的證據乃人口語的傳述，如某人好名聲；書寫的證據乃文字或印刷所寫成，如契約；事實的證據乃存在於人前的眞事實，如聖人之遺物。

⑨證人乃有信心與權力者，將已知之事傳給他人知道。

證人分直接的與間接的兩種。直接證人乃自己所獲得的知識告知他人；間接的證人乃由別人轉告而知再告訴他人知道者。

證人的本質含有權威性，其性質建立於「學識及眞實」上，因之使別人相信證人之言是確實的。

哲學家對「證據」有不同的意見，懷疑論與詭辯派否認之，士林哲學承認其存有之價值，並主張：證據分：歷史證據、人的證據、神性證據三種。

(1)歷史證據乃一個過去的存在事實，藉此使人知之。

歷史證據分口述的與書寫的兩種。

ⓐ口述的證據分直接的與間接的兩種，直接口述的歷史證據乃證人親自的經歷史件，告訴他人；間接口述的歷史證據乃由他人口中聽到再轉告他人者。

士林哲學主張直接口述的歷史證據，證人應有適當的學問與眞實，則其口述證件較有價值；

若證人爲衆多人時，應尋求證人口述事實的同一性。

士林哲學對間接證人的口述證據，亦應檢證一人或多人的學識與眞實性；並注意事實證據的同一性。

普通言，直接性口述證據較間接性的口述證據較有眞實性與確實性。

ⓑ書寫的證據乃由人的手筆等所寫成，如契約等，其基本要素爲：確定性、完整性、眞實性。書寫證據之「確定性」乃就文書的「書者」言，確定是著者的手稿；書寫證據的「完整性」乃就文書之「保存」言，其內容沒有部份的遺落或撰改；書寫的「眞實性」乃就對著者之「相信」言，著者有實在的學問與眞實能寫出該文稿。

書寫證據的眞僞應該檢證，其方法分內在的與外在的兩種。文書的內在考證法乃就著者所言的「道理」、寫字的文筆、語句、字形、格式等方法查證之。文書的外在考證法乃由他人的口述傳言或由雕刻遺物等紀念品檢證之。

(2)人的證據乃就人的意見言，意見的性質含有眞理性的主張。人的意見分智人的與一般人的意見兩種。智人的意見證據多爲較深與難懂的眞理。一般人的意見乃大家的「公意」，乃衆人對同一事理有相同的判斷與看法。

人的意見是認識眞理的途徑與求知的方法，但意見的證據不是百分之百的絕對標準者，智人的意見在較難的問題上常有爭持；衆人的公意在較淺與易明的事理上容易一致。此二者皆是尋求知識的途徑之一。

(3)神性證據乃神學所依據的認識事理之方法。神學證據的方式是啓示與聖經。

啓示是神直接告訴人者，聖經是記載天主的言語。此二者皆是信仰神學所採用的方式。

採用神學證據的理由乃人的理智功能有限，世間許多高深的事理不是人有限的智力所能明白者，採用神學的證據應注意證據的客觀確實性，在檢證聖經與聖傳是眞實者，則神性證據有其客觀性存在的價值。

參考資料

1. Aristoteles : De Scientia in Post-Anal I.4; Cfr. Comm S. Thomae.

2. Thomas Aquinas: C.G.Ⅲ.50; Ⅳ.1; S.T.I.79,9 ad 4; Ⅱ-Ⅱ,47,5; De Principiis : S.T. Ⅱ-Ⅱ.23; 7 ad 2; I-Ⅱ.94,2; I.85,3; De Ver: I.1; De Revelatione: S.T.Ⅱ-Ⅱ.24; C.G. I.4-5; De Relatione inter rationem et Revelationem C.G.I.1-3; 5-8.

第二章 學問的分類

學問的區分與方法已於上章講述過，爲更清楚明瞭起見，特於此章內補述之。宇宙間，學問衆多，分門別類，不勝枚擧，今就哲學中常提到的幾門學問，補述如下：

第一節 哲學的區分

哲學的主要區分爲：理論的與實踐的兩大部份。理論性的哲學包含有知識學的認識論，自然學的物理學、數學、形上學；實踐的哲學包含有邏輯學、倫理學、心理學、美學、宗教哲學等。今將其基本概念簡述於後：

①認識論：乃言世間有眞理存在，其性質是客觀的、永恒的、不變的。人追求眞理的方法，因時代的不同、學派的殊異，而有不同的觀點，但眞理的本身仍有其獨立的標準性，藉著人的理智功能可以認識之。（本書第一篇）

②物理學乃自然學的範圍（Scientia Naturalis），研究宇宙間的事物之學，其基點在於事物之存有及變動上，其現象與人之感覺變換相關連。

自然科學內區分衆多，有的彼此相關，有的互相連屬，較著名者有下列幾種：

ⓐ天文學：乃研究天體中物體之變化與移動，星球之牽繫與吸引，並與地球及人類生活之關係。

ⓑ物理化學：乃研究物體間之相溶與變化，如兩個不同性質的物體溶合在一齊，形成第三者。或如物體之顏色、重量、素質等彼此相遇後的不同影響。

ⓒ生物學：乃研究有生命的物體，如植物與動物，並研究生物的現象與功能作用，動植物等繁殖、遺傳、與彼此間的不同區別點。

自然學科的研究，偏重於事物實體的觀察、分析與實驗，並在變化的現象中，找出眞實不變的定律存在。

自然界現象萬千，科學家每日詳細的虛心研究，常有新的事理出現，因此，哲學家認爲自然學科的眞理常有改更的可能，（如地球是「方的」「圓的」「橢圓的」），因此，科學的眞理不全是絕對不變的。

③數學：乃研究「量度」（Quantitas）的學問；事物的「量度」可分爲「分離」的與「連續」的兩種；分離的量度（Discreta）由代數與算術研究之，連續的量度（Continua）乃幾何學所研究；算學研究分離性的數目，幾何學研究連接性的形面。

數學的推演，常依照一定的公式與定理，數學的證明與演算，多起於「假設」（Postulata）的證明。

數學演算的證明與人的判斷相關連，如兩物分別與第三物相同，則彼此也相同，或三角形的內角之和等於二直角的數量。

④形上學：乃論實有的學問，此實有（Ens）最具體，也最抽象；最單個，也最普遍，有其「客觀性」的存在着，並使人可以明白認識之。

形上學研究常依照一定的原理，形上學所討論之各種實有及其屬性，亦可以客觀的事實證明之，因此，形上學有客觀的事實做基礎。

形上學研究的方法是透過有形之事物，找出事物之基本性，如事物之「存在與本質」、「潛能與現實」、「存有與變動」等。

⑤邏輯學：亦名理則學，原屬於理論性哲學方法學的範圍，但因爲邏輯學的原理、規則等皆可實際應用之，因此，有人將邏輯學劃入實踐性哲學的範圍。

邏輯學亦名理性的思辨之學，乃依據一定的原理與規則，一定的樣式與推論，決定語句與判斷之眞僞對錯，形成思維規律化之學問。

思維之規律原理，如同一律、矛盾律、排中律、因果律；推論之樣式，如語句的換質、換位、三段論證等，乃正確性思想規範的學問。

⑥倫理學：乃研究人的「道德行為」為目標，其內涵為：道德要素、道德律、德行與毛病、人生的目的與終向等。

倫理學的學理應用於人的實際生活上，因此被稱為實踐的學問；倫理學的基礎建立於人的人性及其生活的社會全體，因此，人的倫理行為亦建立於人的「權利與義務」上。

⑦心理學：心理學分實驗心理學與理性心理學兩種；實驗心理學乃一般心理系所研究的人之生理性的心理現象，並可以實驗分析等方法檢證的。

理性心理學亦名心靈學，（心理學之西文名為"Psychologia"，"Psycho"一字為希臘語，乃有靈魂或心靈的意思），其研究之主體乃人的「靈魂」。

人的組成來自「肉體」與「靈魂」二元素；肉身是有形的物體，靈魂是無形的精神體，人的高貴在於精神性的靈魂主宰物質性的肉體。

理性心理學講述靈魂的實有、存在及其功能現象。

心靈學涉連着人的實際行為，因之歸入實踐哲學的範圍。

⑧美學：乃講美的學問，亞里斯多德將美學歸入實踐性的創作哲學，其特性是使人產生感官與心靈的「快樂」作用。

美的存有，不屬於理智，也不屬於意志，乃屬於理智與意志以外的「意識」作用，換言之，審美是人獨有現象，其性質可使欣賞者產生心靈上的快感，因此，美學既非理論的，亦非實踐的，强於劃分，乃爲理論與實踐合併的學問，或爲理論與實踐之間的學問。

⑨宗教哲學：亦名自然神學，因爲宗教皆是討論「神」的問題。

神學分「啓示」神學與「自然」神學兩種。啓示神學乃宗教徒所研究的神學，其先有的條件是相信有神存在，因之，也相信神所「啓示」的一切眞理；因此，啓示神學亦名信仰的神學，含有感情的成份，而非經驗與理智所講述的範圍。

自然神學乃哲學的神學，換言之，哲學性神學所講論的眞理，不是依據神的「啓示」做爲道理的標準。自然神學是由宇宙的現象與事物變動的情形，人的理智推論出宇宙間有一位原始的創造者，其性質爲「不被動的自動者」之最高實有，此實有便是宗教哲學所言的神。

人知道有神存在，便自然依恃崇拜之，因此，將宗教哲學歸入實踐哲學的範圍。

再者，宗教問題是全世界性的問題，各民族與各國家雖有文化程度的不同，但信仰宇宙間「有神存在」的心情是相同的；各民族與各宗教對神崇拜的方式雖不一樣，但對神的敬仰與信仰的心情是一樣的；因此，哲學將此學問劃歸研究的範圍內，因神與宗教確實與人的實際生活相關連着。

⑩歷史學：歷史學本不是哲學的範圍，乃人文學的另一支派；但哲學史與歷史哲學屢爲後人

所談起。

歷史學乃研究過去的事實，或講述過去的人文生活，或記載過去之事物存有。人生是一個存在的事實，人生也是各種不同經驗的累積，歷史是記載各種不同的過去，因此，由過去歷史的演變所形成的現代事實狀態中，可看出前後的因果關係；也因此，哲學家認為，由現在的生活狀態可以推論出將來的生活世界，由現代的思想狀況可以推演出將來的思想體系；換言之，哲學家可以從過去的歷史記載，看現在的各種生活，也可以由現在的生活狀態，推知未來；這正是哲學家研究歷史學的心情與態度。

以上的學問區分，乃就哲學的觀點，其簡單的講述，只是哲學性的基本概念。

第二節　哲學與神學的關係

哲學在歷史的過程中，有不同的現象出現；在早期的希臘時代，哲學完全獨立，講述自己的思想；教父與早期的士林哲學時代，哲學成為神學的婢女，被看成宗教性的哲學；文藝復興後，近代哲學家則提倡哲學應由神學的圈子內跳出來；影響所及，後人對哲學與神學的關係有不同的意見。

有人主張：有基多教的哲學，如士林哲學中蘇亞來學派的道納特（Donat:Philosophia Christiana）曾寫過「基多哲學」，當代士林哲學家的吉爾松（Gilson）也寫過基多哲學的基礎（Elements of Chrislian Philosophy, Doubladay, New York. 1959），二者皆是以天主教的基多思想寫出哲學的學問道理。

有人主張：沒有基多教哲學，其理由，哲學是人理性的學問，而基多教的道理是建築在啓示的眞理上，因此，其思想不是理性的道理，其學說亦不是理性的哲學思想；相隨着，非士林哲學否定宗教性的哲學存在。

此問題可就「歷史」與「理論」兩方面講述之，有下列的情形發生。

㈠就歷史言：哲學與神學的關係有以下三種情形：哲學與神學相反對，哲學與神學相歸屬，哲學與神學相合作，分述如下：

ⓐ主張哲學與神學相反對者：有教父時代的戴爾都利亞奴斯，一些誓反教徒、純理性主義者。戴爾都利亞奴斯（Tertullianus）主張：人的理性是有限的，永遠不能懂得信仰的道理，所以哲學的觀點永遠不能懂得神學；因此，他主張：「因爲無理，我才相信」；人有限的理智無法懂得超性的事理時，只能藉信仰才能使自己超昇，其結論：希臘的哲學與猶太的神學是不能調和的。

有些基多教徒與純理性主義者否認基多的天主性，也否認超性的事理；强調理性的認識與自然宗教，因此，也不贊同哲學與神學相結合，換言之，二者應該相反對。

ⓑ主張哲學與神學相歸屬者，有聖奧斯定及奧斯定主義、鮑納文都拉、馬來勃朗等，（S. Augustinus, Augustinenses, S. Bonaventura, Malebranche etc ）。

聖奧斯定的思想是以「至善」的天主為中心，是其神學性哲學的骨髓；他認為人的認識眞理是來自上主的光照，超性的信仰與理性的認識可以互相輔助，正如他的銘言：「明瞭是為相信，相信是為明瞭」，人的最高智慧在於信仰，最高的信仰就是智慧，故哲學與神學應合二為一，互相隸屬。

信仰論及傳統主義者（ Fidelistae, Traditionalistae ）多主張哲學應屬於神學。

反基督主義、知識主義、理性主義等主張：神學應屬於哲學，因為人的認識眞理應以人的理性認識為主，凡理性所不能認識者，應暫時放置之，因此，神學的事理應該以理性講解之，神學應屬於哲學。智識主義者主張，神學的事理，人的理性亦能認識之，連聖經中的啓示眞理，也應歸入認識的範疇內；並強調對神的認識，高於對神的信仰，故神學應歸屬於哲學範圍。（ Anti-Christianismus, Gnostici, Porphyrius, Averraes, Spinoza, Rationatistae ）。

ⓒ主張哲學與神學互相融合者，有聖多瑪斯、斯高都斯、新士林哲學等。（ St. Thomas A-cquinas. Scotus, Neo-Scholasticismus ）。

多瑪斯主張：超性與本性的眞理皆來自同一的上主，因爲上主是永恆的眞理，眞理與眞理不相矛盾，因此，哲學與神學的知識相輔相成，毫無矛盾。

多瑪斯主張：神學輔助哲學，其理由，人的理性有限，在追求眞理時屢次犯錯；依神學啓示的眞理輔佐着，使理性的眞理更堅定明白。同理，哲學亦輔佐神學，其理由，哲學是理性的講論之學，其觀念、推理、論證、原理等皆可佐證信仰道理的眞實性，並使神學的啓示眞理容易被人所接受，如宇宙論及形上學所言的「無限實有」與「不被動的自動者」等，皆是天主存在的有力佐證，因此，以上學者皆主張：哲學與神學應彼此合一，互相輔助。

(二)就理論言，哲學與神學的關係，可就「內在」與「外在」講述之。

①就內在言：在哲學的內涵與組織的系統內，沒有以「啓示」與「信仰」爲根基的基多哲學，因爲哲學的性質是理性的，而非啓示的，啓示與信仰的學問是神學而非哲學。

②就外在言，宗教性的基多哲學是可能的，其理由如下：

ⓐ客觀言，神學的啓示道理能幫助哲學眞理的顯明與堅定，如宇宙的創造、事物的實有、主體、位格、精神體、靈魂不死、倫理道德、神的照顧等，敎父的言論中講的很多，亦有哲學的理由與價值；希臘哲學講得較少。

ⓑ主觀言，已往的學者中，很多的哲學家也是神學家，他們所講授的學理是哲學與神學互相

配合，如中世哲學家伯爾納多及雨果等。如早期的希臘猶太哲學、新畢達哥拉斯主義、新柏拉圖主義、教父的思想中亦有哲學與神學的混合現象。

ⓒ就學問的目的言，哲學的眞理是通往神學的途徑，換言之，哲學的區域有限，在學理疑問的地方，或理智無法明瞭的地方，自然走入了神學的境界，如聖奧斯定所言：「理智尋求信仰」（Inlellectus quaerens fidem），由此，神學的道理擴展了知識的範圍。

ⓓ就關係言，神學的道理不阻碍理性的認識，只有在理性無法明白眞理的眞義時，依據神學的道理佐證之。因此，信仰與理智不相衝突，而相互助。

士林哲學主張「眞理只有一個」，來自眞實的天主，神學與哲學的認識方式雖不相同，一是直接性的信仰，一是間接性的推理，此二者互相對應，毫無衝突；若强區分之，神學信仰者爲超性的道理，哲學認識者爲本性的道理，其二者的眞實性是相同的。

總結上言，可以結論說：

神學信仰的道理幫助了哲學理智的認識，換言之，在有限的理性不能懂得高超的道理時，信仰的知識增加與堅定之。

哲學理智的認識幫助了神學的信仰道理，換言之，神學的道理以哲學理論的證明，或「比擬」方式的講述，乃增加與確定了神學道理的眞實性，免除誤認爲「迷信」之嫌。

因此，士林哲學被人稱爲宗教性的哲學，或基多哲學，其實質是以宗教的基多思想，形成了理論的系統哲學。

第三章　學問的方法

方法（Methodus）被稱爲前進的道路，學問的方法乃領着人走向學問的道途。學問的方法可分爲：普通的與特殊的兩大類。茲分述如下：

第一節　學問的普通方法

研究學問的普通方法有兩種，即：分析法與綜合法。

分析法（Analysis）：乃由後天的存在現象分析出先有的組成元素。換言之，被分的主體多是組合性者，組合體事物的內涵應有衆多單純的原素；分析法便是將此組合體的先有原素分析出來；因此，事物的形成是：單純者先於組合者，本質先於單個，正如原因先於成果，規律先於事實一樣，此乃事理之本性，而非就人的認識言；因此，分析法是由組合到單個，由單個到本質，正如由成果到原因，由事實到規律一樣。因此，分析法亦名上昇法（Via Ascendens），乃由後天的下屬上昇到先天的存有，正如由孩子上昇到父親一樣。（註一）。

綜合法（Synthesis）：與分析法正相反，乃是由先天者歸納出後有者，其程序是由單純到

組合，由本質到個體，正如由原因到成果，由規律到事實一樣。（註二）

〔註一：Analysis: Methodus procedens ab eo quod est realiter posterius ad illud quod est realiter prius: A Composito ad simplex, a particulari ad universale, a facto ad legem, ab effectu ad causam — linea ascendens.

註二：Synthesis: Methodus ab eo quod est realiter prius ad illud quod est realiter posterius: A causa ad effectum, a lege ad facta, a simplici ad compositum, ab universali ad particulare.〕

研究學問的方法，或用分析法或用綜合法，此二者乃是做學問的基本規範。

就人的單純認識言，人在感覺的認識中，可抽出事物的單純「觀念」，此「抽象」功能是分析法。但就合成性觀念言，如白馬、紅花等，則爲綜合作用了。

就學問的定義言，分析是由單個體開始，綜合是由普遍的本質開始；如以「人」爲例，人的定義是「理性的動物」，「分析」單個的人便可得到；若言人是「自立體、生活者、感覺的、理性的等觀念形成者」，乃綜合法之應用。

分析法是將整單個體分成部份，綜合法是由普遍的本質觀念成爲單個體。

在理則學內多用分析法，在經驗哲學內多用綜合法；此二法就判斷言，乃決定主詞與述詞的分離與歸屬的關係。

在推論的秩序中，分析法是由後天到先天，由成果到原因；而綜合法則是由先天到後天，由原因到成果。

與分析法及歸納法有關者有「發現法」與「教授法」兩種。

發現法（Methodus Inuentionis）亦名研究法（Methodus Heuristica），此方法以分析法爲優先，以求出事理。

教授法（Methodus Didactica）亦名授業的道理法（Methodus Doctrinae），此方法以綜合法爲優先，講述事理。

研究法用於尋求知識，並使學問前進；教授法是使已得之學問傳給他人。

現今的學術是採取以上的兩種方法，有老師的授業指導，並在老師的指導下，虛心研究，以求出新的學理。

第二節　學問的特殊方法

學問的特殊方法，乃就學問的主題與範疇，講述該學問所用的方法；現世學問繁多，分門別類，特就數學、物理、哲學三科目，講述其就學的方法。

（一）數學的方法

數學是研究「量」的學問，「量」，有哲學的「量度」，也有數學的「數量」之意。在數學內，量度是區分的量，就幾何學言，量度是連續性的量。

數學的方法是演繹法，其程序是：定義、定理與證明。

①定義（Definitio）：乃由具體事物的抽象而來，形成點、線、面、三角、數目等；或藉着想像的組合，由定義形成推演與證明。

②定理（Axiomata）：乃直接明顯性的普遍眞理，藉此眞理可證明其他學理的確實性，如哲學的第一原理（同一律、矛盾律、排中律、因果律）爲一總學問所公認者。與定理相連者爲「準則」（Postulata），「準則」乃數學特有的公式，不需要再證明者；準則的明顯性不如定理一樣，由準則與定義可延伸到證明。

③證明（Demonstratio）：乃由原理或公式，藉分析法或綜合法，推演出該原理或公式的確實性，以證明原理或公式的眞實無錯。

普通言，數學證明的樣式是原因與成果的相等或相同，被證明的結果稱爲「理論」或「定律」（Theorema）。

數學之學問是抽象的，其點、面、線、數目，皆是由具體事物中，藉抽象的功能而形成。數學是人理智的產物，藉「抽象」而獲得，藉着抽象的「形」與「數」，人可以發現事物中的關係性與可能性。也因此與哲學相關連，被後人形成數理哲學。

（二）物理學的方法

物理學是就「感覺、變動、與較近原因」，研究感覺事物的學問。所謂「感覺事物」者（Res Sensibiles），乃佔有時間與空間的「物質」對象；所謂「感覺與變動」，乃事物之「形式」對象；「較近之原因」，乃事物形成的經驗性規律與原因；藉此三者從事物理學的研究。

物理學平常稱爲自然的學問（Scientia naturalis），其內涵包括：動物學、植物學、地理學（Zoologia, Botanica, Geographia）。

物理學的基本概念，藉「抽象」形成者，有：物體、伸延性、形式、數目、動、靜、堅固、液體、氣體等，此乃由感覺之事物中抽象得來的。

物理學之本有定理，多是藉着感覺經驗的歸納法所形成，將單個的判斷普遍化，如火燃燒、物體下墜等普遍定理。

物理學的方法偏向於歸納法，其進行之程序：觀察現象、發現規律、成立學理，分述如下：

Ⅰ・觀察現象（Observatio phaenomenorum）：乃人的注意力集中於「觀察」事物之現象，並決定事物現象後的特性（Characteres）。

眞正的觀察者，應有其基本的條件，如端正的品德、忠誠的愛護眞理、理智的聰慧、穩重詳細的考察，利用正確的工具，將所觀察的現象分門別類，區分出現象間的本質與依附性。

Ⅱ・發現規律（Inventio legis）：規律之發現與成立，需要「假設」、「實驗證明」、與「歸納」三步驟。

①假設（Hypothetica）：乃預定的意見，用以講述某現象者，「假設」的成立，是某現象未成爲確定的事實前，預見該現象會有某結果產生；然後再以數次的實驗，證明該意見或事實是眞實的，換言之，假設成爲眞實。

假設在研究學上是有益的方法與工具，假設的預定，指示了研究的方向，助成了新學理的成立；因此，假設的預定不能相反學問上已證明的法則與定理，換言之，假設的未來證明該是可能的。

②實驗證明（Experimentum）：乃就觀察的現象中，證明預定的假設是正確的。實證的方法，哲學家有不同的意見，最普通者爲當代哲學家彌爾（Stuart-Mill）所用的歸納四方法：

ⓐ契合法（Methodus concordantiae）：如同x在不同的現象中多次出現，皆發現有y相隨着，則x與y有相關的連繫性，如結晶體與堅固性，二者有連屬性的關係存在。

ⓑ差異法（Methodus differentiae）：如果x出現，y亦出現；如果沒有x，則y必不出現，x是前因，y是附件，二者有因果之關係。或者，現象不能驗證爲眞，因爲缺少另一現象存在，則二者必有關係；如動物死了，因爲缺少氧氣；反之，如動物活着，因爲有氧氣呼吸；此證明氧氣是動物生活的原因。

ⓒ剩餘法（Methodus Residuorum）：若x現象證實爲眞，其他現象皆消失，則證明x現象是事實正確性的唯一原因；換言之，在衆多實驗的現象中找出一個眞的理由，如水銀驗證的結果，不是固體與氣體，而是液體。

ⓓ共變法（Methodus Variationum）：若x現象改變，則相關的其他現象亦跟着改變；則第一現象是其他現象之原因，並與其他現象有連繫的關係。

契合法被人稱爲「有原因，必有結果」；差異法被稱爲「取消原因，取消結果」；剩餘法被稱爲「一因產生，他因消失」；共變法被稱爲「原因改變，結果改變」。

培根所言的三種方法與此頗相近，契合法與剩餘法乃培根所言的「現表」（Tabula praesentiae），差異法乃培根的「缺表」（Tabula absentiae），共變法乃培根的「等級表」（Tabula graduum）。

③歸納（Inductio）：乃實驗證明的結果，將預定的「假設」與實驗的證明「歸納」出來，成爲「定理」式的結論。

歸納出的結論如成立的新「定理」，有其眞實性與確實性；歸納的內涵乃講述現象內的「質」與「量」的關係；但科學事件歸納的成份不是事件的最後眞理，換言之，在物理事件中，屢次有新的事理出現。（就人的知識言，知識與學問的獲得是由不齊全走向齊全）。

Ⅲ・成立學理（Theoria）：乃系統性的意見主張，其來源是以上的觀察、假設、證明、驗定所得的結論；其性質是確實的與眞實的。換言之，學理的成立，由事物的觀察，意見的「假設」開始，再以具體的事實，衆多的實驗與證明，最後確定假設的意見是眞實無錯的。

學問的理論衆多，如人文學的理論、機械學的理論等，理論的設立，有眞的也有假的，有對的也有錯的，其眞假對錯的眞實確定性，需要後天事實的考驗與證明。

(三)哲學的方法

哲學是理性的學問，人藉着理智的功能，研究諸事萬物的最後原因與原理。哲學的研究方法，普通言，有演繹法、歸納法、直觀法、批判法、辯證法、科學性的分析實驗法等。

演繹法：以普遍的原則爲基礎，推演出個別的事物。

歸納法：以個別的事項爲基礎，歸納出普遍的原則。

直觀法：直接的心靈理會，如五官的直覺、內心的悟性。

批判法：對學問的思想與原理，加以審察與評定。

辯證法：主觀與客觀二者對眞理的互相辯論，在對立中求統一，或證明一方眞實，一方錯誤。

科學的分析與實驗：乃對事物現象的觀察，事理的實驗，在分析與驗證的技能中，證明眞理的確實性。

經驗理智法：乃歸納與演繹並用的方法，先從感覺的經驗認識着手，理智找尋事物的普遍原理；再以原理做基礎，講解單個事物的性體。

哲學家因派系之不同，對哲學的方法亦有不同的意見，玆簡介如下：

①理性主義者（Rationalismus）：强調理性的認識方法，輕視感覺的經驗認識；並主張認識者藉着抽象性的觀念、理性的同一律與矛盾律等原理，成爲研究學問的唯一方法。

②經驗論者（Empiricismus）：强調感覺經驗的方法，輕視理智的推演；並主張藉感覺的事實，求得眞理。

③觀念論者（Idealismus）：强調觀念性推理，輕視感覺的經驗認識；並主張一切事理皆是先天性的決定。

④傳統主義者（Traditionalismus）：强調先賢和祖先的權威，並以祖傳的事理做爲學問的標準，因之，輕視理性的推理與感覺的經驗認識。

⑤折衷論者（Electismus），亦名混合主義者（Syncretismus）：乃採取經驗主義與傳統主義等認爲有理的眞理，集合一齊，使人容易認識事理。

⑥系統主義者（Systematismus）：强調思想系統化，以一位老師的思想爲依據所形成的學問，如亞里斯多德學派、柏拉圖學派、多瑪斯學派等，乃依據該學者的著作與言論，形成獨立門派的學術思想。

⑦士林哲學家（Scholasticismus）：不讚同以上的極端的思想，因爲其學理主張容易走入偏窄的單一道途上，有的輕忽感覺認識，有的輕視理性認識，實阻礙哲學研究的圓滿性。

士林哲學强調感覺經驗與理性認識同樣重要，因爲二者並用，才能完善無缺。換言之，由感覺的經驗開始，藉理智的推論研究，才能獲得完善客觀的哲學思想。此方法亦名經驗理智法(Methodus Empirico-Rationalis)。

總結：撮要

①宇宙間，學問衆多，屬於哲學範疇者有下列數種：認識論、物理學（天文學、化學、生物學）、數學、形上學、邏輯學、倫理學、心理學、美學、宗教哲學、歷史學等。

②哲學與神學的關係，有三種不同的主張：

（一）就歷史言：

哲學與神學相反對：戴爾都利亞奴斯、純理性主義者，他們强調哲學是理性的、神學是超性的，二者不能調合。

哲學與神學相歸屬：聖奧斯定、鮑納文都拉、馬來勃朗、信仰論及傳統主義者皆主張：哲學屬於神學。知識主義、理性主義、反基督主義等主張：神學應屬於哲學，因爲人的認識該以理性爲主，哲學是理性的，應爲神學的基礎。或神學之理亦可以理性認識之。

哲學與神學相融合：多瑪斯、斯高都斯、新士林哲學等主張：哲學與神學應彼此相輔助，因二者講的是同一眞理，一是藉理智之認識，一是藉信仰之認識，互相調和，則眞理更確定。

(二)就理論言：

內在言：哲學與神學不同，因此，無「啓示」與「信仰」爲主的基多哲學。

外在言：宗教性的基多哲學是可能成立的，其理由：基多教的道理多能以哲學講解之，如宇宙的創造、神的自有等。已往的學者中，很多哲學家也是神學家，其所講授之學理是哲學與神學相配合。再者，神學擴展了哲學的領域，堅定了哲學所不明瞭的道理。因此，神學的道理不阻碍哲學的認識，更能輔佐證明之。

③學問的方法是研究學問的道途。方法性的道途是指定方式秩序以達到學問之建立。學問的普通方法是「分析」法與「歸納」法兩種，分析法是由後天走向先天，或由後件走向前件；歸納法正相反，乃由先天走入後天，由前件走入後件。

學問的種類繁多，就哲學觀點，較重要者有：算學、物理、哲學三大門。

數學應用的方法是：定義、定理、準則、證明等，其結果形成理論性的定律。物理的應用方法是：觀察、假設、實驗、歸納，其結果形成理論式的學說；其程序是：觀察現象、發現規律、成立學理。

哲學的方法衆多，普通言，有演繹法、歸納法、直觀法、批判法、辯證法、科學的分析與實驗法、經驗理智法等。

哲學家因派系之不同，對哲學的方法亦有不同的意見：理性主義者强調觀念的理性方法。經驗論者强調感覺經驗的方法。觀念論者强調觀念的推理與先天性。傳統主義者以先賢的權威爲學問的標準。折衷論者採取混合性的思想。系統主義者依某老師或學者的思想爲準則。士林哲學則採取「經驗理智法」，藉感覺的經驗與理性的推論，研究諸事萬物的最後原理。

參考資料

西文

1. Joannes Di Napoli ; Manuale Philosophiae-Gnoseologia,Marietti. 1963.
2. P. Thoma Uyttenbroeck, O.F.M: Critica, Macau. 1950.
3. J. Donat: Critica, (Summa Philosophiae Christianae), Innsbruck. 1951.
4. F. Morandini: Critica, Roma, 1963。

中文

①羅光：理論哲學——知識論　台北文景出版社　民國五十九年九月
②柴熙：認識論　台灣商務印書館　民國六十九年
③張振東　中西知識學比較研究　中央文化供應社　民國七十二年

下編··心理學

壹、導　言

（一）心理學的意義

人就個人的生成言，由小到大，由幼到老，由無知到有知，由身心的不成熟，到身心的成熟。身體的成熟是人肉體的發展，心理的成熟是人靈智慧的發展。因此，哲學研究者在人發展的過程中，先問「人是什麼」？這正是理性心理學所要討論的主題。

心理學，拉丁文是" Psychologia "，此字來自希臘文"ψυχή"與"λογος"合成，"ψυχή"，拉丁文爲"Anima"，有靈魂的意思，"λογος"拉丁文爲"Scientia"，乃學問的意思，二字組合，乃研究「靈魂」的學問，因此，也有人稱此學問爲「心靈學」（Scientia de Anima）。

" Psychicum "在拉丁文亦有「心靈意識」的意思，普遍言，連一般的動物也有心靈的意識作用，（如犬看到主人來會迎接），而人對自己的行爲更有完整的心靈意識，如普通所言：「我感覺、我願意、我懂、我走、我知道、我在願意……」等心理作用，也因此心靈學被通稱爲「心理學」了。

心理學，就研究的重點與系統不同，分爲「經驗心理學」與「理性心理學」兩種。經驗心理學研究人的器官組織、感覺作用、肌能反射、神經系統等；理性心理學則透過官能的感覺現象，討論感覺內的生命原因與原理，因之，經驗心理學亦稱普通心理學（Psychologia Experimentalis = Psychologia Generalis），理性心理學亦稱特殊心理學、或哲學心理學（Psychologia Rationalis = Psychologia Specialis, Psychologia Philosophica），普通心理學研究人的外在行爲及生理現象，哲學心理學研究生理現象後的最後原因與最高原理。

（二）心理學是哲學的一部分

哲學的內涵，分門別類，細言之，有理則學、知識論、宇宙論、形上學、自然神學、倫理學、與理性心理學七大門。理則學與知識論是研究學問的方法與分辨知識的眞假對錯，因此，也被稱爲方法學；宇宙論是研究有形的諸事萬物，其內涵爲無機物與有機物；形上學是透過有形的事物，講述事物後的「實有」性質，因此，宇宙論被稱爲物理哲學（Philosophia Physica），形上學被稱爲後物理哲學（Philosophia Metaphysica），自然神學是以人的理性就宇宙現象，講述最高的精神實有，証明有神存在。倫理學乃講述人的道德行爲與倫理標準，就身份與職位講述人的權利與義務。理性心理學是藉着人的生理官能與感覺現象，講述人生命的最高原理。以上學術系統，有些學者將心理學排在宇宙論後面，因爲人也是生物的一種，屬於宇宙論研究的範圍。

宇宙論的內涵分爲無機物與有機物，有機物包含有無感覺生物與有感覺生物；無感覺生物稱爲植物，有感覺生物稱爲動物；動物又分無理性的與有理性的兩種，無理性的動物乃普通一般動物，能營養、生長、繁殖、感覺、移動；有理性的動物乃我們所稱之「人」，其顯明的特徵，除一般生物所有的「生長、營養、繁殖與一般動物所有的感覺、移動外，更俱特有的「理智與意志」，因此，人被稱爲高等的理性動物，也因此，有人主張，講完宇宙論的一般生物與動物的題材後，便該接着講述高等動物的「人」了。

人是高等生物，俱特有的理智與意志，而人也是生物，有一般生物的「感覺、認識、與行動」，人可以看、可以聽、可以吃、可以行動，但人異於一般動物禽獸者，乃在於人特有理智認識與意志決定，因此人可以認識超感覺的事理，知曉抽象概念，明白廣度、性質、空間、時間等意義，更能認清事理、明瞭是非、分辨眞僞、判斷善惡，並能超越感覺、決定意向、趨善避惡。因此，理性心理學將人劃入另一範圍，就生物的感覺現象，講述生命的原理；就人的特點講述人。

也因此，學者稱理性心理學爲哲學心理學。

（三）心理學以人爲主題

哲學心理學與自然神學及形上學不同，自然神學是藉宇宙事物的現象，追究出神的存有；而哲學心理學是以人的生命原理做爲研究的目的。形上學是就宇宙萬物之存有討論實有（Ens），而人也是存有之物，形上學也以「實有」的觀點講述之，但人是靈魂與肉身合成的，肉身是有形的物質實有，而靈魂是非物質的精神實有，二者皆是形上學討論的範疇，故心理學近形上學而遠自然神學。若以人的肉體言，乃物質性實有，佔時間與空間者，又爲宇宙論的一部份了。

總之，心理學研究人是以整個的人爲原則，透過人的外在行爲，生理現象（經驗心理學）講述人的生命原理與組成原因。換言之，經驗心理學是以人的狀況與生理結構講述人近原因，理性心理學是以人的性質與原理講述人的最後原因。因此，哲學家就人的現象與行爲詢問道：

㈠就人的行爲言：

①怎樣講解人的感覺認識？

②怎樣講解人的理智認識？

③怎樣講解人的欲望感情？

(二)就人的性質言：

①怎樣講解人的組成（形式因與質料因）？

②怎樣講解人的來源（生成因）？

③怎樣講解人的終向（目的因）？

以上諸問題，本書——理性心理學將逐條回答之。（人的終向於士林哲學的基本概念(三)，倫理學與理性神學講述）

貳、心理學簡史

西洋哲學家先討論此問題的是希臘哲學家阿納撒哥格斯（Anaxagoras，500-428 B.C）及戴茂各里杜斯（Democritus，460-370. B.C），二氏雖未明顯講明心理學問題，但阿氏主張宇宙間有非物質性原理存在，他稱此原理爲「叡智」，希臘文是"Voūs"，乃精神性實有；戴氏則認爲人是由原子組成的，連人的靈魂也是由最精緻的原子組成的。主張人身上有精神性靈魂存在。

柏拉圖與亞里斯多德另有不同的意見，柏氏雖然沒有明顯講明或特別指出心理學的道理，但在他的對話錄中可以看出人是由理性的靈魂與物質的肉體組成，靈魂以肉體爲工具，正如舵手與船、騎士與馬的關係；靈魂是非物質的、永久的；靈魂與肉體結合以前，已先存在，並有許多有形事物的概念；靈魂與肉體結合以後，靈魂如坐監一樣，將已往所有之概念，藉感覺又回憶起來。柏氏此種主張關連到心理學的靈魂與感覺問題。

亞里斯多德正式講述心理學是在他的著作——「靈魂論」內（De Anima），在物理哲學內（Philosophia Physica）也提到感官、感覺、記憶、重生、做夢、清醒等問題，（Parva Naturalia），按亞氏意見，人不是靈魂以肉體爲工具，人是靈魂與肉體的實質合成體，其情形乃靈魂爲形式（Forma），肉體爲物質（Materia），故人的認識不是靈魂的回憶重生，也不是官能的操作，而是感覺與理智的合一，換言之，器官接納外在的單獨對象，理智在感覺接納的事項中，形成概念，構成認識；故人不是生有概念或生而知之者，而是理智透過感覺接納而生成；或者，理智更能超越感覺，創造發明。亞氏的講述更關連到心理學的中心問題。

亞里斯多德的主張比柏拉圖的講述更有道理，但二者仍未清楚的講明靈魂的精神性與永存的不死性。

繼希臘哲學後，教父們仍在繼續討論此問題，奧古斯定跟隨柏拉圖的靈魂、肉身二元論，並主張靈魂是精神體，不死不滅的；俱有記憶、理智、意志三種功能；其認識作用不是感官的感覺過程，而是神性的光照所形成的直觀作用，換言之，上主的永恒之光照射在人的心靈上，使人認識眞理，接納知識。

中世紀的經院哲學家，聖盎賽爾莫（S. Anselmus），聖保納文都拉（S. Bonaventura），一些方濟會士與道明會士多跟隨奧斯定的道理。大亞爾伯（S. Albertus Magnus）則跟隨亞里斯多德的主張，更藉基多教的道理，講述靈魂的精神性與永存不滅性。

聖多瑪斯（S. Thomas）綜合了亞里斯多德的靈魂論與奧斯定的思想，並主張人是一個實體（Substantia Una），由靈魂與肉身合成，其情形如自立體性形式與第一物質體的組合。（Substantie Una, Constans Anima et Corpore tanquam ex forma substantiali et materia prima），換言之，靈魂在人身上是生命的原理（Principium vitae），也是自立體的形式；而靈魂是精神體，由天主所創造的，不死不滅的；其認識作用是藉着感官，而由人的理智所完成。意志是自由的，其功能是決定，使潛能成爲現實。

多瑪斯及中世時代的學者對心理學沒有特別的著述，因爲該時代的士林哲學家將一切問題放在神學內，對哲學只是註釋亞里斯多德等先哲的著作，將「人」的問題也放在自然哲學講述之，因爲依亞氏所言，「人也是在自然中存在的事物」，（Homo enim est res in netura existens）。

公元十四世紀後，理性論者笛卡爾、馬來勃朗、萊布尼滋等强調精神主義，追隨柏拉圖的思想。同時，經驗論者陸克、休謨、康地拉克等反對柏拉圖主義，强調人的生理現象與自然行爲。相隨着唯物主義者主張宇宙事物皆是物質的，連人也是純物質者，否認了靈魂的精神性實有。近代心理學經驗論者更主張一切生命現象全是生理與物理的自然作用，由此建立了當代經驗心理學的理論原則。韋柏耳與費納耳（Weber et Fechner）更由外物刺激與內在反應，講述物理心理學。伍特（G. Wundt）將心理現象看成物理的自然反應，並以物理的規律講解生理的行為，連人的營養、生長、繁殖、感官的感覺功能等皆屬於物理的自然過程，普蘭達諾（Brentano）奎派（Kii-lpe）等，不贊同他們的思想，主張心理現象與物理現象是兩種完全不同性質的行為。當代心理學家就研究的方法不同，將心理學分為以下三種：

①受唯物主義影響者，將一切心理現象歸為物理現象，否認物質身體以外的任何精神實有。

②有些學者將人的精神靈魂存而不論，只有限度的講述人的生理現象。

③有些學者承認人的靈魂精神體，亦主張人的心理行為與靈魂有關。（士林哲學家，多如此主張）。

總之，當代心理學家皆主張，講述心理學，應先注意人的生理過程與心理現象。其方法經「觀察」著手，或觀察自己的行為或觀察別人的行為；觀察自己的行為名內省法（observatio re-flexa Suipsius, introspectis），觀察別人的行為名外省法（observatis aliorum），當代哲學心理學家皆主張二者並用，由具體的生理現象，歸納出心理規範及生命原理，本書亦依此路線，討論心理學的基本概念。

叁、心理學的內涵區分

心理學依研究的對象與系統、分兩大類，卽經驗心理學與理性心理學。

經驗心理學又分爲個人心理學與社會心理學，普通心理學與特殊心理學。

特殊心理學就年齡的不同，分爲：孩童心理學、青年心理學、成人心理學，老人心理學；就性別之殊異，分爲男人心理學與女人心理學；就職業的不同，分爲：農民心理學、工人心理學、軍人心理學；就性質不同，又分文藝心理學、宗教心理學；病人心理學、低能人心理學等等。

理性心理學是以哲學的觀點講述諸心理現象的最後原理，統言之，可分爲兩大部份，一爲動力機能學（Dynamilogia），一爲人類學（Anthropologia）。

經驗心理學的各種心理學皆有特殊的專書討論，本書只就純哲學的觀點，討論人的生命現象與最後原理，此書稱爲理性心理學（Psychologia Retionalis）。其內涵大綱列表如下：

理性心理學

第一篇　動力機能學

㈠論人的感覺官能

①論人的外在感官

②論人的內在感官

㈡論人的理智

①論普遍觀念的存在

②論理智的對象

③論理智與對象的合一

④論理智的行爲

⑤論理智的相關問題

㈢論人的欲望

①論人的兩種欲望

②論人的欲望與情緒

③論人的自由意志

第二篇　人類學

㈠論人的組成

①論靈魂的本質

②論靈魂與肉體合一

③論靈魂是肉身的自立體形式

④論靈魂在整個人體內

⑤論靈魂不死

㈡論人的來源

①論人的來源

②論靈魂與肉身結合的時間

③進化論批判

第一篇　動力機能學(Dynamilogia)

此篇動力機能學，乃就人的器官組織，講論人的功能現象（De Potentiis hominis）。人的稱謂，普通言，爲「理性的動物」（Animal Rtionale），人被稱爲動物者，其原因乃人有感覺，能生活，是個有生命感覺的物體。人被稱爲有生命的物體，因爲人有動物生命與植物生命的一切現象，（宇宙論・有機物篇），人能營養、生長、繁殖、有植物生命的生長現象；人能感覺、移動，有動物生命的生活現象；因此，人被稱爲有生命的物體。但人還有動植物所沒有的特點，乃理智，人能明白事理、辨別是非、學習、推理、創新、發明，因此「理性的動物」成爲人的專有名字。

今就「理性動物」的人，講述其「感覺、理解、欲望」等現象。

本篇分三章，第一章、論人的感覺官能；第二章、論人的理智；第三章、論人的欲望，分述如下：

第一章　論人的感覺官能

(一)　感覺官能

感覺官能：亦名感官，普通言，是人的組織器官，能接納外在的單獨個體。分述如下：

①感官被稱爲「器官」，是就人的器官功能言，換言之，人的器官能力可以接納外在事物的刺激，如人有眼的器官，可以看；人有視覺的能力與行爲，外在顏色波長的刺激，使器官有能力接納顏色的波長，分別出所接納的物體有紅橙黃綠黑白藍等物體。

就哲學的論點言，人觀看，是藉著眼的視覺器官而觀看，人是動的主因，眼目是看的器官，而看的行爲是能力的表現。

②感官被稱爲「組織」器官，因爲感官有外在的有形狀器官，如眼目、耳朵、鼻子、舌頭等，換言之，眼目是視覺的器官，耳朵是聽覺的器官，鼻子是嗅覺的器官，舌頭是味覺的器官等。

器官是感覺的外在官能組織體，但不是生物體的感覺作用，換言之，感覺者是感覺的人，而不是器官感覺；感覺之人感覺時，因人的感覺功能，藉感官的接觸，神經的傳遞，與大腦的領悟，才有感覺作用；不是眼的器官看，耳的器官聽，鼻的器官嗅，舌的器官嚐；而是感覺之人藉着眼官看，藉着耳官聽，藉着鼻官嗅，與藉着舌官嚐。

③感覺器官「接納」對象：此乃就感覺器官的功能言，感覺器官有「認識」性的功能（Facultates Cognoscitivae），將器官的個別對象「接納」感覺之，此官能作用與「欲望」不同。

④感官的個別對象，因器官的性質不同而殊異，如視官的對象是顏色，聽官的對象是聲音，嗅官的對象是氣味，味官的對象是味品；總之，各官能的對象皆是個別物質性實有。（Res Singularis et Materialis）。因爲人身的感覺器官皆是外在有形體的，其接納功能的外在對象也該是可接觸性的物質體。

因此，感官被稱爲：人身的組織器官，能接納外在的單獨個體。

(二) 感覺作用

感官的感覺作用，關連着生物學與心理學。（Biologia et Psychologia）。

生物學研究人的器官，其重點在解剖學與生理學，（Anatomia Physiologia）。

解剖學研究人的器官組織，關連着人的神經系統，大腦，小腦，與骨髓等。

生理學研究器官的功能作用，其內涵關連着人的血液，熱量，活動，休息等要素；否則，人的感覺功能不發生作用。

心理學討論人的感覺官能與感覺行爲，由經驗的感覺現象，研究現象內活動道理；哲學心理學更進一步，透過感覺的活動現象追究出感覺活動的生命原理。

人的感覺作用，能接納外在的存有事物，而人的大腦作用，也產生出人的內部感應，因此，感官可分兩部份講述，卽外感官與內感官，討論人的外在感官與內在感官的感覺作用。分述如下：

第一節　人的外在感官

壹・哲學家的意見

外在感官：乃人的感官有外在的器官，能直接接納外在物質性事物的固有對象，因此外在感官，該有兩個基本條件，一是外在的器官，一是外在的對象。

外在的對象乃可感覺性的物體，感官的行爲是接納，亦名「感覺」作用，感官藉着感覺作用，接納外在的物質對象。

外在的器官，普通言，有五個，亦名外五官，卽：視官、聽官、味官、嗅官、觸官。

視官有眼目器官，其固有之對象是顏色。

聽官有耳朵器官，其固有之對象是聲音。

味官有口舌器官，其固有之對象是味道。

嗅官有鼻子器官，其固有之對象是氣味。

觸覺有兩種不同的意義：

狹義言，觸覺是接觸外在的事物，其固有的器官是手足。

廣義言，觸覺滿佈全身，可感覺出外在的各種不同的壓力，藉皮膚的感應與神經的傳遞，而有不同的各種感受，如冷與熱的感覺，疼痛與舒爽的感受，肌肉的感應、器官的病痛等。因此，觸覺被稱爲動物生命的原始器官。

因此，哲學心理學產生出以下的哲學問題：

㈠什麼是感覺的主體？

細言之，人有感覺，則尋問：人的感覺來自人的靈魂？或來自人的肉身？或者感覺來自人的靈魂與肉身之合成體？

㈡若感覺的主體是人的靈魂與肉身的合成體，則尋問：人的外在感覺器官是什麼？人的感覺中心在那裡？

㈢外在感覺的程續（過程）是怎樣的？

回答以上的問題，哲學家有不同的意見：

(一)就第一問題言：人的感覺是來自靈魂？或是來自肉身？或是來自靈魂與肉身的合成體？

①唯物論者：戴茂克里杜斯、加巴尼、海格耳等（Democritus, Cabanis, Haeckel）主張感覺只是大腦的行爲，換言之，感覺是物理或生理的，由神經系統而組成。

②精神觀念論者：柏拉圖、奧古斯定、笛卡兒等（Plato, Augustinus, Cartesius）主張感覺是純靈魂的行動，換言之，感覺來自人的靈魂。

③亞里斯多德、多瑪斯、與士林哲學家（Aristoteles. S. Thomas, Scholastici）主張感覺是靈魂與肉身合成的行動。換言之，感覺來自人的靈肉合一之體。

(二)就第二問題言：人的外在感覺器官是什麼？或人的感覺中心在那裡？

①笛卡兒與某些士林哲學家（Frobes），當代生理學家等主張：感覺只在人的大腦內，因爲他們認爲人的靈魂只在人的大腦內；而身體的其他疼痛只在該肢體上疼、非大腦之痛。

②早期的士林哲學家認爲感覺的形成只是在接納的器官上。

③當代士林哲學家則認爲感覺的形成是由外在事物的壓迫刺激，器官的接納，神經與大腦的連繫，最後在大腦內出現，故感覺是接納器官與大腦的聯合作用。

(三)就第三問題言：感覺的過程。

所有的士林哲學家皆如此回答：「感覺是器官受外在對象的壓力而形成。其過程分解如下：

①外在客體刺激器官，器官產生接納的行動，故第一步是人的器官由被動開始，被對象事物所限定。

②感官接納外在的對象，可就兩方面講述之：

ⓐ就器官組織言，人的官能被外物刺激，產生物理變化，如顏色的光波刺激眼睛，產生出不同顏色的物理感應。

ⓑ就官能的功用言，器官接納對象後，在官能上產生對象的「相似」體，人藉此相似體去認識外在的客觀事物，此相似體是客體物在認識的官能上產生的副像。此副像不是外在的物質體，而是非物質的生理現象。

③人感官的生理現象，不是物質性機械式的反應，而是人生命的表現。換言之，有生命的人才有以上的感覺現象。

結論

感覺是靈魂與肉身合成的活動，在接納器官開始，就外物的刺激，藉神經的傳遞，將印象反映到意識上。其理由如下：

①凡心理與生理的活動，必要求其活動的主體該是心理與生理的。而感覺的行爲實在是心理與生理的，故有感覺的人該是有心理與生理的主體。

人的具體經驗上，感覺出自己身體的狀況，如頭痛、脚痛、肌肉痛、或身體內部生理的變化、血液的循環、胸部的呼吸、心臟的跳動等生理現象，而人也確實意識到這些生理變化的情形。生理的變化是發源於外在的器官，而意識的感覺到是人內在的心理現象，此乃証明感覺是生理與心理的合一活動。

因此，純物質論與精神論者的意見皆不採納；因爲純物質論者無法講解人的心理意識；人的肢體或器官有病，也無法以其他物質器官或肢體換裝使用。純精神觀念論者也無法解釋人無外在的器官組識，不能產生出心理意識與生理的感應。故人的感覺來自靈魂與肉身的合成體之理論，較爲人所接受。

②感覺是在接納器官開始，傳遞中樞大腦，其理由：

器官，普通言，是人的外在官能，直接接觸到外物者。就物理學言，外在事物皆有其固有的色彩性質，能發生波長刺激人的官能；故人的外在器官在接納外物的刺激後，發生物理性的生理變化。因此，經驗心理學稱感覺是感官的動作，爲生理與物理的活動。

人的器官因外物刺激而產生物理變化時，（如眼睛因烟燻而流淚），人的神經系統便將此刺激變化輸入到大腦中樞，使人意識到感官的情形。換言之，器官接受外物的刺激後，由神經傳到大腦，腦中則產生出感覺作用。如眼目因顏色的刺激而變化，神經傳入大腦後，感覺出外物是何種色彩；鼻子嗅到香臭，神經傳入大腦後，感覺出外物是何氣味；耳朵聽到聲音，神經傳入大腦後，感覺出外音是何音調；舌頭嚐到食物，神經傳入大腦後，感覺出食品的味道；觸覺受外物的刺激，傳入大腦後，感覺出外物的冷溫軟硬等。故感覺是器官接納後，傳遞中樞大腦，而意識到外物的種種情形。

因此，笛卡兒等所主張感覺只在大腦內、肢體之疼痛與大腦無關的理論不被接受。再者，天生的瞎子，雖神經系統健全，因無眼目器官的外在接納，而無顏色的感覺。或者，眼目器官正常，而神經系統萎縮或有病，亦無外物顏色的感覺意識；故感覺是起於外在器官的接納，神經的正常傳遞，與大腦的意識作用。

再者，若大腦有病或損傷，雖器官與神經正常，也容易發生錯覺或無感覺。

③大腦感覺外物存在時，乃外物的顏色與形狀藉印象（Species impressa）而認識，因爲外在事物是物質性的自立體，其本身不可能藉器官、經神經、進入腦中樞去；因此，大腦的認識是藉着外物的「印象」而感覺，並意識到外物客體的各種性質。故「印象」不是外在物體，而是物體的形象，藉此形象，人才可以認識器官所接觸的外在事物。

再者，感覺的形成，以上的過程現象，必在一個有生命的人身上。換言之，只有有生命者才能有器官的功能作用，神經的傳遞作用，與大腦的意識作用；也只有有生命者才能感覺出外在事物的一切情形。因此，士林哲學家主張「靈魂」存在人的整個身體上，因爲整個人的身體皆與人的大腦中樞相連繫，人身的任何一部份有病痛，人便會感覺知道；因爲人有一個完整生命的靈魂，與完整的身體有實質性的結合着。也因此笛卡兒等哲學家所主張的「靈魂只在人的大腦內」的學理不被接納。

貳·感覺來自靈肉的組成體

(一)名詞的意義

(一)感覺（Sensatio），是感官的行爲，乃感覺器官因外物之刺激，所引起的感受反應。

感覺亦名感覺生命的認識作用，其內涵包括「接納」（Perceptiones）的感覺，與「重生」（Reproductiones）的感覺。

接納的感覺乃感官的感覺有其固有的限定對象，感官接觸而意識到該物體之性質，如觀看、聆聽、撫摸等作用，此種感覺亦名知覺（Perceptio Sensitiva）。

重生的感覺乃將從前已接納的感覺印象，重覆以現在狀態在腦中出現，如記憶，幻想等。

接納感覺與重生感覺的不同點，是就時間的「現在」與「過去」而言，「接納」感覺是「現在」狀態（Praesentia），有實在的器官感應，如我現在看到一件紅東西；「重生」感覺是就「過去」感覺的印象，不需要現在的器官接觸，而以現在狀態再出現（Repraesentia），如我現在記起昨天看見的紅玫瑰花。換言之，紅玫瑰花的形狀色彩又在我腦海內出現。

接納的現在感覺爲外在的感覺行爲，重生的感覺屬於人內在的感覺行爲（此問題，下章專題講論）

哲學家稱感覺爲依附性的行爲，其存於人身如存於主體上，其來自人身如來自動力原理；但感覺不是純物質性的成果，換言之，感覺不是來自純肉體，因爲死人沒有感覺，也不是來自純靈魂，因爲精神體不能直接與外物接觸而感應，故感覺是來自肉體與靈魂合成的實體。

㈡感官（Sensus），乃人的認識官能，有感覺的能力，故名感官，乃生命性活力。細分之，有下列兩種：

①就產生感覺的地位言，分外在感官（外五官），與內在感官（內四官）。

②就感覺的功能種類言：分接納感官，如視覺、聽覺、嗅覺、味覺、觸覺等。重生的感官：記憶、幻想、綜合、估量等。

(三)器官（Organum）：乃組成身體的部份體，其功能作用在外界事物的接觸上，藉官能產生感覺作用，如眼睛，耳朵、鼻子、舌頭、手足等。

(四)身體（Corpus）：物質性的肉體，組成人的物質性基本原素，佔有空間，有伸延性，能產生物理與化學性的物體變化，與精神性靈魂完全不同。

(五)靈魂（Anima）：乃生活物體上的第一生命原理。換言之，就「物體」言，物體分有生命的與無生命的兩種，無生命的物體爲一般性無機物，有生命的物體乃可以自己營養、生長、繁殖的有機物，所謂生活物體乃有生命的有機物，植物、動物、人等。

靈魂被稱爲第一生命原理，是指明人的靈魂與動物的覺魂及植物的生魂不同，三魂的差別是靈魂最高，覺魂次之，生魂最下，故靈魂被稱爲生物的第一生命原理。

靈魂被稱爲原理，因爲由靈魂產生出生命，靈魂與肉身結合成爲一個完整之人，因此靈魂被稱爲限定性的自立體形式（Forma Substantialis, Pars determinans），肉體被稱爲被限定的物質性份子（Materia,Pars determinata），二者完全合一，成爲一個有生命之人。故二者不是依附性的合一，如騎士與馬（柏拉圖），而是實質的合一，如燒紅的鐵與熱一樣（亞里斯多德）。

(六)能力（Potentia）：靈魂使官能產生出生命行爲，此生命行爲的能力是靈魂的持有性表現。換言之，唯有靈魂（覺魂、生魂）生命者，才有行爲的能力出現。

能力分器官性能力與非器官性能力兩種：

①器官性能力：乃生命能力存在於人體的器官上，此器官非純物質性部份體，而是有生命靈性的器官體——（Organa Animata），藉此器官體產生出生命的活動力量。

②非器官性能力：乃生命能力不存於外在的器官上，而存在於人內在的靈魂上。換言之，藉人的內在理性，產生出理智的認識與意志的欲望等活動力量。

（二）哲學家的意見

㈠極端唯物論：世界一切現象皆是物質的力量。換言之，宇宙間無精神性靈魂存有，只是物質的力量表現。

㈡生理學家及現象學家：人身的行爲是心理的與物理的合一。換言之，人的一切行爲皆在物理的規律下活動，人的生命現象也是物理的行爲而已。因此被稱爲當代的唯物主義思想，否認人的精神存有。

㈢柏拉圖：靈魂不是與肉身共同合一，成爲感覺的原理，只有靈魂單獨的是人的感覺原埋。換言之，感覺來自人的靈魂，與肉體無關係。

㈣笛卡兒：靈魂只存在人的腦海中，並在該處接納各器官送來的刺激活動。換言之，感覺作用只在人的腦海內，或者純由靈魂來，與人的肉體無關。

㈤巴爾米厄里（Palmieri et Balmes）等主張：靈魂與肉身共同產生感覺作用，但靈魂是主動因，肉身只是合作的內在條件，故感覺只是單純內在的，而非外在延伸接觸性的。

㈥當代哲學家：一切的心理行爲皆由靈魂而起，但靈魂被肉體所限制，靈肉分開後，則無任何感覺發生。

（三）士林哲學的意見

㈠感覺不是由單獨肉體所產生，其理由：

成果不能超越原因：純物質性的成果，只能來自純物質性的原因，如化學的變化、機械的開動，原子的分裂，電子的集散等，這一切變動皆在一定的物理規律下，做恒一不變的行動，永不改變；但感覺等不是純物質的變化與活動，如人的觀看、聆聽、感覺、痛疼、幻想、記憶等，而有人的內在心靈作用。換言之，人的外在活動、眼目的觀看、耳朵的聽聲、鼻子的嗅覺、手指的撫摸，皆不是純物質的動作，尤其是記憶，幻想、估量、綜合與活動，皆是人內在的精神活動與生命現象；肉身是組成人的物質部份，人的內外感覺絕不是來自單純的肉身。

再者，純物質的活動，依據着一定的規律，其活動的現象亦不改變，但人的感覺則無一定的規律現象，尤其是人的內在感覺更不是恆久不變的，故感覺不是只來自肉體。

㈡感覺不是由單獨的靈魂所產生，其理由：

感覺能直接與延續的藉着神經系統而感受，感覺亦因着生理變化而感應。換言之，感覺因器官的接納、神經的傳遞，在中樞大腦內產生感應。因此，感覺不是單來自靈魂，而需要肉體各器官機能的合作，故感覺不能來自單獨的靈魂。

再者，由事實經驗，人身的肌肉官能改變，則感覺亦感受不同；如外在天氣的冷熱，影響人的感受；血液的充足與缺少，影響感覺的情緒；外物刺激的大小，壓力的輕重，影響人的感覺；身體生病與體魄的健康、醫藥與飲食的服用，皆影響人心靈的感受，故感覺的產生必與身體有因果的連屬關係，而非只來自精神性的靈魂。

㈢感覺來自靈魂化的肉體官能，其理由：

感覺是一個生命性的行爲，生命性的行爲應來自生命性的主體，故感覺該來自生命化的肉體。換言之，感覺來自靈魂與肉身的合成主體。

由人的具體感覺經驗言，人無法分辨出感覺的現象，何部份屬於物理的，何部份屬於心理的，而感覺的現象是一個整體性，換言之，感覺是身心合一的感受。

因此，肉體對人的組成言，不只是感覺的要緊條件，而是組成人的基本要素，產生感覺的基礎原理；否則，無法講述接納知覺與重生知覺的存在、延續、與變化的各種情形。故士林哲學主張：感覺是生命性的活動，來自有生命的主體；此主體是靈魂與肉體合成者。

〔附　註〕：感覺的性質

感覺（Sensatio）：是動物的生命行爲，藉器官的接觸，神經的傳遞、大腦的意識而產生。

①感官，就「位置」言，分外感官與內感官兩種。

外感官乃普通所言的外五官，卽眼目的視官、耳朵的聽官、鼻子的嗅官、口舌的味官，與皮膚的觸官等。

內感官亦名內在官能，卽：綜合、幻想、記憶、估量，內感官與外感官的區別：外感官有固定的有形器官，內感官無有形的器官存在。

②感官就「功能」言，分接納的官能與重生的官能。

接納的官能，是感覺的行爲，接觸外在的固有對象，而感覺該對象之性質情況。

重生的官能，是感覺的行爲，將已接納過的感受印象，重新在大腦內出現。

接納官能的感覺與重生官能的感覺之區別點：接納官能的感覺是「現在」狀出現，有固定的感受對象。重生官能的感覺是「過去」式，將過去接納的印象，重覆產生，如人的記憶、幻想等。

③感覺就「性質」分，有普通感覺與特殊感覺。

普通感覺，乃就感覺的「主體」言，一切外在的刺激與內在的重生，凡能生感受意識者，皆是普通性感覺。

特殊感覺，是就感覺的「客體」言，卽每一個存在的外物有固定的器官接納之，如物的顏色，被眼目所接納，聲音被耳朵所接納，故言視覺對色彩，聽覺對聲音皆是特殊感覺。

④感覺就「時間」言，分長久的感覺與短暫的感覺。

長久的感覺，乃感受的時間長期的存留在身體上，如痛疼的感受。

短暫的感覺，乃感受的時間短促，剎那卽過，如流星過目卽逝。

⑤感覺就「量度」分，有强烈的感覺與輕微的感覺。

强烈的感覺，卽外物刺激的量度强大，使感官感受的壓力重大，感覺的反應與意識久留不去。

輕微的感覺，乃外物刺激的量度微弱，使感官感受的壓力弱小，感覺的反應與意識短暫薄弱。

⑥感覺就「認識」言，需要「感覺印象」（Species sensibilis impressa）。感覺印象乃感覺者在接納外物時在己身所存有的外物肖像。換言之，感官接納外物時或將外物納入自己身內，或將外物的肖象印存自己的腦神經內。事實上，感覺不能將外在的具體事物眞實的納入自己身內，只有藉感覺的印象存入自己的腦神經中，此感覺印象是外在具體實物的代表，藉此代表感覺者認識

外物。

感覺印象是感覺的依附性實有，換言之，感覺印象不能獨立而存在，它必需依附在感覺者的神經上。

再者，感覺印象不如同簽記印在腊板上，因腊板是無靈性的物體，完全是被動的接納簽記。而感覺是有生命的實體，有靈性的感受者，將外界的刺激，藉器官的接納動作，神經的傳遞，而產生感應作用，認識外物。否則，沒有生命的靈魂（覺魂）存在，只有器官、神經、大腦等也不會有感應作用。如死去的人，雖有身體的各器官系統，但無靈魂生命，亦無任何感覺作用。

感覺印象，拉丁文稱爲" Species sensibilis impressa "，" Species "有「種類」觀念的意思，乃人認識事理藉着「種觀念」，此處的「種觀念」是就「相似」言（ Similitudo ），乃相似所認識的外在事物，故云：「外在事物的表象」。此表象是感覺的（ Sensibilis ），換言之，此表象來自感官的感覺，與內感覺產生的印象，而非理性的推理認識。" impressa "有「印、壓」等意思，此處所言，乃感覺印象來自外物的刺激，外物如壓力似的刺激器官，而產生的感覺作用，人藉此「感覺印象」能認識所感覺的各種事物。故感覺印象被稱爲媒介體，使感覺者與被感覺的事物相連合，被感覺者在感覺內被認識。

第二節　人的內在感官

（一）內在官能的意義

內感官（Sensus interni）乃內在的感覺官能，沒有外在的固定器官，其對象也不是外在的具體事物。細分如下：

①內感官沒有外在的固定器官，內感官的感應是人內在的腦神經中樞（Encephalum）。內感官的對象不是直接的外在事物之性質形象，而是間接的外在感覺與對象所形成的事物印象。換言之，內感官的對象不是直接來自外物之感覺感應，而是間接的由外在感覺所留下的印象之再重生，因此，外在事物被稱爲內感官的間接對象。也因此，內感官被稱爲再生官能（Sensus Reproductivi），乃將外感覺所接納過的感受再重生出來。也有哲學家稱內感官爲中樞感官，外感官爲接納感官。

內在官能有四個，即：綜合官、想像官、記憶官、利害官。分述如下：

㈠綜合官（Sensus communis）：內在官能，將外在的不同感覺綜合爲一。此官能現象內含有兩件要素，一是注意到外在各種不同的感受。換言之，意識到外在的各種感覺，二是將各種的不同感受綜合爲一，如眼目看到一個紫紅色的圓物、手摸到是圓滑的、鼻子嗅到是香的、吃在口內是甜的，則綜合爲一隻蘋果。

綜合官的內在器官是腦髓中（Encephalum），但我們不知綜合官是在大腦的那一部分。

(二)想像官（Phantasia）：內在官能，可重生感覺過的知覺事物。詳言之，想像是將過去所感覺過的印象，以分析與組合，不以原有的印象爲標準，而產生出新的印象。因此被稱爲重生的內在官能。

想像官能與綜合官能不同，綜合官能是以現有之外在感覺的固有物體爲根據，而綜合該事物。想像官能不以現在外物的感覺爲根據，而是將過去曾感覺過的印象爲根據，產生一個新的感覺意識，故想像亦稱爲重生官能，所想像之物亦是被稱爲外物之相似體，但不是外在實物之眞實相似體，而是不同印象之綜合性意識，如藝術家屢次將此種綜合物做爲外在實體，創造出繪畫與雕刻與藝術品。

想像的內在器官是在大腦內（Cerebrum）。

(三)記憶官（Memoria）：內在官能，將已往所接納過的感覺印象以現在狀態在腦海中出現。故記憶的基礎是過去所感覺之事物，亦是過去的感覺印象再次在腦中出現；因此，記憶被稱爲「再生」的功能現象（Reproductio）。

記憶與想像不同，二者雖皆以已往之感覺印象爲基礎，但想像是將已往之印象加以「分析」、

「綜合」再改造，而記憶純以過去的感覺印象爲基礎，不加分析、綜合等作用。

記憶另一特點，除記起已往之感覺印象外，亦可記起理智學習的事理、感情的悲歡遭遇；但記憶與理智、與意志的功能不一樣，記憶是以過去之事跡移到現在，理智則是求眞理，意志則是求聖善。

記憶的中心點是在大腦內（Cerebrum）。

㈣利害官（Aestimativa）：內在官能，亦名「估量」官能，乃意識所感覺到的外在事物對已有益或有害，如犬見肉則食，人見花則喜；或羊見狠則跑，人見蛇而生厭。

利害官與理智及意志的功能作用不同，一個理智聰明、意志堅强的人遇到外在事物，亦會感覺出該事物對己的利害關係，如見大難則心驚胆怯，見鮮花則心神安靜。

有人稱利害官爲直觀，因直觀是直接感受；但利害官除直接感受外，更感覺出所感覺事物之利害關係。

利害官的感覺中心亦應在人的大腦中。

由以上數點，哲學家產生出下列問題：

①人身上是否有內在感官？

②內在感官是否彼此間有區別？

③內在感官是否與其他認識官能有區別？

〔二〕士林哲學的意見

所有的士林哲學家皆主張：人有內在的感官。因爲經驗的証明，人有綜合、想像、記憶、利害與感受。

多數的士林哲學家主張：內在感官彼此不同，內感官與其他外在的官能亦不相同。其理由如下：

㈠內在感官彼此不同：

凡動物的不同活動與其對象的殊異相關連。因爲活動的器官應與接納對象的官能相對等。換言之，效果與原因應相對，某官能產生某活動，或其對象只有被某器官所接納，如眼目之與顏色，耳朵之與聲音。

人的內在感覺活動，如綜合，想像、記憶、利害等感應必要求有此感應活動的器官存在。再者，綜合、想像、記憶、利害的功能現象不同，由果求因，產生此活動的器官彼此亦該殊異。如上所言：

綜合官能的對象是來自不同外在感官的感受，而綜合官的活動是將不同的感受綜合爲一；想像官能的活動是將過去感受之印象、分析、組合與創生；記憶是將過去之感覺印象以現在狀態再現；利害官能是感覺出外物爲對已之有利或有害。以上四種感覺活動的性質不同，故產生感覺活動的主體必不相同，應該彼此殊異。

㈡內感官與其他外在官能不同，其理由如下：

其他外在官能乃人的外在接觸感官。換言之，卽內感官與外感官殊異。外感官是各器官接納其固有之對象，而不是將官能之接納物加以綜合或改變。外感官接納對象時，不能保留該印象，如飛鳥過目卽逝無法再見。而內感官可將感受之印象保留存下。

外在官能只對現有之固定對象發生作用。不能產生出新的印象或新的意識，而內感官可將已逝去之感覺印象再度產生，卽腦中之重生作用。換言之，外感官沒有想像及回憶作用，外感官也估量不出何物對已有益或有害。

再者，內感官與人的理智認識也不同。其理由，理智是求眞的，其對象是抽象的、普遍的，超感覺的。

以上數點，足以証明，人有內在感官，內在官能間彼此不同，內感官與其他外在認識官能也不相同。

〔附　註〕

(一)聯想（Associatio）

聯想是人的內在功能，藉着感覺印象的記憶與想像之活動，將感覺或過去之印象聯絡而成。中世哲學家多瑪斯將聯想的規律分爲三種樣式

①聯想是事物的影像在空間、時間、與接納活動中之延續（Contiguitas），如就空間言由華蒂崗聖伯鐸大教堂的形像，聯想到羅瑪城。就時間言，由國父孫中山先生的像，聯想到辛亥革命與中華民國的創立。就接觸言，由某人的形像可以聯想到另一個人。此三種的聯想皆是感覺的形像之連接延續。

②聯想藉著相似（Similitudo）而成：人藉著形像的「相似」點，可以由一物聯想到另一物。相似點可就顏色、形式、聲音、名字，環境等形成。如由深紅色聯想到血的顏色；由優美的態像聯想到喜悅的表情，由哭聲聯想到悲哀的面孔，由「輔大」的名字想到輔仁大學的校景，由學校聯想到學生讀書的情形。

③聯想藉着「相對」（Oppositio）而成：人藉着可見的事物，可聯想到該事物的相反對物，

如藉着岳飛聯想到秦檜、藉着黑洛德的像聯想到耶穌被審的像，藉着羅瑪的暴君之像聯想到殉道聖人的像。

聯想是人精神的心理事實，當代心理學家多在經驗心理學內講述之。

（二）無意識感覺（Sensatio Inconscientia）

哲學家尋問人是否有無意識的感覺？

當代哲學家與笛卡兒學派皆認爲人「沒有無意識的感覺」。萊布尼滋則認爲人「有無意識的感覺」。士林哲學家的意見，人大槪沒有無意識的感覺，因爲感覺是一種知覺性的認識行爲，知覺性的認識便內涵着有意識的成份。因此，可以說人沒有眞正的無意識行爲，只可以說人有或多或少的細微意識行爲。換言之，輕微的意識感（Minus vel Minima Conscientia, vel Subconscientia）

結論

總結以上所言，①器官被稱爲組織性的官能，因爲感覺器官可接納外在的個別事物體。感官是感覺活動的原理，器官是感官所感覺的處所。換言之，感官藉器官而感覺。器官因功能作用的不同，各有其固有之具體對象。各器官之對象物皆是物質性的單個體，否則無法被具體的器官所接納。

②感官分兩類，卽外感官與內感官。

外感官有外在的固定器官與各器官之外在固有對象，如人的視官與其對象的顏色，聽官與其固有對象的聲音，味官與其固有對象的食物，嗅官與其固有對象的氣味，觸官與其固有對象之冷暖壓力等。

③哲學家對外感官產生了三個心理學的問題，卽：感覺的主體、感覺的中心、感覺的程序。

就感覺的主體言：唯物論者主張感覺的主體只在器官上。精神論者主張感覺的主體是靈魂。士林哲學家則主張感覺的主體是人的靈魂與肉身的組成體。其理由，感覺是人生理與心理的行爲，故有此行爲的主體該是靈魂與肉身的合成體。

就感覺的中心言：士林哲學家主張感覺存在於接納器官及大腦中樞。笛卡兒學派認爲感覺只在大腦，器官只是接受刺激壓力的表現。

就感覺的程序言：所有的士林哲學家皆主張：感覺是藉着「印象」（ Species impressa ）而形成，其程序：外物的刺激、器官的變化、神經的傳遞、大腦的意識。

感覺的「印象」是意念性的相似（ Similitudo Intentionalis ），外物在感覺器官內所產生。

印象是心理與生理的活動，與純物質體的被簽記不同。純物質的「簽記」是純被動的接受印號，感覺的「印象」含有被記印者的生理與心理的反應。如感受刺激性的外物，並認識該外物的狀況情形。

④內感官沒有外在的固定器官，但有內在的組織官能與其固有之內在對象。內感官的內在對象直接的是外感官的「感覺」，間接的是外感覺的外在事物，內感官的中心是腦神經中樞。

內感官有四個，卽綜合官、相像官、記憶官、利害官。

綜合官是將外在不同官能的感受，綜合爲一，感覺出爲何物體。想像是將過去不同的感覺印象，加以利用、分析或組合，創出新的事項。記憶是將過去所感受的印象，以現在狀態在腦中出現。利害是意識將所感受之事物對自己有益或有害。

想像與記憶皆是利用過去之印象藉着相似、相關、或相反、加以分解、組織、與聯合作用，在腦中產生出新的現象。記憶是將非現在之事物成爲腦中的現實現象，故二者皆被稱爲人的內在再生官能。

內感官因其對象之性質不同，其彼此間亦不相同。內感官因所在「位置」不同與外感官亦不相同。內感覺因功能作用，與人固有之理智特性也不相同。內感官有其固有存在與特性。

參　考　資　料

①亞里斯多德：論靈魂・（De Anima II , 12 ,429b ; III ,I ,424b ,II . 11 . 422b; III . 2; III . 3; I ,451a.

②多瑪斯：神學大全・S.T.I,77,5;I,78,3;I.78,4.I.79,2;De Pot. ;Quodl. IX9.ad2.S.T.I.75.3;I.8.3;I-II,17,I;I-II,17.Fod3;I-II,35,2od2;De Ver.25.3.

第二章　論人的理智

理智，就名詞言，譯自拉丁文〝Intellectus〞，此字的組成，有人言來自〝Intus〞＋〝Legit〞，卽「往裏念」，也有人言來自〝Inter＋legit〞，卽「在中間念」，總之，二者的指意是「理智可以深入事物的本質」，換言之，理智乃人認識的內在官能，可以透過事物的外在形狀顏色等屬性，認識事物內的存有本質。

理智認識事物的本質，其方法是藉着事物「觀念」（Conceptus, seu Ideas）。觀念與想像（Phantasma）不同，想像是想的單個事物，觀念則是代表事物的普遍性。

理智的功能活動是「領悟」（Intellectio），能將所認識的事物形成觀念。由此，哲學家提出以下的問題：

①在人身上是否有普遍觀念存在？
②何樣的對象被理智所認識？（理智與感官不同）。
③被認識的對象與理智怎樣合一？
④理智行爲的本性是什麼？

⑤理智有那些相關問題？

以上諸問題，起步於人的「觀念」上，今分五節講述之：

㈠論普遍觀念存在。

㈡論理智的對象。

㈢論理智與對象的合一。

㈣論理智行爲。

㈤論理智的相關問題。

附錄——理智的性質與範疇

第一節　普遍觀念存在

觀念（ Idea ）：就認識言，是事物在腦內的代表，指示出事物的本質（ Essentia alicujus rei）如人的「觀念」指示出人的本質——「理性的動物」，使人的理智認識人的存有。

本質（ Essentia ），不是就事物的單個體言，而是就事物的普遍性言（ Universalis ），如人的「本質」，不是指的某單個人的本質，而是泛指一切人的本質。因此，觀念的自身便含有普遍性，若觀念專指某個體時，則普遍性的觀念應再加上特殊的形容詞。如某某人。

哲學史上所記載的「觀念」有不同的指意，較早期的柏拉圖學派與亞里斯多德學派皆將「觀念」看成爲事物的普遍性代表（Repraesententiones Universales），其來自理性，而非感覺。柏拉圖更將「觀念」看成超感覺世界的存在實有（Entia Existentia supre mundum sensibilem）。教父哲學的奧斯定（S. Augustinus）跟從柏拉圖的思想，但主張「觀念」在感覺世界以外，存在於天主的理智內。近代哲學家笛卡兒、馬萊勃朗、萊布尼滋（Cartesius, Malebranche, Leibniz）等則主張「觀念是普遍性代表」（Repraesenlatione Uninusales）；霍布士、陸克、柏爾克來、休謨、康底拉克（Hokkes, Locke, Berkeley. Hume, Condilac）等主張「觀念」是代表性的存有，屬於感覺性的「想像」範疇（Phantasma）。純經驗論者則主張：人的認識完全是感覺的經驗。純感覺論者更强調觀念也是屬於感覺的範疇。

陸克將「觀念」分爲單純的與複合的兩種，單純的觀念或藉着外在的感覺而形成，關連着外在的具體事物，如顏色的觀念、聲音的觀念、氣味的觀念等；或藉着內在的反應而形成，如疼痛、高興等。複合的觀念乃在單純觀念之上，藉着理智的活動而形成，其方法有下列數種：

①藉着單純觀念的「組合」與「連接」方式，可形成複合觀念，如紅玫瑰花的觀念，可藉着顏色、形狀、香味等組成之。

②藉着單純觀念的「比較」與「聯想」方式，可形成複合觀念，如「因果」律的觀念是藉着

「比較」連繫而成，聯想的觀念是藉着想像連接而合成。

③藉着單純觀念的「抽象」與「分離」方式，可形成復合觀念，如就觀念的特點分出之。人藉膚色可分出黃人、白人、黑人等。

陸克以上的觀念論承認人有「理智」存在，但理智的功能是依恃着感覺所先認識的純觀念，然後加以分離、比較與組合，此乃理智之功能作用，也顯示出有認識的觀念存在。

康底拉可（Condillac）較經驗論更强調感覺主義，不贊同超感覺的認識，據其所言，人的一切作用皆是感覺的，如人的注意、比較、判斷、想像、回憶、推論等皆是變相的感覺，或不同樣式的感覺作用。

十九世紀的經驗論者、感覺論者、聯合論者皆認爲人的整個生命現象皆是感覺的聯合作用。當代實証論者的主張近於純感覺主義，唯物論者强調一切生命現象皆是物質性的，相連着乃否認「普遍觀念」存在。

士林哲學的普遍意見：主張：①在人內存有普遍觀念，②理智與感覺是本質的不相同，其講述如下：

（一）在人內存有普遍觀念

I 由人的經驗與學識得知：

①人有觀念，但觀念不代表單個物體，如：德行、毛病、明智、眞理、聖善、目的等觀念。這一切皆不指的事物。

②觀念關連着單獨事物，但不是單獨事物，如實有、原因、效果、生命、美麗、一、多等。

③觀念藉着非物質樣式關連着事物的本性，如人是「理性動物」、動物是「感覺生物」等。觀念與想像不同，想像是代表着指定性的事物，如此人、某動物；觀念則代表普遍性的事物，泛指人、動物等。想像與觀念是可以相合的，但二者之本質則不相同的。

④觀念可表現出二物之關係性，如父子關係、秩序、較大、較小、合適等藉比較形成者。(但感覺則不能表現出二者之關係性。)

⑤人的判斷、推理，皆是藉事物的普遍觀念而形成。

Ⅱ否定普遍觀念的存在，將導至重大的錯誤，其情形如下：

①若否認人有普遍觀念存在，則否定人與動物有區別；相隨着，也否定人的精神生命、心靈的自由、靈魂存在等。(康底拉可的理由不對)

②若否認人有普遍觀念存在，也否定人能研究學問與獲得眞理，因爲學問是普遍性理論與觀念組成的。(休謨的理論引入詭辯派)

③若否認人有普遍觀念存在，則否定人能認識超感覺的眞理，也否認人間的宗教問題與神的

存在。導引人走入無神論或不可知論。

事實証明，人與動物有區別，人有精神生命、身心自由、靈魂不死；人可以研究學問獲得眞理，人承認世間有宗教與神的存在。故在人內有理智所認識的普遍性觀念存在。

(二)理智與感覺是本質上的不同

理智與感覺，就功能作用言，是本質上有區別的。此問題連接第一問題，其理由如下：

如上所言，觀念就認識言，與人外在及內在的「官能」感覺皆不相同，相隨着，認識觀念的官能也與產生感覺的內外官能也不一樣。外在官能各有其固有之對象，內在感覺的官能活動是綜合、想像、記憶、利害，也各有其固有之對象(已如上述)，皆非普遍性的觀念，亦非判斷與推理的活動。故觀念有其固有的性質，產生此觀念的理智，其本質必與內外感官亦不相同，尤其與感覺不一樣。

西哲奧斯定有著名的話語做証，如其所言：

「我遍查我身上的各種門戶，我尋不到什麼痕跡，眼目說：假使它們是有顏色，我們一定會指出的；耳要說：假使它們是有聲音的，我們一定可以判決；鼻要說：假使它們是有氣味的，我們會說出。感官說：假使它們不是物質的，我則觸摸不到，也無法判定。」(懺悔錄・卷十・

第十章）

換言之，奧斯定的言語，証明人的感官各有其感覺作用與固有對象，但人的「指出、判斷」等作用，則是透過感官的感覺，乃人的理智作用，故人的理智存在，與感覺是本質上完全不相同的。

第二節　理智的對象

（一）前　言

爲能深度認識理智的性質，我們可從理智的對象著手研究。

理智的對象乃理智認識之事理，事理是抽象的，認識事理的理智官能也不能是感覺性的物質器官，而該是精神性的認識能力；因爲行動者因目的對象而行動，如雕刻家因雕刻之形像而動作。因此，對象的性質亦限定認識對象者之性質，如物體之顏色只有眼睛可以認識，其「性理」之對象也只有人的理智可以認識。正如西洋哲學所言：（Operationes specificantur ab objectis ）。

哲學家在此產生出問題：「人理智的對象是什麼」？

（二）哲學家的意見

哲學家對人理智認識的對象有不同的意見：

實有主義者（Ontologismus）主張：「人的理智可以直接認識天主，並在天主內認識其他一切事物」。早期的聖奧斯定、中世的盎色爾莫、鮑納文都拉（S. Augustinus, Anselmus, Bonaventura）等皆跟隨此主張，故人理智認識的對象來自天主。

生成論者（Innatismus）主張：人自出生便有一切觀念，故觀念不是來自外在的感官。如柏拉圖、笛卡兒、萊布尼滋、羅斯米尼等（Plato, Descartes, Leibniz, Rosmini）。

柏拉圖主張兩個世界說，即感覺世界與觀念世界，感覺世界是觀念世界的影子，因此，感覺事物皆不是眞實事物，而觀念世界的一切「觀念」才是眞實原始的；感覺世界的感覺事物是暫時性可改變的，在感覺世界以上的觀念是永久不變眞實存在的。人是靈魂與肉體組成者，人的靈魂在組成人以前已先天存在，並認識觀念世界中的一切事理；靈魂因罪過而下降與肉身結合，其情形如下地窖坐監一樣，人在地窖內認識外物是藉着陽光照射外物映進地窖監內的影子，同理，人的感覺認識也是藉着感覺官能，使靈魂又重新回憶起早已認識的觀念事理。故柏氏主張人的靈魂認識是理智的認識，其所認識的觀念性理是先天生成的。

笛卡兒主張：「人的本質是單純的靈魂，靈魂的本質是認識事理，因此人該有先天的生成觀念。」

萊布尼滋：不完全贊成先天觀念生成說，但他主張人有先天生成的生命力，如其所言：「單子是一種具有能力的獨立體，可組成世界的各種事物，連人的靈魂也是單子組成的，單子是先天存在的，內含着生命的活動力，故認識的觀念也是先天生成的」。

羅斯米尼主張：只有一個觀念是生成的，卽實有觀念（ Idea Entis ），其他別的觀念皆是藉着感覺與實有觀念綜合而生的。

（三）士林哲學家的意見

多瑪斯學派認爲：①理智就純理智言，乃精神性的認識能力，其認識之固有對象是純「實有」（ Ens in quantum ens ）。換言之，「實有」就實有言，皆是理智認識之對象，如有限與無限，精神與物質，自立體與依附體，原因與效果等。

理智就純精神言，不是物質，故理智的認識能力也不需要藉着物質性的組織器官，理智所認識之對象也不是物質性的事物，而是非物質的精神性理。

②多瑪斯學派又言：「就人是靈魂與肉身的組合體」言，理智所認識的固有對象是「物質性

事體的本質」（Essentia rerum Materialium）。

所謂物質性事體（Res Materiales），乃人感官所可感覺到的事物，或是獨立存在的自立體，或是有依附性存有的綜合體。

所謂事物的本質（Essentia），不是就單個事物存在的形像言，而是就存在事物的基本要素言；換言之，事物的「本質」是事物所以成爲該事物的基本要素，缺此要素，該事物便不能存有。如人的本質是理性的動物，缺「理性」或「動物」，人便不是人了。此本質是性理的，抽象的觀念，只有精神性的官能可以認識，而感覺是認識事物的外在形態，理智透過有形的形態樣式，認識該事物內的「本質」實有。

（四）士林哲學的主張

由以上所言，士林哲學結論說：

(1)人理智的適合對象是普遍性的實有。

因爲人的理智可以形成觀念，明白「實有」的性理。實有的性理在一總相同的事物及相異的事物內存在着，人的理智可以在一總的事物性理中找出其實有性。

(2)人理智的固有對象是理性的，也是與感覺有關的理性者。其理由如下：

就人的後天知識經驗言：

ⓐ語言（Vacabula）：語言是由人的感官發出的聲音，指示事物與事理，如東西、精神、學習、知覺、思想等。人明白這些語言所指示的「實有」性。

ⓑ非物質實有的觀念（Conceptus rerum immaterialium）：非物質實有的觀念來自「物質性」事物的「否定」（Per Negationem Materialitatis），如單純實有是非合成性實有（Ens Simplex est ens in-compositum），「無限」的觀念是不受限制者（immensus est in-mensus）。此乃感覺與理智的合一。

ⓒ人缺少某器官，便缺少該器官所形成的觀念，如天生的瞎子沒有顏色的觀念，天生的聾子沒有聲音的觀念。

ⓓ人的神經系統或中樞神經有毛病，便影響人的想像與理智的內在功能作用。或者人的理智無法形成觀念，亦不易運用已得之觀念形成判斷與推理作用。

ⓔ理智的功能活動，常利用人內在的想像、意識等內在腦神經官能，此表現出理智與內在感覺相關連。

以上數種，明顯的告訴「人理智的固有對象是與感覺相關連」着。

（五）士林哲學不讚同以上哲學家的意見

㈠實有論者的主張錯誤：實有論主張「人在世上便可直觀的認識天主」。

實有論的主張①將人帶入汎神論的境界，因爲人的理智若能直觀的認識天主，則人與天主同性體；如此，人不能犯罪與做錯事了。②人若能直觀認識神，則一總的人皆該相信神存在，亦不該對神有懷疑或錯誤的認識，人在世便是眞福者（Beatus）。

事實上，現世很多人不相信神存在，或懷疑神存在；人也與天主不是同性體的，因爲天主不會犯罪做錯事，而人屢次犯罪或做錯事。

再者，實有者也否認了敎會的超性靈蹟及聖事的聖寵等道理。

㈡觀念生成論的主張錯誤：

①柏拉圖主張人的靈魂與肉身結合以前已經存在，並已有一切事物的觀念，因過錯受罰與肉體結合，並藉着肉體感覺而又重新回憶出已往的認識。

柏氏的學說無任何基礎做根據，將自己的想像之理做原理，無法使人信從；況其弟子亞里斯多德便不讚成，亞氏認爲人的理智之認識是藉着後天的感覺，而非先天的存有。

再者，柏氏的靈魂藉肉體而復生，也表現出人理智的認識與感覺相關連。

相連着，士林哲學也不贊同笛卡兒的「先天生成說」。因爲靈魂不是先天存有的，而是與肉體結合時共同存在的；否則，無法講述天生的瞎子沒有顏色的認識與觀念，天生的聾子沒有聲音的觀念與認識，或感覺遲鈍的人，理智的認識也不敏捷。

萊布尼滋的動力單子論也無基礎，單子是一個物體性的獨立體，不可能組成精神性的靈魂，物質性的東西組合在一齊仍是物質體，只是體積增大而已，不可能越級跳躍，由物質變成精神。士林哲學主張靈魂是純精神實有，在人身體器官內不佔任何空間，（任何微小的物體皆佔空間）靈魂不是單子組成的，相隨着，靈魂的理智認識也不是來自單子，更不是先天生成的。

羅斯米尼主張只有一個實有觀念是生成的，則無法講述人理智的抽象功能，與理智所形成的單純觀念、複合觀念、相同觀念、殊異觀念、相容觀念、矛盾觀念、與普遍觀念的認識作用；亦無法有理智的推理等功能活動。羅氏將人引入了純觀念主義（Idealismus）的錯誤領域。

總結以上，士林哲學主張：理智就純理智言：乃認識之非物質性官能其固有之對象亦是非物質的實有。（Intellectus ut facultas immaterialis, purus intellectus → objectum, Ens in quantum est ens, immateriale）。

理智就人性理智言，乃非物質性官能，在物質上；其固有之對象是物質性事物的本質，在感覺內可理解者。（Intellectus ut facultas immaterialis existens in materia, Intellectus humanus

→objectum, essentia rei materialins, intelligibile in sensibili)。

第三節　理智與對象的合一

(一)前言

論理智與對象的合一，亦是論認識的主體與被認識的客體相結合。因爲人是靈魂與肉身的合成體，人的理智功能也與人的內感官，腦神經相關連，因此，哲學家詢問「對象怎樣到理智內」，或者「理智與對象怎樣相結合」？顯明的經驗告訴人，對象與理智的結合不是物質性的實有結合，換言之，不是外在實有事物的進入人的理智內，使二者結合爲一，而是對象的「相似」者(Similitudo)，以「代表」對象的身份進入理智內，使理智認識對象。

「相似」(Similitudo)如外在感官的感覺印象(Species impressa)，亦像內在感官的重生印象(想像)(Species Expressa)。

哲學家又問：對象與理智的結合是外官的感覺印象，或是內官的重生印象？或是第三種超越以上兩種的不同印象？

有些哲學家認爲「對象與理智的結合是藉着官能的感覺印象與重生印象，推動理智去理解對象。」（Durandus, Occam）

大多數的士林哲學家則主張感覺與想像不足以講解對象與理智的合一，應有另一種超越感覺的精神性「相似」者使對象與理性合一，此精神性「相似」體被稱爲「理性印象」（Species impressa intelligibilis）。

Species：此拉丁字有「種、種概念」的意思。"impressa"拉丁字有「印、刻、壓」等意思，二字合成"Species impressa"有「印象」的意思，因「種概念」乃是就「對象」存有的性質言，將此「種概念」指示出對象的「存有」，以「相似」的代表身份出現在感官上。"Intelligibilis"拉丁字的意思爲「理智的」，此字表示出與感覺性的（Sensibilis）實有不同，感覺性的實有是物體性的事物，理智性的實有是非物質性的精神性實有（Spiritualis），三字合成「理性印象」（Species impressa intelligibilis）乃指理智對象的抽象性精神「相似」者（Similitudo intentionalis et Spiritualis），使理智藉此「相似」體能認識事理。因此，「理性印象」被稱爲理智認識的形式原理（Prinicipium formale intellectionis）。

（二）理性印象

「理性印象」的形成，來自於理智的功能作用。理智的功能活動有接納性的（intellectus Patiens）與創作性（Intellectus Agens）兩種，接納性的理智功能是領悟所接納的事理；創造性的理智功能是創造出理性事理；此「理性印象」的形成，亦是理智創造性的功能作用。換言之，理智的創造功能形成了「理性印象」。

「理性印象」被稱爲精神性的，是就感覺事物的「本質性」言（Characteres Essentiales），理智由具體性感覺事物中，放棄其單體性特點（Sine notis individuantibus），抽出其普遍性實有，而成爲抽象性的「理智印象」。

（三）哲學家的意見

亞里斯多德：亞氏是最早提出「理智有創作」功能作用者，稱爲動的理智（intellectus agens）但其理論不太明顯，而註解者意見又不相同。（註）

多瑪斯主張：理智的創作功能不是就理智的「懂悟」言（intellectus agens non quia intelligit），而是理智將可理解的對象形成「印象」言，理智藉着「印象」認識可理解的對象，並在認識對象中抽出普遍性事理。理智與對象的認識是一種比擬式（Analogice）的關連，而非眞的外在對象進入人的大腦內，理智形成理性印象是一種理智的活動行爲。（intellectus intelligens ponit actum intellectionis）。

大多數的士林哲學家讚同多瑪斯的意見。

（四）理智與想像的關係

人的理智被稱爲靈魂的特有功能，爲非物質的精神體；其固有之對象亦應是非物質的精神事理。事實上，人的認識是藉着內外在感官與官能作用，精神性理智無法與具體性感覺事物發生關連，應藉着另一種內在官能，士林哲學家認爲此內在官能爲「想像」（Phantasma）。

想像是人的內在官能，將外在的物質感覺形成內在的印象。理智乃藉此內在印象達成理智的認識目的。換言之，理智藉抽象的功能作用，將物質的印象成爲非物質的認識對象，能認識物質內與物質後的精神性事理。

想像是人的內在官能，與物質性的神經系統及大腦相關連；理智被稱爲非物質性的認識能力，二者連合，乃起因於人是肉身與靈魂的合成體。

士林哲學家對此問題也有不同的意見：

蘇亞來學派（Suarez et Suareziani）：蘇派主張「想像」是產生「理性印象」的似物質因（Causa quasi materialis），理智藉此因產生物質對象的相似體。

多瑪斯學派與多數士林哲學家皆主張：想像是理智行動的工具因（Causa instrumentalis），使理智產生理性印象，但非理智認識事理的唯一原因。

由此，我們結論說：

①理智與對象的合一是藉着理性印象。

②理性印象由動性理智所產生。

③理性認識是藉着「想像」工具。

其理由如下：

①理智對外物的認識是藉着「想像」；想像是內在的官能，將外在單個事物形成內在印象；理智再藉此印象以抽象的功能找出普遍性事理；此事理乃理智與想像共同構成的事物性理，被稱為「理性印象」，乃理智與對象合一的媒介物。

再者，想像是人的內在官能，與神經大腦相聯合，為物質性實有，物質性實有與非物質性實有的理智相接合，應藉着非物質性的抽象觀念，或理智抽出的「性理」入理智中，使認識的理智與被認識的對象合為一。因此拉丁文稱此媒介體為"Species impressa intelligibilis"、"Species"是「種概念」，乃被認識對象之確定要素，"impressa"是印入，乃印入到人的認識主體上"intelligibilis"為理性者，非感覺的形容詞，三者合一，指明人的理智認識是藉着此「理性印象」，使理智與對象合爲一。

②因此，「理性印象」應來自非物質的理智活動，因爲精神性的結果應來自精神性原因，或精神性的結果不可能來自感覺性的原因。理性印象是精神性的非物質實有，與感覺印象完全不同，換言之，感覺的內外官能皆產生不出此超感覺的精神實有，只有精神的動性理智所產生。

③理性印象的產生是藉着「想像」工具：工具是產生事物的基本條件，但非主要原因。所謂事物產生的主要原因，乃缺此原因便無法產生該結果。工具者乃幫助主動原因產生出較好的結果。換言之，效果的優良可超出工具的形像，正如彫刻家可利用彫刻工具彫刻出優美的藝術品；藝術品的出產之因是藝術家而非彫刻的刀斧工具。同理，「理性印象」的產生是藉着想像官能，而非來自想像官能；想像是人的內在物質器官，不可能產生精神的理性印象，而只是「工具」性的成份幫助理智產生出理性印象，因此，理智是認識者，活動生產性的主要原因，想像是被借用的媒介體，產生理性印象的工具因。理性印象是動性理智藉着「想像」所產生的。

註

㈠亞里斯多德及多瑪斯學派皆主張人有「動的理智」（Intellectus Agens），並主張人的理智之本有對象是可理解的非物質的普遍性實有（Intelligibilis, Universale, immateriale）。

經驗論、感覺論、聯想論等主張：一切的感覺現象皆是感覺的，否認有理智的普遍認識，並否認理智與感覺有本質上的區別；相隨着，也否認「理智有動力」作用。

士林哲學家則認為：人由認識言，確實知道有事物的普遍性觀念，並可知事物的抽象性理；此抽象的普遍性理與人的「想像」不同，想像的對象是單個的、具體的、物質性的；而抽象事理是普遍的，由單個具體的物質中抽出的。故人有超感覺的理性認識，此認識與感覺認識不同，此認識來自理智的動力作用，故理智有動力理智存在。

(二)理智的動力與受力

理智專就理智言，是接受理智（Intellectus Patiens），接受理智亦名「可能性理智」（Intellectus Possibilis）：就理智認識言，是指定的理智印象與對象相合一；先有指定性「理智印象」存在，「接受性理智」才能有認識的行為活動。因此，接受理智是接納動性理智所形成的「理性印象」；換言之，動性理智使對象成為可理解者，「受性理智」便去理解認識之。

以人的飲食為例，人該先會烹調食物，然後再去吃食物；人的認識亦然，先認識感覺的物質事物，而理智的認識是非感覺的，其對象不是感覺性事物；因此，理智認識時應先將物質對象精神化，將之變成非物質的精神實有，然後接受性的理智才可認識之。因此，動性理智將物質對象形成精神對象，而「受性理智」方可認識之。

由此，哲學家追問：「動性理智」與「受性理智」是實在有區分的兩個官能？或者，一個官能有兩種作用？只是理論上有區分？

方濟學派及蘇亞來學派主張「動性理智」與「受性理智」是理論的區分，實在是一種認識官能。

亞里斯多德、大亞爾伯、多瑪斯等主張二者是實在的區分。其理由，二者的「行動」殊異，其對象本質亦不相同，應該是兩個有眞實區別的官能。

第四節　理智的行爲——理知

由上節所言，對象與理智的合一是藉着「理智印象」，相隨着，理智行爲是「受性理智」認識的對象。現在進一步研究理解行爲——理知（Intellectio）。

理智的行爲是理知，其本性可就三方面講述，一是論理知在本身內，二是論理知與感覺認識的關係，三是論理知與對象的關係。分述如下：

（一）理知就本身言，是內在的生命活動、精神性的形式顯現。

理知被稱爲「內在的生命活動」，因爲理知的功能作用來自於生命體，其活動的認識結果亦留在內在的生命體上。

人就理性實有言，其生命功能超過植物與動物；植物只有生長生命，其功能是營養、生長、繁殖；動物有感覺生命，其功能現象除生長、營養、繁殖外，還有外五官（耳、目、舌、鼻、觸）與內四官（綜合、想像、記憶、利害）的感覺功能；而人有理性生命，其功能現象，除植物與動物所有的功能現象外，更有二者所沒有的「理智」與意志。

理智生命實有的特點，除有感覺生命的感覺功能外，更有理智的特別認識；理智的特別認識是藉着「動性理智」所產生的「理智印象」；此「理智印象」是生命實有活動的結果，其本身不是生命體，「理智印象」不存留在動性理智上，而供給「受性理智」的認識資料。因此，

理知本身是精神性的；理知是人的理智行爲，其本質是非物質器官的功能。換言之，精神性的活動不是藉着物體器官，也不是以物體器官爲原理與工具。反之，感覺功能來自感覺器官，物質器官是產生感覺作用的工具原理；理解是精神性的活動，沒有組織官能，亦不需要工具性的器官合作。因此，

理知本身是「形式顯現」：「動力理智」將認識的對象藉「想像」形成「理智印象」，此乃認識對象事物的「顯現」活動（Operatio intellectus agentis est manifestativa rei），換言之，

動力理智藉「想像」形成「理智印象」時，是採取「想像」中事物的「形式」本質（Essentia fo-rmalis），使「受性理智」認識之。故理解就其本身言，被稱爲「內在的生命活動，精神性形式顯現」。

（二）理知與感覺認識的關係

就理知與感覺的認識言，理知高於感覺之知。理知就其功能作用言，與內在官能的「想像」相關連，因此，理知亦可說屬於感官的；但此連屬性爲純「外在」連屬，而非本質的連屬，因爲「想像」等內在官能是就外在對象的單個「印象」所言，而理知是就普遍性抽象論。所謂：「外在」連屬乃理知沒有器官，但與內在器官有連屬作用，因此關係被稱爲外在性連屬作用，其實質沒有固定的器官產生「共同原因」的功能作用。

事實上，理知沒有器官，但其功能與「想像」等感官相連繫；「想像」是內在感覺官能，也因此被稱爲理知的必要條件了，正如光亮是人看見的必要條件一樣，光亮不是看見，看見來自人的「視覺」原理，但視覺若無「光亮」，仍然不產生看見的作用。同理，理知若沒有「想像」等內在官能，亦不能產生認識的作用。

士林哲學家認爲「理知」是內在性獨立的功能，但其功能作用是外在性連屬於物質性官能的

（想像）；因此理知活動爲半精神性活動。（Intellectio est impecfecte spiritualis）。

（三）理知與對象的關係

就理知與認識對象的關係言，其基點是「表象」（Species expressa），表象亦稱「心語」（Verbum mentale）。

表象的定義：表象是對象的意向性相似者（Similitudo intentionalis objecti），由「受性理智」所產生，乃理知的結果。

此定義指示出：人的「理知」與對象的「印象」與「表象」相關連。此二者皆是對象的意向性相似者，但彼此間有區別：

①表象（Species Expressa）是由「受性理智」所生，受性理智（intellectus Patiens）乃認識的官能；印象（Species impressa）是由「動性理智」所生，「動性理智」（Intellectus agens）不是認識作用。

②表象是理知的結果（Terminus intellectionis），印象是限定性原理（Principium Specificans）。以比喻言，「表象」是理知行爲的結果，「印象」則是理知行爲的種子；如種子產生了結果，如印象產生表象一樣。

③印象是內在性理知行爲的先件（Antecedens），表象則是內在性理知行爲的後件（Consequens）。

④對象藉着印象被印入「受性理智」上，藉着「受性理智」的內在生命反應（理知），以「表象」表現出來。

⑤表象亦名「心語」（Verbum mentale），卽腦海中的言語，未說出口表現出來者；表象性的「心語」是由「理智」所生，乃認識主體內在的認識所表現的事體，如「心語」般的在內心自己告訴自己所認識的事理。

中世大哲學家多瑪斯未講「表象」，但他以「觀念」（Conceptus）來代表，他並且主張：定義、判斷、推理等皆是人的內心理智的行爲，因此其書中屢次出現「理智觀念」與「理智意向」等字句（Conceptio intellectus, Intentio intellecta）。

由以上所言，士林哲學認爲：

理知是精神性的活動，超過感覺之知；與感覺之知有連繫，因表象而完成。其理由如下：

〔I〕理知是精神性活動

㈠①理知能認識非物質性的事理，此事理是超感官的。②理知能認識感覺事物的本質。③理知可明瞭現在、過去與未來存在事物的超感覺之性理。④理知可在感覺之事物上藉抽象功能認識感覺事物的抽象性理。

反之，感覺認識限於①物質事體，②外在性的具體事物。因之，理性的「理知」行爲是精神性的功能活動。

㈡①理智的理知可以超越所認識的事物對象，由不同的觀念中，形成普遍觀念。②理智可以判斷。③理智可以理論的做學問，組成系統性的哲學，研究出新方法創出新發現，理智常找事物的事理原因。

反之，感覺的知識限制於物質對象的接納，想像只能產生出幻想的事物形像，而不能判斷，也沒有推理的動作，連人的「利害」官能也是來自外物刺激的反應，非來自判斷。

㈢理智的理知可以反省到自己本身，以自我意識超越感覺與認識主體。換言之，理知可以自己爲認識之對象，反省自己。（理知不因活動而減弱或遲鈍，人的感覺常因器官的疲乏或衰老而遲鈍）。

再者，①人的感官是組織性官能，各有其固有的對象，不能自我反省，也無意識作用，因物質性器官無法超越物質體。②感官因爲衰老或有病，感覺的認識功能與活動便衰退遲鈍了。

因此結論說：理知的本質是非物質的精神性活動。理智本身是精神性官能。

〔Ⅱ〕理知與感覺之知相關連

①理知在感覺的事物中獲得「事理」，理知作用便需要內外感官的感覺過程。

②理智判斷亦需要內外感覺的幫助，如判斷的對象是外物，則需要外在的感覺與所感覺的對象，如人的理智判斷花朵美麗，被判斷的對象是經過感官知道的。若判斷爲純理論的，則應有「觀念」的連繫關係，如「全體大於自身的部份」，但「觀念」是來自內外感覺之對象，故理知間接性亦與感覺相關連。推理的活動亦如上述的「判斷」相似。

〔Ⅲ〕理知活動因「表象」而完成

①理知認識的對象該是理性的抽象實有，換言之，感覺性的外在物體不可能「物質」性的進入理智內，應該將物質體由外感覺進入內感官（想像），再由「動力理智」形成「理智印象」成爲「意識」性精神實有，被「受性理智」所認識，此「意識實有」便是「表象」，故理知因「表象」而認識對象。（註一）

②再者，外在對象雖是具體與單個的，但在理知內多爲普遍性的，普遍性來自抽象的功能。如人是理智的動物，「理智的動物」是人的普遍性觀念，抽取自具體性單個人。普遍性的抽象性

理乃理知認識的「表象」。

③工作者應有其固有之對象，如眼目與顏色，耳與聲音；同理理智亦然，理智之理知對象亦應與理知之性質相似，換言之，精神性之理智與精神性之理知活動，其固有之對象亦應是精神性者，此精神性直接之對象爲「表象」，代表所認識之對象物，理知因此與認識對象相合一。

註一：Processus Cognoscendi：Objectum externum→ Sensus externum→ Speciem impressam sensibilem→ Phantasia→ Phantasma（species expressa）→ Intellectus agens（species impressa, ope phantasmatis）→ in intellectu possibili（speciem impressam intelligibilem）→ intellectus possibilis informatus→ speciem expressam intelligibilem（ideam）.

第五節　理智的相關問題

〔一〕人的認識

認識是有靈生物的內在行爲，藉此行爲，使被認識之對象與認識之主體有「意向性」的連繫。換言之，被認識之對象，就認識言，被認識者所注意；認識者，就認識言，注意到所認識之客體，故二者被稱爲「意向性」之連繫。認識主體在認識內不是尋求新的實有，而是尋求認識該實有；被認識的對象也不是尋求新的實有，而是供獻出自己的被認識。因此認識者認識對象時將對象形式化（ Formatio objecti→ informatio ），此形式化之對象乃非物質的實有，被稱爲「意向性」的存有。故認識作用是將外物移入內在；認識是非物質的活動，不受物質的條件限制。但人是靈魂與肉身的合成體，人的普通認識是藉着感官而傳入腦神經中樞，形成外物之形式；而理智的認識是認識事物的本質，透過有形的物體，認識其內中之性理。故「認識」可以定義說：人的內在行爲，可形成非物質的另種形式，使對象與主體合一。

認識就內在存留行爲言（ Actio immanens ）亦稱爲形上行爲（ Actio Metaphysica ）。其性質與物理性行爲不同。物理性行爲多是就具體性事物言，其行動亦是就具體事物論；形上行爲是透過物理事物而注意其事物後或事物內之性理，其行動亦是非物質的。故內在的認識與外在的感覺認識不同；外在感覺有其固有之物質對象，因刺激與印象而認識外在事物；理知則是內在的，精神的抽象作用，透過內感覺的「印象」而產生。

因此結論說，人的理智之本有對象是純理知者，無任何種象存有；若就感覺事物內的「理知」對象言，應將外物先「印象」精神化，（Spiritualisetur per speciem impressam），然後再因「表象」而認識（Per speciem Expressam）。

「印象」與「表象」不是自立體，而是依附體，是在認識的行爲中找到；「印象」與「表象」不是認識，也不是感覺或理知，而是完成認識所必要的條件，因此也被稱爲認識的方法（Species sunt media Cognitionis）。

「印象」被稱爲認識的方法，乃認識者藉「印象」使被認識的客觀物與主觀認識者相合一，故「印象」不是認識者的主要目的——爲被認識者；而是認識的「媒介」，藉「印象」而認識外在的對象。故「印象」不是認識的「終極」點，而是認識的「經過」點。

人在內官認識時，如「想像」及「記憶」等活動時，也以「印象」做爲認識的直接對象，將「印象」在腦海中出現，做爲「反省」的根據；因此，「印象」不被稱爲認識的行爲，其存有則爲認識行爲的條件。

「表象」亦被稱爲認識的方法，因爲「表象」的形成關連着「印象」，印象非外在實體，表象亦非外在實體；「表象」是藉感官而形成，「印象」是由「動力理智」而形成，二者皆是代表所認識的對象實有，故「表象」也不是所認識的對象，而是「媒介」體，藉「表象」而認識對象，故「表象」亦是依附性的實有，意向性的代表所要認識的對象。（Aceidens inhaerens subjecto

(intellectui), Intentionaliter in quantum est similitudo rei intellectae)。

理智的認識與事物的認識不是兩種無關連的認識，相反着，二者乃相關連的一種認識，事物的認識是外在感官的認識，理智的認識是外在事物代表性在腦內的認識，外在事物的認識藉着感覺作用，理智的認識藉着「印象」與「表象」的「媒介」體。

〔二〕人認識物質性事體

人在認識物質事體時，普通言，起自於單個體；單個體乃具體性事物，與認識者的感官相關連。因此，事物的認識起始於感覺的認識。

理智的認識乃普遍性的認識，其活動是理智的抽象作用，或以哲學的「歸納法」，由衆多單個中抽出共同性，歸納成原理；或以哲學的「演繹法」，以普遍的原理爲基礎，推演到單個事物。

以上二者，就認識程度言，感覺性單個的物質認識較明顯，理智的普遍性抽象認識較暗淡；感覺的單個物質認識是直接的，理智的普遍抽象認識是間接的；換言之，感覺的事物之知多爲直觀的，理智的抽象之知多爲間接的；二者就認識之功能言，彼此不相同。

感覺認識物質事物乃直間性直觀的，容易明白；理智認識事物的程序較複雜，不易明白。今就理智認識「物質事體」的過程講述如下：

理智認識物質事物時，乃由普遍到個體，因爲理智的固有對象是普遍的抽象實有。由經驗得知，孩童最開始認識的事物皆是普遍性不清楚者，然後其認識則逐漸清楚，正如沈睡中醒來之人，先模糊中認識外界，然後再逐漸清明。

由理知的本性言，理知是精神性的意向行爲，其固有之認識對象是非物質的實有；對物質性個體的認識，是將物質體抽出性理，將單個物質體「意向精神化」（Intentionaliter spiritualisata），此乃上節所言之「印象」（Species impressa），將此「印象」供給理智，形成認識。故理智之認識外物，由其固有之普遍性開始，而後認識。

由此，哲學家產生詢問道：

㈠就事實言，理智是否認識單獨物質體？

㈡就形式言，理智怎樣認識單個物質體？

就第一問題，多瑪斯及所有士林哲學家皆承認「理智」認識單個物質體，其方式如上所言。

就第二問題，認識的方式，士林哲學家有兩種不同的意見。

①方濟學派與蘇亞來學派主張：人理智的固有對象是物質性個體，因此，理智能直接認識個別物質體。

②多瑪斯及道明學派主張：人理智的固有對象是物質事體的普遍本質，因此，理智是間接的認識個別物質體。

理智間接認識個別物體，是藉着「觀念」與「想像」，觀念來自「想像」（Phantasma），想像是個體事物的代表；理智是認識「觀念」與「想像」的關係。「觀念」如「表象」，「想像」是「印象」，理智藉此而認識想像之源的物體。其程序爲：理智↓觀念（表象）↓想像（印象）↓物質個體。

（理智認識「觀念」與「想像」的關係爲「返射」（Reflexio）作用，或「迴返」「想像」的作用，因爲理智認識物質個體之初步，是藉着想像與想像所形成的「印象」，理智再藉此迴返作用回到外在事物上。）

多瑪斯學派的學說被人所接受，其理由：理智是精神性官能，不能以物質個體做爲相稱的固有對象，只能以物質個體的普遍要素爲相稱的對象實有，此物體的普遍性要素乃理智功能由「想像」中形成，理智是精神性實有，想像是物質性形成，因此理智才可藉想像認識外在事物。

由普通經驗言，我們常判斷單個物質體，此人、此馬、此樹、此花；細分之，此理智的判斷作用包含有普遍觀念與具體感覺；人、馬、樹、花，是普遍概念，存在人的理智認識內；「此」爲感覺，認識所接觸的東西，二者相合，形成認識，乃理智認識了外在的物質個體。

〔宗教學的天主與天使的認識不屬於我們哲學心理學的範圍，因爲二者皆不是物質體，可直接認識所認識的對象物。〕

〔三〕理智認識的行爲

理智認識的行爲有三步驟：領會、判斷、推理。（Apprehensio, Judicium, Ratiocinium）。分述如下：

（一）領會．拉丁文爲“Apprehensio”

領會有「單純認識」的意思，其指意是「理智」的活動，在自己內理會外在事物，或認識對象事物的本質。如看到一個人，意識到該人的形狀，也引起喜歡與厭惡的心情。

單純的領會內包含有：注意、抽象、反省、記憶等行爲。

①注意（Attentio）

注意爲理智的作用，心靈的活動，將人的心思，注於某點或集中某事物上。

注意在感覺認識上，普通的動物也有，如「狗注意主人」；就理智性活動言，注意分自然的與自願的兩種。自然的注意亦名自發的或不自願的注意（Attentio intellectiva involuntaria, seu

Spontanea ），乃外物刺激時，立即引起心靈的注意。自願的注意（ Attentio intellectiva voluntaria ），乃人自己決定對某事加以注意。

因此，注意是一種心靈的活動，關連到人的器官、神經與意識。就實驗心理言，人注意一事物對象時，常忽略其他的事物存在，換言之，將所注意的事物放在其他事物之前。

實驗心理學又言：就認識主體的人言，成人比小孩容易注意，健康者比生病者容易注意，男人比女人容易注意。就認識的對象言，注意一件事情比注意多件事情容易集中注意力；就認識的環境言，在新的環境中容易引起人的注意。

總之，注意是理智的活動，心靈的意識作用。

②抽象（ Abstractio ）

抽象，拉丁語為“ Abstrahere ”，來自“ abs-trahere ”，即「拖出、抽出」等意思。哲學中用此名詞，是就人的理智作用言，由具體性的單個事件中，抽出其普遍的事理。因此，抽象又有「分離」的意思（ Separatio ）。

分離有「物理」的分離，如化學原素分離（ Separatio Physica ），亦有「意向」性分離（Separatio intentionalis ），此處就「意向」分離言述之。

意向分離乃此處所言的「意向抽象」。意向抽象分感覺的與理智的兩種。

感覺抽象（Abstractio Sensitiva）：來自外在的感官與內在的想像，人在感官接觸外物時，感覺的活動，產生印象；內在的「想像」將感覺印象反映出來，使理智活動認識之。

想像所表現的印象皆有具體的形色，理智認識時，將具體的形色分離，認識形色中的性理，如人看到一個人的存在，「想像」中有人的顏色形狀，理智將人的形狀顏色分離，找出人的性理——「理性的動物」，此乃人的抽象作用。

換言之，人看到一隻手錶時，視官接觸到手錶的顏色形狀，感覺將此感受的印象留存於內在的「想像」內，分離了外物的物質體，此「印象」在「想像」內做為理智的接觸體；理智將此印象的顏色形狀分離，而抽出該實有之性理；如放棄手錶之一切形狀顏色，抽出手錶之性理為「計時的工具」。

因此，理智抽象是理智的功能作用，超越感覺的範圍，抽出普遍性的事理。

理智抽象就理智的「行動」與「接受」言，有不同的講述：

①動性理智的抽象言：是將「想像」中的「印象」抽成普遍概念，其過程是由理智印象所產生，理智印象乃事物的本質實有，動力理智清除外在的附屬條件，保留其本質要素。故抽象不是認識作用，而是認識作用的基礎條件。

②受性理智的抽象言，是認識、領悟、理會事物的普遍性。

抽象有兩種，一是全體抽象，一是部份抽象。全體抽象（Abstractio totalis）是由部份的對象中抽出全體性的普遍概念，如由張三、李四、王五等人中抽出人的普遍概念，由人與動物的對象中抽出「動物」的普遍概念；在動物與植物的對象中抽出「生物」的普遍概念。

部份性抽象（Abstractio Partialis）亦名「形式抽象」（Abstractio formalis），因事物的組成有「形式」與「物質」二元素；由整體的事物內抽出非物質的「形式」元素，如由白色物體抽出白色概念；由數目事物中抽出「數量」概念；由人身上抽出人性等。

由以上所言，我們可以結論說：

理智抽象是認識普遍性事理的必要基礎，也是形成理智判斷的必須要素，更是研究一切學問的必然要件。

③反省（Reflexio）

反省，拉丁文爲"Rellexio"，有「迴返」、「返照」的意思，用在心理學上是言「理智之活動，迴返到自己的行爲上」。

反省有三種不同的講法：

ⓐ實有性的反省（Reflexio Ontologica），亦名本體性的反省，乃反省到某事物，爲能更明白的認識之，如反省某人，爲能更清楚的認識他。

ⓑ邏輯反省（Reflexio Logica）：乃邏輯觀念的反省，特別是客觀的普遍概念，應用於理性推論上。

ⓒ心理學的反省（Reflexio Psychologica）：乃反省自己主體所有的行爲，反省行爲的存在，行爲的性質，及行爲的活動情形，如我感覺、我明白、我願意等也可以做爲反省的對象。反省的活動參有人的「意識」作用，知道自己在以自己本身與行爲做爲自己認識的對象。

④記憶（Memoria）

記憶的行爲是將「過去」的事理以現在狀態再認識。

記憶分感覺的記憶與理智的記憶兩種。感覺的記憶是回憶起過去的單個物質體；理智的記憶是回憶過去的普遍性事理。

人記憶起理性的觀念，並可將不同的觀念相聯合。理智記憶與感覺記憶的不同點，一是以抽象的事理爲對象，一是以單個物質體爲對象。

（二）判斷（Judicium）

判斷是理智的活動，乃將新認識的對象事物加以肯定或否定。

中世士林哲學家將「判斷」稱爲「理知」，乃藉「組合」及「分離」的樣式明白所認識的不同事物，「組合」便是「肯定」，組合兩觀念在一齊，如理則學的述詞合於主詞。「分離」是「否定」，分離兩觀念便是理則學內的述詞不合於主詞。

判斷就理智的認識作用言，是「綜合」作用；換言之，肯定與否定的判斷皆是「綜合」兩個不同的觀念，比較其觀念性質的內涵與外延，相合或相反。

由此，哲學家詢問說：

①判斷是理智的行爲？或意志的行爲？

②判斷的本質是什麼？或者，藉判斷行爲人可以認識什麼？

就第一問題，笛卡兒認爲「判斷」是意志的行爲，因爲判斷之基礎在「同意」與「不同意」上。

士林哲學家將判斷歸於理智的行爲，因爲判斷建築在認識上，認識行爲的對象是事物的「眞」或「假」，其事物的眞假認識是理智的行爲，而不是意志的行爲；理智的行爲是認識，意志的行爲是決定，理智認識事理的眞像，意志可以決定「理智」做判斷，而不是意志本身做判斷；故判斷是理智行爲，而不是意志行爲。

就第二問題，士林哲學家有不同的意見：蘇亞來學派認爲判斷建築於主詞與述詞的「明識」上（Perspicientia），換言之，判斷乃「領悟」主詞與述詞的相合或不相合。多瑪斯學派認爲判斷建基於相合或不相合的「肯定」上（Affirmatio），換言之，在「肯定」的意義上，是決定兩個觀念的相合或不相合。因此，判斷的本質是決定所認識的不同觀念相合或不相合，亦正是人所要認識的對象。

（三）推理（Ratiocinium）

推理，拉丁文為"Ratiocinium"，亦有「推論」的意思，乃理智的活動，由已知的事理推論出未知的事理；或由已知的判斷中推出一個新判斷。因此，推理是一種理智的行動（Actus Transitus），由已知顯明者，推論出未知不顯明者。

推理被稱為理智的行為，因為推理不是由感覺經驗直接或直覺得到的，而是超越經驗依理推論追求的。

推理亦稱為由「潛能到現實」的行為（Transitus de potentia ad actum），因為推理的行動對推知的結果是非「現狀」的明瞭，而是含糊不清狀，推理的逐步追求，由含糊到清楚，由不知到明白，最後推出新的道理，因此推理被稱為由潛能到現實的活動行為。

推理是人理智的特點，也是人異於其他動物的特點。

〔四〕人的言語

㈠言語的本性與種類

言語是人心理行爲（理智、意志、感覺）的溝通活動：藉此活動表現出人的心理狀況，如內心的喜怒與悲哀，思想的表達與意志的意願等。因此，言語被稱爲約定的聲音，聲音就本身言沒有意義，但經人約定限制後，則聲音有固定的指意，合成不同的語音，成爲溝通意見的言語。

言語亦稱組合性現象（Phaenomenon Complexum），配合人的官能活動，因此嬰孩與動物等沒有言語，只有叫喊的聲音，由聲音的疾緩高低，可以領略該聲音之喜怒哀樂的大概意義，但不能如人似的有規律與節奏等言語的表達，也沒有人完善的發聲「器官」表達出聲音的技巧，因此，嬰孩的器官未發育完善，不能有完整的語言表現，也不能完整的表現出自己內心的意願。

㈡言語的種類

①手勢的語言（Locutio Gesticulata）：乃以手勢來表示言語的意義，如聾啞人的言語以手勢表示之，亦名手語。

②書寫的言語（Locutio Scripta）：乃以文字或彫刻的記憶留在紙上、石上、本上、竹上等，如書本內的言語，因此書寫的言語亦名「書語」。（Locutio Scriptura）。

書寫分：象形文、錄音、畫象三種。

象形文（Scriptura ideographica）：象形文書寫亦名符號文字，乃藉着外在的記號直接表現出觀念。如中國早期的象形文字、（犬）、（舟），象形文開始於早期的原始社會，藉着事物的模仿，表現出該事物的存有與意義。

錄音（Scriptura phonographica）：錄音書寫是將聲音記錄於記錄盤或記錄帶上，乃藉聲音表現出內在的觀念，錄音書寫簡稱錄音。乃將不同的聲符記號留在記錄盤或記錄帶上。藉約定聲音而成的言語表現出觀念與思想。

畫象（Scriptura hierogliphica）：亦名繪文字，乃由象形文字演變而來；如漫畫家藉不同的事物等指出另一種含意。

③口語（Locutio Oralis）：乃由人的口舌器官與聲音的頻調所形成。換言之，口語是人的特有技能，可將內心的觀念、思想、情緒、感覺，以各種頻率的語調，藉口舌表現出來。乃人際間溝通的必要條件。

㈢言語與觀念

言語與觀念的問題，起始於中世的神哲學家，尤其傳統主義者（Traditionalismus）認爲：觀念的產生來自於言語的傳授。因此早期的神哲學家認爲天主的道理皆是由口講的言語啓示給人知道的。天主教會受此學說的影響，將教會信德的道理與超理智的信仰，歸於耶穌的講道與先知的口傳。如天主存在、靈魂不死等道理皆與傳統口述相關連。

就哲學的觀點，傳統主義的學說有其錯誤，也有眞實處。分言如下：

其錯誤的理由：①理由不充足：傳統主義認爲一切來自先輩的口語傳授，則無法講述由後天推理與抽象所形成的普遍概念，因語言也是表示後天觀念的。況人的知識很多是由人的理智活動與推論求得的。

再者，將一切知識觀念來自傳統的傳授，則無法區分本性的眞理與超性的眞理；一切教會的道理與信仰也無法以理性解釋。缺乏理論基礎的道理，容易流入迷信，使人的宗教信仰產生危機。

②其眞實的理由：依傳統主義的主張，人的語言傳遞觀念，使許多事理容易快速的明瞭。如老師的口述講道、讀書（將話語注入在書本內）、演講、辯論，及一些社會性的生活。

就宗教信仰言，教會的許多教規及倫理規範也是口頭講述與書寫下來的。對社會的普通倫理道德有很大的價值。

㈣言語的價值

言語的價值與用途乃是大家所公認的。尤其是在心理、學問、社會生活上更爲重要。分述如下：

①就「心理」言：ⓐ人是理性的動物，將心理的思想與想像，藉「言語」表現出來。ⓑ人求知欲旺盛，藉著言語的講述，人能更清楚明白的獲得知識；ⓒ感覺的知識，藉言語的講述，能連繫理智的知識，使人心理充實與愉快的生活着。

②就學問言：特別是就文學與詩詞言，藉着言語的講述，能幫助詩詞、文藝與學問的產生。

③就社會言：人是社會性的動物，藉言語的溝通，更使社會生活充實與活動；因此言語被稱爲社會的鎖鏈，世界人類藉着不同語言的學習與溝通，使心靈溝通，文化交流，經濟合作，政治協助，形成一個和諧美好的人類世界。

㈤言語的產生

言語的產生不是就語言學，講述語言怎樣由人的口舌生理或腦神經產生的問題；而是就哲學的立場，講述語言是觀念的表現與溝通人類意見的。因此，哲學家詢問：

人是否爲言語的發明創造者？

就人的言語產生的問題，哲學家有不同的意見：唯物主義，進化論，一些語言學家（Wundt，Humboldt）認爲：人的有語言是來自天然的機能與聲音的重覆。宗教徒及傳統主義者認爲言語是來自神的賜予。士林哲學家認爲言語是理性之人所有的特殊功能，因爲人是理性的動物，有思想、有理智，人藉自己的理智功能想出方法表現出自己內在的各種思想，其「言語」便是理智之人表現思想的最佳方法。因此士林哲學家認爲言語是人內在觀念的外在表現，人有技巧的功能善用自己的聲音，改變自己的音調，以表現出自己內心的意願、思想與觀念。神學家將此功能歸於神給人的特殊恩惠，唯物進化論認爲是人特有的機能表現，皆是就不同的觀點講論之，士林哲學家的說法更富於哲學的理論與講述。

總結：撮要

（一）普遍觀念存在

觀念與概念有相同的意義，乃是代表一件事物的普遍性。一總的哲學家，除了經驗論與感覺論者皆主張有普遍性觀念存在。經驗論者認爲人的認識僅限於經驗性的事物；早期的戴茂克里都士與原子學派，近代的陸克及康底拉克、及聯想派（Associationismus）皆如此主張。

普遍觀念存在的證明，有下列理由：ⓐ觀念可不代表單個物體，ⓑ觀念可關連到物質實有與精神性實有。ⓒ觀念關連到物體的「關係」性。ⓓ觀念可形成判斷與推理。

否認普遍觀念存在者，導引到：ⓐ否認人與普通動物的區別性，ⓑ否認人能學習與傳授眞的學問。ⓒ否認人能認識與明瞭超感覺的性理。

普遍觀念的存在，證明出人有超感覺的認識能力，此能力乃人的理智功能。

(二)理智的對象

為容易認識理智的本性，該從理智所認識的「對象」著手，因為官能關連着活動，活動關連着對象。

人的理智之對象可就兩方面講述：

①人理智的對象就純對象言，是實有，換言之，實有事物就「實有」言，是人理智的固有對象。

②人理智認識的對象就生命與肉身結合的官能言，（人是靈魂與肉體組合的），其固有之對象是物質事體的本質（Essentia），換言之，理智在可感覺的事物中認識其理解性。

實體論與生成論者不贊同以上的學說。實體論者（Malebranche, Gioberti）認為人的理智由天主而來，並在天主內認識一切事物。生成論者認為人的觀念是天生的，不是由感覺得來的。柏拉圖主張觀念生成論，但他主張由於感覺的刺激，使觀念重新復甦，笛卡兒認為一總的觀念皆是生成的，因為認識是靈魂的本質。萊布尼滋認為觀念生成說，只是能力性而非理智性。勞斯米尼認為觀念生成說只是就實有觀念言。

③士林哲學家的理由，以「實有」做為理智認識的對象，此實有可在一總的事物內找到。

④理智認識的固有對象不是實有論所言的「天主之直觀」；否則，人對天主的認識不能有錯誤或疑惑了。實有論將實有引領到唯理論，汎神論的領域內。

⑤人理智的固有對象是在可感覺事物的可理瞭性理，其證明來自：ⓐ後天的，由語言後抽象獲得的；故缺乏某官能，便無該官能所有的觀念，如天生的瞎子無顏色的觀念。ⓑ由先天言，存有的樣式應與認識的樣式相等，人為靈魂與肉身的合成體，應有肉體的感覺官能關連到人理智的認識作用。

⑥由人理智的固有對象關連到理性認識的各種作用，如明瞭、推理、意識、記憶等，這一切認識作用皆與人的理智官能相關連。

(三)理智與對象的合一

討論理智與對象之合一，應注意「對象」與「理智」之實有性質，理智是精神性的實有，其對象不能是物質性的事體，理智的活動是精神性的行為，不能藉感覺與想像接納物質體，因感覺與想像皆是屬於器官性的官能，而非精神性的行動。因此理智與對象的結合是藉着精神性的相似者，此「相似者」被稱爲「理智印象」（Species intelligibilis impressa），藉此精神性與意向的相似，使對象與理智產生作用。

理智印象因爲屬精神性者，應來自靈魂生命的精神官能。人的理智分「動性理智」與「受性理智」兩種，動性理智不是理瞭（Intellectus agens），而是將對象成爲「可理解者」（Intelligibile），如將外在的事物抽成本質實有（Essentia），受性理智（intellectus Patiens）是明瞭，藉着限定的印象理解與認識。動性理智與想像（Phantasma）一同產生出印象，因爲想像關連着外物的存在。

（四）理知的性質

①理知（Intellectio）乃理智的功能認識，是內在的精神性活動，高於感覺認識，形成觀念表象。

表象（Species Expressa）是對象的意向性相似者，由受性理智所產生，乃理知的成果。

②理知亦名理智的認識乃高於感覺的認識，因爲：

ⓐ由對象言：理知是認識非物質性事物；認識事物的本質，以非感覺的方式認識性理。

ⓑ由理智的活動言，可形成觀念、判斷、與推理。再者，理智有迴照反省的能力，理智不因

活動而減低其功能效力，因爲理智是非物質的。

③理知與感覺認識結合，因爲人是靈魂與肉身合一的，人的理智活動屢次與感覺相連合，如單純的認識、判斷、推理等作用，人需要感覺官能的幫助。

④理知與表象而完成，因爲在理知的行爲中，對象是以「意向實有」而存在。對象雖是單個具體的，而在理智內是普遍性存在着。理智由印象、表象而與對象合一。

（五）人的認識

人的認識，普通言，是內在的行爲，乃外在的對象與內在的主體（認識者）相合一，爲認識主體尋找被認識對象的形式。

認識作用是非物質性的，換言之，將被認識的物質對象變成非物質的「意向實有」，呈現於自己的認識內，因此，有人稱認識是形而上的行爲。

事物的印象與表象在認識內，是就「對象」言。否則，認識的官能無法與對象相結合。換言之，認識應該藉着種類（Species）之象而認識。

因此「種類」之象被稱爲認識的「媒介」體，印象是認識的形式原理，表象是認識的結局，此二者皆是認識的方法，藉此方法認識外在所要認識的對象。

（六）理知之對象

理知的對象是物質事物、靈魂、天主。

理知認識物質體是抽象普遍性的，藉着感覺的想像、表象而形成，因爲物質事物不是精神性理智所認識的合適對象。只有將物質對象「意向化」才能使理知認識。

理智認識靈魂及天主是推理爲比擬式的認識，因爲此二者的本質存有皆超過人的認識功能，藉精神的功能推論出有生命性的靈魂，藉有限的人性功能推知天主是無限的功能。

（七）理知的功能認識

理知的功能認識是：注意、抽象、判斷、推理。

①注意（Attentio）：乃理智之活動，在外在的對象中特別注意於一點。

②抽象（Abstractio）：是一種分離作用，但非物理性區分，而是意向性的區分出來（Separatio intentionalis）。

抽象可分爲：感覺抽象與理智抽象兩種：

感覺抽象稱爲非本有的抽象。理智抽象稱爲本有的抽象，其內涵又分：動性理智抽象與受性理知抽象，動性理智抽象是將外在單個體形成普遍性的「種」概念（Species），受性理智是將觀察所抽的普遍性，將之形成全體抽象或形式抽象。

抽象在人的認識上是必經的過程，尤爲做學問必有的基礎。

③反省（Reflexio）與記憶：乃理智的活動返回到自己的行爲上，換言之，人在自己身體的意識內，反省自己的行爲。

④判斷（Judicium）：判斷是理智的行爲，判斷的本質不但是邏輯學所言的述詞與主詞的相合或不相合，而是「肯定」與「否定」認識的「同意」作用。

⑤推論（Ratiocinium）：乃理智的活動，由知道到不知道，理智可推論出新的事理，推論就靜態言，是由潛能到現實的過程活動。

（八）人的言語

人表現自己的觀念及溝通人際間的關係，需要言語。言語分手勢的語言，書寫的語言，及口述的語言三種。

傳統主義者認爲我們的觀念來自於語言的傳授。但傳統主義的理論不充足，輕視了人的理性，也混亂了宗教的信仰。傳統主義亦有其價值處，對心理的思想傳達、學問的傳授及社會的溝通，皆有大的幫助。

言語的產生可從事實及學理討論，就事實言，人皆有自己的語言表示出自己的意見，宗教哲學家認爲是來自天主的恩惠付予。就理論言，人有自己的觀念，可以藉聲音的技巧，調整聲音的高低快慢，以表現自己的意見。故言語是人特有的優長。

(九)人認識的過程

人認識的相稱對象，雖皆是實有(就實有論實有 Ens in quantum ens)，但其固有之對象皆是感覺事物中的實有性理，換言之，理智有能力將物質性事物形成自己的抽象認識。物質事體被外在的感覺接納，在想像內呈現，因爲外在的感覺行爲及想像皆是認識的行爲，產生出意識作用。

被接納與想像的事物體不是直接可理解者，應藉着理智印象而精神化，成爲事物的精神性相似者，在意向內與事物相關連。

印象就精神體言，應產自精神性官能，此被稱爲「動性理智」，但印象關連着物質事體，需要「想像」的合作；想像也因之被稱爲動性理智的活動工具了。

動性理智不是理知與明瞭，是產生出可理解者，因此印象的產生不是認識的行爲，是爲準備認識行爲，故表象不是意識行動。

受性理智是眞的認識理智，由印象而限定對象，藉「表象」而認識所接納的事物。其過程可以下圖表示之：

認識的官能：外在器官，想像、動性理智、受性理智。

參　考　資　料

①亞里斯多德：Met. III, 6, 1003a; X. 10, 1087a; De Amma, Ⅲ. 4, 429a; Ⅲ. 8, 431b; 432a;

②多瑪斯：CG. Ⅱ. 66; S.T. I. 88, 2ad3; Comm in De Amima. let. 7. S.T. I, 5. 2;I. 79; 7et9; I. 82; 4. adI; I. 87, 3, adI, I, 105; CG.; Ⅱ. 98; Ⅲ. Sent. 14, 1.2; 2.4; De Malo:6, I; S.T. I. 2.4; I.84; I.85, 1; CG: II.83; De Ver: 4.2; De Ente et Essentia:6; S.T. I.12, 4; 84; 7; 83. 1. C.G. Ⅱ.76; Ⅱ.73; S.T. I.84, I; De Pot. 8.1; 2.5, De Ver. 8.6; CG: 1, 100; De Ver. 2.6; CG. Ⅱ.75, IV.11; De Pot, 8; S.T. I.86. 1: De Ver: 10.5; 10.8. ad8; 10.12, ad7.

附錄：理智的性質與範疇

（壹）理智的行為與感覺的行為有本質的區別

（一）名字

理智，拉丁文為〝Intellectus〞，乃精神性認識官能，其本質優於感覺認識。感覺認識是人的外在感官作用，認識物質性的具體事物，理智可透過感覺，認識感覺不到的物質事理。

感覺官能，普通言，有外五官與內四官，此類官能，人與動物相同；但人的理智官能是精神性的內在官能，只有理性的人所有，也因此特性，人優越動物。

官能感受的區別分本質的區別與依附性的區別兩種，依附性的區別是就官能感應的程度深淺不等之情形言，本質的區別是就感官感受的本質殊異而區分；感覺有感官的器官組織，各有其固有的感受物質對象，則如眼目與顏色，耳朵與聲音；同理，理智所認識的對象是事物抽象的性理，其本身的存有也是精神性的官能，因之，與感官的感覺有本質上的不相同。

（二）哲學家的意見

哲學家對以上的學理有不同的意見：

①感覺主義者（Sensismus）：理智的功能與行爲只是「聯合作用」（Associationes），意向性的混合，感覺再生的形象，爲較高級的想像。早期的Protagoras, Democritus。唯名派（Nominalistae）否認普遍的觀念存在。近代的Lock, Hume, Candillac等皆如此主張。

感覺主義者影響到實証論與經驗論的思想，否認人有超感覺的認識。

②聯想主義者（Associationismus）：理智的功能作用只是聯合作用，將感覺過的印象再重生聯合之，Hume, James Mill, Spencer. Taine等皆如此主張。

聯想主義者屢次與生理學家的思想（Physiologismus）接合，生理學家主張人的聯想作用是與物質性大腦的功能相同，換言之，聯想是人大腦的功能作用。

陸克（Locke）則將聯想作用，分爲單純的觀念與複合的觀念；單純觀念是感覺性質的表現，或純由內外的經驗而形成，表現出形象、思想，意願等印象。複合觀念乃理智的行動功能由許多單純的觀念所形成，換言之，將許多單純的觀念加以連合或分解而形成。如人的觀念物體、生物、有感覺、有理性等，是由許多不同的觀念聚合一齊，決定人的存有。單純觀念彼此區分不相同，但聯合一齊，便形成了人的觀念了。故人的認識也是許多單純觀念的聯合作用，認識事物體是如此，認識事物的關係也是如此。

③士林哲學不贊同感覺主義與聯想論的思想，而主張理智的行為與感覺的認識是本質上區別，認識性質更超越感覺的認識。其理由如下：

ⓐ理智可形成普遍觀念（Universale），普遍觀念與感覺所得的單純觀念完全不同；換言之，單個感官所形成的觀念皆是具體的單純觀念，而非普遍觀念。

ⓑ理智可認識事物間的「關係」性（Relationes），而感覺認識是一個一個的彼此獨立的，如眼目與顏色，耳朵與聲音，鼻子與嗅味等。

ⓒ理智可以判斷、推理、做學問，而感覺作用則不能。

ⓓ理智可以認識事物的本質實有（Essentia），由具體事物中抽出來；而感覺只能認事物的外事形態、顏色性質等，而不能認識事物的抽象本質——事物所以形成的基本實有性。

ⓔ理智不但可以認識我們人的內在行為，還可以以自己做為認識的對象，將認識的我與事物性的我（人身）分開。

因以上的理由，理智作用與感覺作用不同，其功能超越感覺，其性質存有也優於感覺官能。

㈢因以上理由，士林哲學家不贊同物質主義與聯想主義，因爲①他們無法講解理智作用與感覺作用的區別點，也無法講解理智各種不同功能作用的現象原理。②他們以感覺印象形成的「聯想」，是一種接受性（Passive legibus）的機械作用，常按一定的規律循環活動，不能有越規的思考及突破性的推論；而理智的功能作用，不受感官的限制，可自由思想，依邏輯思維推論，並創新發明。故士林哲學不贊同唯物主義及聯想主義的思想。

〔貳〕理智的行爲不是由物質生，而是來自人的靈魂，但在世上，則與人的大腦相關連

（一）名稱講述

此節講述理智行爲的原理、本性、與身體器官的關係。

此節所講理智的行爲是就理智的單純功能作用言，如「觀念」的獲得，理智的「判斷」與「推理」等。

理智的行爲不屬於「物體」，此「物體」是指的外在性的物質實體。

理智的行爲由「靈魂」所產生，此「靈魂」是指的組成人之基本元素，其性質是精神體，內

在不佔空間者，其本質與物體完全不同，但與物質的人身組成一個活人存有。因此，靈魂被稱爲理智行動的原理與主體，因人靈魂之存有，才有人的理智行爲之活動。

理智行爲被稱爲「精神性」活動，因爲理智行爲不是由物質性實體所產生，換言之，理智行爲不是物質實有的產品，物質實有只能產生出物質產品，而不能產生精神性活動；故理智與其固有行爲皆非物質性產物。

精神性的理智與行爲雖來自精神性的靈魂，但人是靈魂與肉身的合成體，就人理智的具體活動時，與人的物質性「大腦」有關連。

理智行爲與大腦相關連，非就理智行爲的存有言，乃就理智行爲的活動言，換言之，當人的理智行爲活動時，（觀念、抽象、判斷、推理），外在的與人的物質性大腦相關連；因爲人是靈魂與肉身合成體，人有精神性的靈魂與物質性的肉身，人的精神活動必與物體的肉體相關連，因此人的身體非純物質體，而是精神化的肉體（Corpora Animata），人的理智行爲受精神化肉體所限制。

人身的組成器官，除外在的感覺器官負責接納作用外，一切感覺印象等皆由神經系統貫澈腦部，故人的理智行爲也關連着人的大腦（Cerebrum），此大腦被稱爲靈魂化的器官（Organum Animatum），理智行爲活動的外在工具。

（二）哲學家的意見

①唯物論者（Materiatismus）主張：世界的事物與現象皆是物質的結果，除此以外，沒有其他精神實有存在。

②感覺論者（Sensismus）：感覺與理智沒有本質的區別，感覺認識與理智功能也沒有不同，皆是感覺的事情，人的聯想與滲合等作用，乃理智的行為，可稱為高等想像之功能、休謨、陸克、康底拉克等皆如此主張。

③聯想主義與今之感覺論合為一，稱理智作用乃感覺作用再生的聯合作用而已。

④士林哲學家（Scholasticismus）：

(1)士林哲學家認為理智的活動是精神性的行為，不可能來自物質性原理，應來自精神性的實有：此精神性實有便是人的靈魂，因為行為與原理，應相等屬，此乃因果的關係。（Proportio inter modum cognoscendi et modum essendi）；但人的理智在實際活動時，需要外在性的物體器官——大腦相配合。其理由如下：

理智的行為超越由感覺認識所接納的限定印象，換言之，理智的行為不受感官知識的限制，而能超越獨立之，因為理智的活動不但是接受性領悟，而更能行動性的創造，如抽象、判斷與推理等。

換言之，理智的抽象活動是經具體的事物中抽出其普遍性，此抽象的普遍性是超越時間與空間的；並藉着抽象觀念可形成判斷與推理的作用。

再者，理智的推理與活動，可藉感覺所得的接受資料，往前推演，如：由依附性可推知事物之本體，由效果可推知原因，由現在可推知未來，由物質體可推知非物質實有；並藉着已知的資料可做成學問，創出新知識。這一切功能現象皆不是純物質感覺性的官能所可形成的，而是超感覺的精神理智所獨有。此理智功能來自精神性的靈魂。

(2) 士林哲學家認為在現世生活中，理智的行為與物質性的大腦相關連，其理由如下：

人是靈魂與肉身的合成體，靈魂是精神的，肉身是物質的，而人的精神性活動與靈魂化的肉身相關連，因為由事實證明，大腦發育未成全的孩子，沒有理智的功能現象，或者老人因大腦退化，或因腦部疾病，則理智的功能活動也減低作用；甚至，人因身體的衰弱、或大腦因長久活動而疲乏，則理智的功能作用也減弱。因此，可以結論說，人的理智行為是與物質性大腦相連合着。

再者，理智的活動─抽象、判斷、推理等，皆需要抽象的觀念存有，而衆多觀念的獲得與認識皆需要感覺官能的配合，如顏色的觀念由眼見而來，聲音的觀念由耳聽而來。人內在的「想像」官能，更是理智活動不可缺少的工具；如「印象與表印」（Species inpressa—Species Expressa)

的形成，皆與「想像」（Phantasia）相關連，相隨着，理智的活動也與感覺性物質器官相關連。

理智活動與物質器官的關連是外在（Concursus Extrinsecus），而非內在本質的，因爲理智的活動是精神性；其來自精神性的靈魂，而非來自物質性的器官；但理智的功能活動是藉着物質性大腦，換言之，理智作用直接的以物質性大腦或間接的以感覺性器官爲工具而活動，因此稱理智活動與官能是外在性的關連結合。

〔叁〕理智與觀念

（一）名字講述

理智與觀念不是先天的蘊含着，而是後天獲取的；其獲得的程序是經過經驗的感官，理智由感覺經驗的事物中抽出普遍的觀念。

觀念，普通言，被稱爲「對象的意向相似體」，觀念的產生是理智由感覺的認識抽出來的，感覺的認識是經驗性的，經驗普通分爲「外在的」與「內在的」兩種。外在的經驗是就外在存在的事物與外在感覺的官能言，藉感官的感覺先形成外在事物的印象作用，因此，觀念也稱爲內在性大腦內的意向代表物。內在的經驗乃就人的內在生理行爲之意識言，將外在的感覺在內在生理上形成知覺、意識與印象。

理智獲得「普遍觀念」（ Idea Universalis ），不是純被動式的接納與反應，如感覺的印在腦海內，而是理智行動式的抽取獲得。換言之，理智由感覺認識的事物中抽取事物的本質要素，以形成事物的普遍觀念。此抽象行動是將認識對象的特殊形體分離之，找出事物的普遍性理。因為就人的認識過程言，人獲得的第一觀念是由感覺獲得的，理智再由許多單純觀念中分析、比較、聯合，而形成普遍性觀念產生。

（二）哲學家的意見

①感覺論者（ Sensismus ）認為：觀念是感覺的依附性聯合、陸克、休謨等如此主張。

②生成論者（ Innatismus ）認為：觀念是人天生就有的，藉着後天感覺的刺激而表現出來。柏拉圖、笛卡兒等如此主張。

柏拉圖（ Plato ）：觀念是永遠的，其本質不可改變的，故觀念不是由可改變的物質體產生者。柏氏認為觀念來自人的靈魂，在靈魂與肉身結合以前已含有觀念存在着，藉着肉體感覺的刺激機緣，觀念便重新甦醒起來。（靈魂與肉身的結合是靈魂受罰而下凡，如坐監一樣）

笛卡兒（ Cartesius ）：觀念是生成的，在理智內是潛伏性的存在着，藉身體官能的刺激活動，在人的大腦內產生出觀念，此觀念爲外在對象的代表物。

③本體論者（Ontologismus）主張：理智不能由物質事體內產生出觀念，因爲物質體不可能有精神性的官能活動，故觀念是直觀性的來自天主。Malebranche，Gioberti皆如此主張。

④非理性論者（Irrationatismus）認爲：超經驗的事物觀念不是由理智的推理獲得的，而是非理性的直接領悟（Immediata Apprehensio），此領悟是純情緒感受的。故觀念不是推理所獲得者。

⑤傳統論者（Traditionalismus）主張：觀念的獲得是由上代往下代傳遞的，其最早的起步點是由神的啓示告訴的。

⑥士林哲學派（Scholasticismus）：士林哲學家認爲觀念初步由感覺經驗獲得，並藉着理智的抽象作用形成了普遍觀念。其理由如下：

人有觀念，第一步是由感覺經驗與感官功能而獲得，因爲缺少某感官或某官能作用，便沒有該官能所形成的觀念，如天生的瞎子沒有顏色的觀念，天生的聾子沒有聲音的觀念。由此顯明，人的第一步獲得觀念是藉着外在的感官作用。

人藉着感官形成的物體印象是具體單個的，換言之，外在事物的個體印象有其固有的顏色形狀，人的理智可從衆多不同的印象中分辨其異同，以分析與比較的功能活動，放棄相異處，滙合相同點，並將相同點形成該類事物的普遍性，成爲事物的本質；此普遍性本質便是事物的觀念，如人是理性的動物。因此觀念在知識學內言：「是事物在腦內的替身」（由初步的感覺印象言），「觀念也是事物的普遍而抽象的認識」（由理智的功能作用所形成）。

因此，士林哲學家不贊同：感覺論、生成論、本體論、傳統論、非理性論等學派的主張。

〔肆〕動性理智（Intellectus Agens）

（一）理智的意義

人的理智功能分動性與受性兩種，動性理智（Intellectus Agens）與受性理智（Intellectus Patiens）的區別，後世學者有不同的意見，普通言，有下列講法：

動性理智（Intellectus Agens）：乃精神性的官能，其本身不是理知或理解作用，而是在「受性」理智上形成印象（Species Impressa）。（註一）

受性理智（Intellectus Patiens）：亦名可能性理智（Intellectus Possibilis），乃理解性的官能，或稱爲接受性或可能性理智。受性理智是就理智的本體言，不就認識行爲講。理智就本身言，有「印象」與「認識」的能力。（註二）

理智認識事物的性理時，發生的問題是「精神與物質」的接觸問題，理智被稱爲精神性官能，物質是外在的具體性實有；精神官能與物體的接觸應藉着精神化的媒介體，生物學家稱此媒介體爲「想像」（ Phantasma ）。

想像是人的內在官能，幫助理智產生觀念。想像是理智與物體間的媒介物，被稱爲「間接」性幫助觀念產生。想像與觀念之間存有動性理智所形成的「印象」存在。

想像被稱爲「間接性」使理智產生觀念，乃因爲藉着想像的印象到表象；否則，不經過想像的「印象」而產生表象，理智不可能直接產生出表象的觀念出來。

象．就拉丁文“ Species ”言，有「種概念」的意思，與“ impressa ”及“ Expressa ”組合，便成爲心理學的專有名詞，“ Species impressa ”稱爲印象；“ Species Expressa ”稱爲表象，二者皆就認識對象之種類概念言。

「表象」（ Species Expressa ）被稱爲觀念本身（ ipsa idea ）或稱爲現實的代表（ Actus repraesentens ）。（代表行爲）

「印象」（ Species impressa ）亦稱爲可理解之象（ Species intelligibilis ）或「安置」性觀念（ idea dispositiva ），乃對象的相似體連合於認識的理智上；換言之，理智藉印象可以認識外物對象。

印象的本質不是認識，也不是被認識者，而是認識的工具，藉此工具以形成認識。

理智認識對象時關連着「想像」（ Phantasma ），想像不是直接推動理智認識，而是幫助理智產生印象；換言之，想像與動性理智共同合作產生出印象，因此二者被稱爲印象產生的共同原理。動性理智是共同原理的行動因，使非物質的印象印上；想像是共同原理的工具因，使限定的對象被印上。因此，形成了認識的下列程序：

外在對象經外在接納器官的接觸，於內在「想像」上（ Phantasia ）產生影印（ Phantasma），「動性」理智藉「影像」在「受性」理智上形成印象（ Species impressa ），受性理智因「印象」作用呈現爲觀念，此觀念亦名「表象」，理智藉此觀念表象回到影像，形成判斷等認識行爲。（註三）

註一：Intellectus Agens : est facultas spiritualis, quae ipsa non intelligit, cujus unicum munus est ut in intellectu patiente species impressas producat.

註二：Intellectus Patiens :（ Seu Possibilis ）Est facultas intellegendi quam simpliciter intellectum vocamus, dicitur patiens seu possibilis, quia de se spectatus, actus habet neque cognitionem neque speciem impressam sine dispositionem ad cognitionem. Ad cognitionem et speciem impressam habendam est in potentia.）

註三：Processus Cognoscendi：objectum externum impressionem facit in organum externum perceptivum, Simul oritur phantasma. Hoc phantasma deinde determinat intellectum Agentem ut una cum phantasmate efficiat in intellectu possibili speciem impressam. Intellectus possibilis instructus specie impressa producit ideam seu speciem expressam, seu aetum cognitionis, ——Psychologia Rationalis.

（二）哲學家的意見

亞里斯多德、大雅爾伯、聖多瑪斯，及大多數的士林哲學家皆主張以上的意見。分理智爲動性及受性兩種，印象與表象之區別，感覺及想像的關係等。

少數士林哲學家否認印象及動性理智之存有。（Occam, Palmieri）等皆如此主張。

士林哲學家認爲：理智是人的精神性官能，其認識作用應藉着精神性者；想像是屬於精神性的範疇內，動性理智乃精神活動，二者合作，可在精神性的實有中產生認識作用。

士林哲學家又言：只有「想像」，若無動性理智，不足以講述想像怎樣能直接的與認識官能發生作用。因爲想像是物質官能，在大腦的靈魂化器官內；而理智官能是精神性的，存在於靈魂內；若無動性理智活動，則不易講解精神性實有怎樣與物質性器官的直接結合作用。

再者，想像代表的對象是單個體的，而理智的認識是普遍性的，二者也不易講解，「單個體對象怎樣能代表出普遍性的相似體」。

因此，士林哲學家認爲該有「印象」存有，此「印象」由動性理智所產生，因爲「想像」是物質性者，不可能產生出精神性功能。只有理智分動性、受性、影像、印象、表象等原理，才能清楚的講述理智認識物體的過程。

（三）影像與印象之關係

人獲得外在認識，如上節所言，外物在感官上產生變化，在想像上產生影像（Phantasma），動性理智將影像在受性理智上產生表象，乃爲觀念；因此，影像是與動性理智共同產生印象（Species impressa）者，二者亦被稱爲產生觀念的共同原理。

動性理智，就本身言，無所行動，其活動應藉着其他原因。

影像不能產生精神性的「印象」，只能呈現出對象的相似物，但理智活動時，需要影像的資料。在受性理智上形成印象。

因此，影像也被稱爲動力因（Causa Efficiens），但其性質是工具式的動力，使動力理智藉其影像而形成事物的印象。因此，也有哲學家稱影像是模型因或質料因（Causa Exemplaris vel Materialis），因爲影像給動力理智形成印象的樣式與資料。也由此，哲學家稱「影像」限定了（Determinatio）動性理智的活動，並指定所產生的印象。

（四）動性理智的職務

動性理智之活動職務，乃在影像中抽出（Abstrahere）「種」像（Species）。（Abstrahere species a phanlasmatibus）。

聖多瑪斯認爲：動性活動在產生印象上，所抽出的皆是普遍性，將對象的個別性遺留在影像上，因爲個別性皆是物質個體所獨有的。動性理智藉着由物質上抽出的「種像」，形成可理解的精神性事理。

受性理智因動性理智所形成的印象，而形成表象，表明對象事物。

動性理智與受性理智之區分，乃亞里斯多德、大雅爾伯、多瑪斯等人的意見。否則，無法講解物質對象被精神性的理智所認識。

方濟學派、蘇亞來等（Scotistae，Suarez），不贊同理智區分爲動性與受性兩種。並言，若强分之，只是理論的區分（Distinctio rationis, non est distinctio realis），而非眞實區分，因爲理智是一個靈魂的精神官能，有抽象及表象兩種功能作用。若勉强稱謂之，受性理智可代表二者，因爲受性理智有能力產生出「表象」的觀念，形成認識行爲等。

〔伍〕單個體的認識

（一）理智是否能認識單個體

理智的功能，主要的是認識事物的普遍性理，理智也可以認識單獨的事物；但單個對象是物體性的，而理智是精神性的，二者怎樣產生結合作用？換言之，理智怎樣認識單個的事物？

哲學家對此問題有不同的意見：多數士林哲學家認爲：理智能認識單個體，並區別出該單體與其他個體不同；但此認識是認識事物的外在依附體，而非事物內在的本質性理。

加尤唐等（Cajetanus）等則否認理智有物質性的認識，因爲理智的認識功能是精神性的。

（二）理智認識單個體的樣式

多瑪斯學派與多數士林哲學派認爲：理智認識單個體是間接式，藉着「廻返」作用（Reflexio）而認識。其理由如下：

①理智的本有功能是認識普遍事理，其過程是感官呈現對象時，理智立即抽取其普遍性；其對象的單個體是藉着「廻返」在「影像」內去認識。（Singulare autem per reflexionem vel conversionem ad phantasma aprehendit）。如人看到「玫瑰花」，理智內有玫瑰花的普遍觀念，理智在廻返到「影像」內（Phantasma）將普遍玫瑰花的觀念與該單個玫瑰花的存有相結合，認識了該朵紅玫瑰花。

②方濟學派（Scotistae）與蘇亞來士（Suarez）認爲人的理智直接便可以認識單個體，不需要「廻返」到「影像」內去認識，因爲理智能認識普遍觀念，也可以認識單個體種類的有關觀念，並認識外在單個體。

由以上兩派意見，理智認識的先後程序也有不同的講法。多瑪斯學派認爲，理智先認識對象的普遍性，然後再認識單個對象體，其程序由普遍觀念廻返「影像」內，與影像之單個體相組合而認識。

蘇亞來等認爲，理智認識事物的普遍性是由許多單個體抽出的，既由許多單個體抽出，其認識的程序，該先由單個體開始，然後再有普遍的觀念認識，故理智可以直接在影像內認識單個體物，不需要再經過廻返作用與個體對象相結合。

以上二者的意見，各有學者所遵從。普通言，跟隨多瑪斯學派者較多，此二者皆稱爲士林哲學家的思想，只是士林哲學派內的細小意見不同而已。

（陸）理智的行爲活動

①人的認識程序如下：外在對象先在外在器官起作用，產生出感覺的「印象」；感官藉此「印象」，在自己內便能產生「表象」，代表外在的事體。（蘇亞來）

②外在的感覺作用，在想像（ Phantasia ）內產生新的「印象」，想像因此「印象」，在自己內產生「表象」，即所謂的「影像」（ Phantasma ）。

③動性活動藉「影像」實有，在受性理智上產生可理解性表象（ Species impressa intelligibilis ）。

④受性理智因理解性印象，形成可理解的表象，即所謂的觀念。

〔 Processus Cognoscendi — Origo idearum： Objectum exterum agit → Seusum Externum → Speciem impressam seusibilem → Phantasia → Phantasma (Species Expressa) . → Intellectus Agens,Species impressa (Ope Phantasmatis) in intellectu possibili → (Speciem impressam intelligibilem) → Jntellectus possibilis informatus → Speciem Expressam intelligibilem (ideam) .〕

在理智的認識過程中，產生出的結果稱爲：表象、觀念、概念、明悟之詞語等名詞，其指意大同小異：

①表象（ Species Expressa ）：稱爲在明悟內的像，或明悟內的外物相似體。

②觀念（ Idea ）：乃對象的「視像」（ Visio objecti ）。

③概念（ Conceptus ）：乃明悟的子女（ Prolis mentis ）。

④明悟的語詞（ Verbum mentis ）：乃明悟在自己內在的名詞。

以上②③④的不同名詞皆表示：ⓐ由理智所產生。ⓑ在意向內是代表另一事物。ⓒ是一個不佔地方的記號。此三者皆附合表象的本質實有。

〔柒〕理智的對象

理智的本有對象是一切的實有，就現實生命言，可認識一切可感覺之事物。

實有，就知識學言，分理性實有與物質實有，理性實有是理智認識的固有對象，物質實有亦是實有的範圍，故理性亦能認識之。

理智對理性實有的認識，乃認識事物的本質實有或性理，（ Essentia rei , Quidditas ），理智的認識與感官的認識不同，感官的認識是感覺的外在存有，如眼目的看顏色；而理智認識感覺事物，不是就事物的外在顏色言，而是認識事物的本質——構成該事物的基本要素（Essentia）。人的理智認識，就現世生命言，人是靈魂與肉身的合成體，人的理智認識與靈魂化的肉體相關連。因此人的理智藉着感官的感覺可以認識可感覺的事物體。

理智認識理性實有，如，實有的普遍性，一、眞、好、自立體、依附體、原因、效果、有限、無限等等，凡與理智功能相合者，皆是被認識的對象。

理智也可以認識單獨的個體，如事物的存在、活動、性質、結果、處所，及事物彼此間的關係與區分等。

〔捌〕理智的功能作用

理智對認識的功能作用，有與感官相連者，有單獨理智自己活動者兩大類。

理智認識與感官相連者，有：注意、領會、記憶三種。

純理智活動者，有：判斷、推論、意識三種。分述如下：

①注意（Attentio）：理智的行爲，乃在衆多的事物中，特別着重某一點。注意有感覺性的注意，如人的眼目特別注視某朵花。注意亦有理智的注意，理性的意識特別注意某點。理智的注意又分爲：自願的注意與自發的注意兩小種：

自願的注意（Attentio Voluntaria）：乃人自己願意並決定注意某件事。

自發的注意（Attentio Spontanea）亦名非自願的自然注意（Attentio involuntaria），乃不自願自決的注意某事，如外在刺激來臨時，而引起的注意作用。

注意乃人的心理活動，就心理學言，是神經器官和意識所形成。注意的結果是加强意識，認識主體。

②領會（Apprehensio）：

領會是理智的行爲，以非肯定與否定的方式領悟某事物。領會分：接納的、直觀的、抽象的數種：

ⓐ接納性領會（Ap. Perceptiva）：乃理智直接接納存在性事物，如心理的意識行爲。

ⓑ直觀性領會（Ap. Intuitiva）：此種理智行爲是不經過比較、推理等活動，而直接清楚的清晰事理。

ⓒ抽象性領會（Ap. Abstractiva）：對可能事物的領會作用，如人現世生活中領悟到有生命及神的存在。

此外，領會亦有比較性的領會，乃在許多事物中，領會出他們彼此間的關係，如相異性與同一性等。

③記憶（Memoria）：

記憶是一種行爲，能再認識過去的事物。理智再認識過去的事理，如同官能一樣。理智記憶與感覺記憶不同，理智記憶以抽象的普遍爲直接對象。感覺記憶以具體的單個事體爲對象。

④判斷（Judicium）：

判斷是理智的行爲，將顯明的衆多對象，決定其相合或相反。判斷的程序如下：理智先單純的領會主詞與述詞的意義，並比較二者之關係。然後直接或間接的決定二者的相合或相反，便是判斷。

哲學家對此有不同的意見：

ⓐ笛卡兒等（Cartesius）主張：判斷不是理智的行爲，乃意願的另種型式。

ⓑ休謨（Hume）：判斷是感覺的情感事情。

因此，二者皆否認判斷是理智的行爲，以判斷爲意志與感情的活動，則否認了以上所講的領會作用。

ⓒ士林哲學家不贊同以上二人的意見，其理由如下：

判斷是區分已領會的觀念事物，決定其相合或不相合，完全是理智的活動，而非意志的行爲。只有命令的行爲或願意判斷才是意志的行爲或情感的活動。

再者，意志的行爲或情感的活動，無所謂「眞」或「假」的決定，而判斷是決定「眞假」性的相合或相反。再者，意志屬於「欲望」的範疇，乃願意或不願意驅向某物體，而非肯定或否定某物體，故「願意肯定」與「肯定」的意義不同。

與判斷有關者，爲辯論（Discursus），辯論亦稱爭論，乃在不同的判斷中求出眞的判斷，故辯論亦稱爲理性的工作，由不同的判斷中找出眞實正確者。

判斷由此分爲：直接判斷與間接判斷兩種：直接判斷（Judicium immediatum）乃該判斷的形成是直接性不經過辯論獲得者。間接判斷（Judicium mediatum）乃該判斷的形成是間接性經過辯論獲得的；直間判斷是不經過另一判斷所形成，間接判斷是經過另一判斷所形成。

⑤推論（Ratiocinium）：

推論亦稱爲第三個判斷，乃由前兩個判斷所形成。

在判斷內，隱含着一新的判斷由另一判斷所形成；其過程如下：

先有的兩個判斷有「原因」性的存有，同時在理智內出現，而理智藉此二者形成第三個結果性的判斷。第三判斷與前兩判斷有歸屬性的連帶關係。

推論在知識學言，是理智由已知者推出未知者。

推論的法則在理則學內講述之，此不贅述。

⑥意識（Conscientia）：

ⓐ意識是理智的理會作用，可以直接的理會到行爲的狀況及自己的情緒；如我想、我願意、我知道等。（Conscientia Intellectualis — Ego cogito. Ego volo）。因此，意識的對象便是心理的行爲（Actus Psychicus）。

意識分兩種，一是迴返意識（Conscientia Reflexa），卽理智迴返到自己的行爲上，如對自己過去行爲與情感之反省作用。一是直接性意識（Conscientia directa），乃直接理會到自己行爲與情緒的存有。

意識是一種心理活動，能理會的接納外在對象，能理會自己的心情狀態，也能理會到內外的生理行爲。

ⓑ與意識相連者，有意識行爲（Actus Conscius）、無意識行爲與半意識行爲。

意識行爲（Actus Conscius）：乃在行爲上有完全的意識存在，清晰知道自己做什麼。

無意識行爲（Actus inconscius），乃行爲的發生完全無意識者，純爲生理器官的物理性自然活動，如眼皮的活動，或人無意識的舉動，如人夢中出現的情景與活動。

半意識行爲（Actus Semi-conscius），有人稱爲不明顯的意識行爲（Conscientia Obscura），或潛意識行爲（Subconsicentia），乃意識的不明顯行爲活動，或薄弱的意識，有能力成爲明顯的意識，如有人自眼前走過，誤認該人爲某君，實在不是某君，但感覺者內在潛意識內有某君的形像。

人的「意識」問題，實驗心理學講的很多，哲學心理學是以人完全清晰或不清晰的理會到自己的行爲或內在情感爲重點，以講述人的行爲與責任。

（亦有人將意識分爲：意識行爲與無意識行爲兩種，意識行爲是完全有意識存在；無意識行爲，狹意言是完全無意識，廣義言，包含有：半意識、潛意識、不明顯意識。）（註）

〔註〕

① Actus Conscius : Est ille actus de qus conscientiam hebemus.

② Actus inconscius, Stricto dicitur : Est ille actus de quo nullam conscientiam habemus Est quidam actus psychicus de quo nullam conscientiam habemus.

③ Actus inconscius Lato dicitur : idem significat ac : Actus semiconscius nel subconscius vel obscure conscius: Ille actus de quo conscientiam non claram habemus.

④ Conscientia est ipsa intellectus quatenus cogncscit actus internos, et claritas hujus cognitionis gradus admittit :

ⓐ Quando intellectus clare cognoscit actus intrnos, vocatur conscientia.

ⓑ Quando intellectus non clare cognoscit actus internos vocatur Semiconscientia nel subconscientia.

第三章　論人的欲望

一切實有皆傾向一目的。在一切物體上有化學性結合力，在宇宙天體中有一定的規律與軌道，在植物生活體上有和諧性的功能作用；總之，一切的行動皆走向目標或方向（Omnia entia tendunt ad aliquid）。

萬物驅向目標，亦稱「達到希求」；或「希求某物」。拉丁文稱此為"Ad-Petere"（到希求），或"Appetere aliquid"，因此，事物的驅向性（Tendentia）被稱為事物的「欲望」（Appetitus）。

「傾向」（Tendentia）在一總的事物中皆有，可稱為自然的與天生的傾向，此傾向亦名「天生的欲望」（Appetitus innatus），即事物自然本性的達到某事項。

在感覺性認識的實有上，除生成慾望外，還有另一種特別傾向，名為「自發的欲望」（Appetitus Elicitus）。此欲情來自感覺的認識，換言之，感覺者因認識對象而產生的欲望。

欲望的對象常是「善」者（Bonum），即所欲求的事物對欲求者相合並有利益。換言之，欲求者因獲得欲求物而滿足。

就人言，有兩種不同的欲望，一是感覺的欲望（Appetitus Sensitivus），一是理性意志的欲望（Appetitus Rationalis —— Voluntas）。感覺欲望，動物亦有，但人的感覺欲望因理智與意志的影響，較一般動物的感覺欲望爲高。本章就此點分兩節講述之：

第一節　人的兩種欲望

人，就理性的動物言，有兩種欲望，一是感覺欲望，一是理性的欲望。

（一）感覺欲望

感覺欲望（Appetitus Sensitivus）乃人的器官功能傾向到感覺性可獲取的善。人的器官功能，乃組成人身的部份體，有固定的具體組織，如人的外五官與內四官等。從前的哲學家（亞里斯多德與早期士林哲學家）認爲人的「心」是感覺的欲望器官；現在哲學家的公同意見認爲人的大腦（Cerebrum）是感覺的器官的中心。

感覺欲望的對象是有吸引力的爲物質體。人的感覺本性是遠離物質的壞，傾向物質的好。就感覺欲望的秩序言，感覺欲望亦被稱爲「感性」與「慾性」的欲望（Sensualitas, Concupiscentia），常傾向於感覺性的美好物體。

早期的亞里斯多德將欲望分為：肉慾的欲望與奮發的欲望兩種。肉慾的欲望（Appetitus concupiscibilis）傾向於中意、喜悅，並容易獲得的物質善。奮發的欲望（Appetitus irascibilis）傾向於艱苦獲得的善。

以上兩種感覺欲望，士林哲學家稱為「情欲」（Passiones），細分之有十一型，前六型屬於肉慾的欲望，後五型屬於奮發的欲望。分述如下：

（Ⅰ）情欲乃肉慾的欲望，就善言，有：愛、意願、喜悅。就惡言，有恨、逃避、憂愁，六型。

愛（Amor）：傾向好的對象，並在「好」內有喜悅感。

意願（Desiderium）：愛好的對象，並願意獲得之。

喜悅（Delectatio）：滿足於獲得的好。

恨（Odium）：以不喜悅與厭惡的心情對「惡」的對象。

逃避（Fuga）：遠離「惡」的事情。

憂愁（Tristitia）：對惡的事情產生的煩惱的心情。

（Ⅱ）奮發的欲望，就善言，有：希望、失望。就惡言，有：勇敢、懼怕、忿怒等五型。

希望（Spes）：對於艱難不易獲得之「善」的欲望。

失望（Desperatio）：放棄對不可能獲得之「善」的欲望。

勇敢（Audacia）：此情亦有「大胆」與「果敢」之意，抵抗或戰勝惡的事情。

懼怕（Timor）：對不可勝過之惡所產生的畏懼心情。

忿怒（Ira）：激動的心情反抗所遇之惡事情。

哲學家在此所言的「情欲」，不是指的男女的肉情之慾，而是就人肉體所能產生的內心各種情緒言，其固有之對象皆是「善」（好）與「不善」（惡）。

〔二〕理性欲望

理性欲望（Appetitus Rationalis）：此理性欲望是就人的意志言（Voluntas），乃精神性的官能，傾向於理智所認定的善者。

理性欲望被稱爲精神性者，是就感覺的欲望言，因爲理性欲望沒有組成身體的器官部份體（Facultas inorganica）。因此理性欲望的對象不是外在的物質體，而是精神性的實有，如學問與道德等眞理的美好實有。

理性欲望有下列數種：自發的行爲與命令的行爲，傾向目的的行爲與傾向方法的行爲；自由的行爲與必需的行爲。分述如下：

①自發的行爲（Actus Elicitus）：自發的行爲在理性欲望範疇內言，乃由意志所生的行爲，而其結果仍在意志內，如「願意」的行爲。

②命令的行爲（Actus Imperatus）：乃由別的官能所產生的行爲，如感覺、理解、走動、飲食等所產生的行爲，但由意志的命令所產生。換言之，由意志的命令產生出其他官能上的行爲。此種行爲乃由意志產生，命令其他官能完成，如我願去跑步，我願爲「自發性」行爲，「腿腳跑步」爲意志命令之行爲。

③傾向目的之行爲（Actus Respicientes finem）：此種行爲乃單純性目的行爲，換言之，行爲的活動是直接達到目的（Volitio finis），目的達到便是喜悅。

④傾向方法的行爲（Actus repicientes media）：此種行爲的直接目的是達到，獲得與運用「方法」，其間接目的是藉意願所獲得的目的。換言之，傾向方法的行爲是行爲先獲得方法，再藉方法以達到意願的目的。

以上兩種行爲有前後的貫連性，其秩序：目的的意願——目的的方法——目的的方法行爲，以達到目的的獲得。

⑤自由的行爲（Actus Liber）：乃在人的意志內有選擇的能力，其行爲不受限制與阻礙。

⑥必需的行爲（Actus Necessarius）：此處所言的必需行爲是就人理性內的意志言，其行爲沒

有選擇的能力，受限制而必定產生的行爲。

〔三〕士林哲學家的意見

由以上所言，哲學隨問：在人內是否有以上兩種欲望？士林哲學家的同答是肯定的，即：在人內有感覺欲望與理性欲望。其理由如下：

①人就感覺作用言，與其他動物相同，有感覺的欲望，如貓追鼠、狼追羊、狐狸追鷄、老鷹捉兎子等，相反看，鼠羊鷄兎子見到貓狼狐狸老鷹，便會逃跑，這明顯的表現動物有感覺作用與感覺欲望；貓狼狐狸老鷹有追捕捉食的欲望；而鼠羊鷄兎子等有逃命的欲望。人亦同理，有見美則心悅，遭災則痛疼，及飢欲食，渴思飲等感覺欲望存在着。

再者，人亦有內心的憂愁、苦惱，甚至瘋狂等情緒，此情緒必來自人內的組織官能，也由此表現出人感覺的情緒欲望存在着。

再次，人的自發行爲關連着人的認識作用；而人的認識又關連着人的感覺認識，因此表現出人必有感覺的欲望存在着。

②人也有理性欲望，此種欲望超越於感覺秩序，被稱爲人的精神性欲望。其理由如下：

人除了欲求物質之美好外，還欲求非物質之美好，如眞理、德行、光榮等。以上精神性的美好皆不是物質性感官所接納的對象，因物質器官只能接納物體性美好；因此推論出人必有精神性的理性官能追求此精神性的美好。欲望跟隨着認識官能，人的理性認識是精神性的，其認識的欲望也是精神性的。

再者，人的意志是精神的，意志的功能是自由決定，由意志所產生的自由欲望也該是精神性的，故人有精神性的理性欲望存在着。

第二節　欲望與情緒

〔一〕欲望與情緒

①情緒．拉丁文爲"Affectus"，來自動詞"Afficere"，有「干涉」與「行動」之意，在此所言，乃人受影響而產生傾向某物之行爲。將此動詞"Afficere"的受詞言爲"Affici"，乃被「干涉」與被「牽引」的意思，則與「被抽象」、「被傾向」、「向往」、「欲望」等意義相同（Attrahi, Inclinari, Tendere, Appetere）。

被牽引（Affici）乃指因對象而產生向主體之行爲；「欲望」與「向往」乃指「主體向對象」之行動。因此，「欲望」有兩種意義。

欲望就廣義言：是指任何本性的欲望之行動與狀態。

欲望就狹義言：是指主體向對象之情緒，其動因是由對象所引起者。就此點言，欲望與情緒不同，欲望是以主動的活動爲主；情緒是以被動的活動爲主。

②當代哲學家對情緒有不同的講法：

傾向（Tendentia）：乃自然性的準備做某事，得到某事，或逃避某事。

傾向，就「對象」言，分必需的與偏向的兩種：

必需的傾向（Tendentia Necessitudo）：乃就生物學言，是人的生理活動傾向於某對象，如冷傾向於熱，飢傾向熱食物。

偏向的傾向（Tendentia Inclinatio）：乃人心理的活動傾向於某對象，如有人偏向於音樂。

傾向就人的「意識」與「無意識」言，分：「推動的」與「意願的」兩種。

推動的傾向（Impulsio）：乃無意識的傾向，在自願決定以前所發生的傾向。

意願的傾向（Desiderium）：乃意識的傾向，在自願決定以後所發生的傾向。

〔二〕行爲與情緒

情慾（Passio）

情慾，早期的士林哲學家稱情慾爲普通的欲望活動。

當代的心理學家稱情慾是一種强烈的佔有某物的傾向。

士林哲學的「情慾」又分：「情感的」與「情緒的」兩種。就其狀態言，有下列數種情形：

①愛（Amor）

愛是情感的，使愛者中意對象的好，並與中意之好合一。愛是一種情緒與意願的基礎，愛使人傾向某物，並意願獲得某物。

「愛」，屢次被人稱爲「心」（Cor），但此「心」有兩種不同的意義。

就血液的循環言，心是人的中心點。就人的情緒與欲望言，心是愛情的表象。

愛有下列的區分：

就愛的「官能」言，以感覺欲望爲主而產生的愛，稱爲感覺之愛（Amor Sensibilis）。以意志與理性欲望爲主而產生之愛，稱爲精神之愛（Amor Spiritualis）。感覺之愛亦名五官之愛，或色慾之愛，此種愛情是以物質性的感受爲目的。精神之愛則不是以具體物質感受爲對象，而是以超物質的精神實有，如眞理、道德等爲所愛的目的。

就愛的「等級」秩序言，若愛的發生完全起於人的本性，則稱爲本性之愛，如父母愛子女；若愛的發生起因於人的超性，（超越人的本性），則稱爲超性之愛。如救助別人的愛德工作。

就愛的「對象」言，若愛某物，因爲該物使愛者獲得好處，此種愛亦稱「私慾」之愛（Amor

Concupiscentiae ）。若愛某物，因爲該物本身確實是美好可愛的，此種愛亦稱爲「仁愛」（Amor Benevolentiee ）。若愛某物或某人，起因於彼此相愛，則稱爲「友誼」之愛（ Amor Amicitiae ），如朋友之愛。

以上各種的「愛」中，以「仁愛」爲最高尙，也是人類所最需要者，但仁愛也比較難做，其中容易含有私欲之愛存留着。

②論喜樂與痛苦（ Gaudium et dolor ）

喜樂與痛苦皆是人的情緒，其發生的原因，與其對象的「好」或「壞」相關連。詳言之，人獲得好的對象，則產生喜樂的情緒；反之，未獲得好的對象而獲得壞的事物，或獲得壞的遭遇，則產生痛苦。在感覺欲望上產生的喜樂，稱爲「愉快」（ Delectatio ），在理性欲望上產生的喜樂，稱爲「喜悅」（ Laetitia ）。

喜樂與痛苦關連着人的意識，也關連着人的心靈狀態與外在行爲。

③願意與逃避（ Desiderium et fuga ）：二者起自人內心的意識與意願，其起因於對象的「好」或「壞」。換言之，人對好與善者必「願意」獲得之，對惡與不善者，必逃避離開之。

願意與逃避皆是人內在的意識作用，其具體的外在表現，便是人的外在行爲。

④希望與失望（ Spes et Desperatio ）：二者皆起因於外在的對象，詳言之，人對外在好對

象，便產生「希望」獲得的心情；好的對象欲得而得不到時，便產生失望的情緒，故希望與失望是互相對立關連的，希望是未得到而產生欲得的情緒；失望是已得不到而產生的情緒；就「時間」言，希望是發生在獲得的行爲以前，失望是發生在未獲得的行爲以後；二者皆與人的外在行爲相關連。

〔三〕欲望與意志

感覺欲望與人的意志互相影響；善的感覺欲望使人獲得應該獲得者，惡的感覺欲望者屢次催迫人做出不該做的事，如盜賊的搶竊，因感覺欲望外在的物質事物，而影響自己意志的決定，以不正當的方法，做出自己不該做的非名譽的事情。

意志有時也能影響人的感覺欲望，如人的意志決定不再做壞事，雖然感覺欲望吸引他，意志的決定能反感覺欲望去實行。

總之，人的欲望與情緒影響人的意志與行爲。如忿怒中的情緒影響人的意志決定，使忿怒者有殺人行爲。或欲望强者做出越軌的不應做的事物。反之，意志强者亦可改正不當的欲望，亦可使激動的情緒歸於平靜。

〔四〕士林哲學家的意見

士林哲學家有的强調理性主義，有的强調意志主義；多瑪斯學派（ Thomistae ）强調理智，方濟學派（ Scotistae ）强調意志，今將其主張要點講述如下：

㈠理性主義者（ Intellectualismus ）强調：

①觀念是由理智所產生。

②理智的本有對象是純理解性實有；不是在感覺內或由感覺所生的可理解者。（不贊同本體論與生成論者所主張的感覺認識內的理解性）

③人的倫理生命應屬於人的理性。

④人的教育與文化之措施，也是以理智爲主。

⑤理智是先認識明白，意志是後來的跟隨者，因此，理智先於意志，理智貴於意志。

㈡意志主義者（ Voluntarismus ）强調：

①意志高於理智，因此主張：在認識超性事理上，不是藉着人的理智，而是藉着意志，因爲人的理智有限，不能認識超性的事理，特別是宗教神靈的事理，只有人的意志決定相信天主的言語所啓示的道理。

②因此，人的意志超過人的理智，意志的功能作用也超過理智的功能作用。

(三)多數士林哲學家的公同意見如下：

①就認識事理的功能言：理智在前，意志在後，理智優於意志。

②人被稱爲「理性動物」的原因，理智佔有大的份量，而意志的理性決定，也是在理智的認識指示下決定取捨的。

③意志就「自由」性決定言，優於理智，因爲意志可以相反理智的指示而實行；理智對事物認識的眞假評定是沒有自由的；而意志的活動是可自由決定，並因此決定命令自己的其他行爲活動，以達到目的。

④就人與對象的關係言，意志優與理智，因爲人屢次愛自己不懂的事情，換言之，意志的意願屢次喜愛獲得不合理智的事物；如理智告訴某人不好，意志仍然願意獲得之，尤其是對宗教神靈的事理，理智多不清楚明白其實有，但人的意志意願歸屬與愛慕之。因此，意志被稱爲優於人的理智。

總結上言，理智就認識的純官能言，優於意志；意志就決定於實行言，優於理智。

第三節　人的自由意志

〔一〕自由的意義

自由（Libertas），最普通的解釋是「不受限制」，或者「沒有約束」。（Immunitas a vinculo）。約束與限制的種類不同，因之自由的種類也不一樣，如無死亡的約束、無監牢的限制，無暴政的約束、無法規的限制、無懼怕的約束、無罪過的限制等等。換言之，在以上的情況中皆是自由，不受以上情況的約束與限制。

約束與限制的種類不同，自由的區別殊異，組合歸納之，自由可分爲下列三等級：不受强迫的自由、倫理的自由、決定的自由，分述如下：

①不受强迫的自由（Libestas a coactione）：此種「强迫」，普通言，來自外在的力量，或外在物理的原因，使人沒有自由與能力做自己願做的事。如人在監牢內便沒有自由出入遊玩的自由。或一個人被鎖鏈綁着便沒有跑跳的自由。

②倫理的自由（Libertas Moralis）：乃人不受倫理法規的約束，或無倫理責任的自由。倫理的法規有國家的法規與宗敎的法規，自然的法規與人爲的法規等，人在某種法規之下，便有責任遵守該法規，換言之，在該法規下的人不是自由的。有責任的法規，普通言，皆是倫理性的法規，人有義務遵守之；倫理的自由，卽無責任遵守該法規之人。

③決定之自由（Libertas Arbitrii）：乃就人的內在決斷與主意言，不受任何限制，可以自由的決定與實行某項工作。因此，此種自由亦名人的「自由意志」，如人可以自己決定自己的行動。心理學的重點，講述人的「決定」自由，換言之，講述人的「自由意志」。今就此題目講述如下：

〔二〕自由意志（Libertas Arbitrii）

(一)自由意志是就心理學的觀點，講述人的「意志」特有性，換言之，人的意志自由是人的心意不受限制，可以自由決定做或不做，不受强迫，不被限制，完全是「可」與「不可」的自由狀態（Indifferens nel indeternunata ad agendum）。

意志被稱爲「未限定狀態」，不是就被動性接納言（Passive），如蠟版之接納印像，而是「主動性」（Active）的意志去決定與實行某件事情。換言之，自由意志不受外在對象的牽制，自由的去決定與做某事。因此意志的自由性，被稱爲動性的未限定狀態（Indifferentia Active），或有決定能力的未決定狀態（Autodeterminatio）。因此，自由的定義可以結論說：

自由（Libertas），乃意志的動性未定狀態，當一切行動的條件俱備時，意志可以做或不做，亦可以如此做或如彼做。

〔三〕自由的種類

由自由的定義，自由可以分爲下列數種：

①行止的自由（Libertas Exercitii），行止的自由亦名實行的自由，即行者在一切條件俱備下，可以行也可以不行。就人的意志言，自由的意願，可以去做，也可以不去做。也因此，行止的自由被稱爲矛盾的自由（Libertas contradictionis），因行與止是兩個相對立的矛盾行爲。就意志的自由言，在「願意」與「不願意」中間選一項去做或不做。

②選擇的自由（Libertas Specificationis），亦名選類的自由，乃在做的事項上，選擇「如此」或「如彼」不同的做法。就人的意志自由言，因做的方法與對象而區分。因此，選擇的自由中有反對性的自由（Libertas contrarietatis），乃在兩個「彼」「此」反對的事項中擇選一項，如「黑」與「白」二者中選一個；亦有殊異性的自由（Libertas Disparitatis），乃在不同種類的事項中選一項，如在一切條件俱備下，選擇讀書或散步。

自由的性質來自人的意志，因爲人的一切自由行爲皆是在人的意志命令下去實行的，如人的自由吃、喝、聽、看、讀書、遊玩、休息等，雖是人的「行或止」行爲，但「行」與「止」皆是在人的意志命令下實行者。

〔四〕哲學家的意見

決定論者（Determinismus）：因爲自由是來自意志的未決定狀態，因此反對自由論者乃歸入決定論的陣營中。決定論認爲人沒有自由，意志的一切決定皆因內外的原因而形成；細分之，有外在性的決定論與內在性的決定論兩種。

(1) 外在性的決定論（Determinismus Extrinsecus），亦名宿命論或命定論者（Fatatismus），其本身又分爲：神話性的宿命論與神學性的宿命論（Mythologicus－Theologicus）。

①神話性的宿命論（Fatalismus Mythologicus）主張，一總人性的行爲皆是由命運的無形力量所決定，人無法左右或改變之。

②神學性的宿命論（Fatalismus Theologicus）主張：人的一切行爲皆在神的安排下，人無任何自由或辦法改變自己的遭遇。

(2) 內在的決定論（Determismus intrinsecus）：主張人的一切行爲受內在需要所決定，人無自由改變之，細分之，機械性決定論，生理性決定論、社會性決定論、理智性決定論、形而上決定論數種，分述如下：

①機械性決定論（Determinismus Mechanismus），亦名物理性決定論，其學理是人的自由行

爲非來自意志的自由決定，而是來自人內在物理性的力量所形成，換言之，人無自由。主張此理論者皆是物理學家與唯物論哲學家，將人的一切行爲歸於人內部物理性的生理組成。

②生理性決定論（Determinismus Physiologicus）亦名人類本位的決定論者（Determinismus Anthropologicus），其學理主張：人的行爲受人體的器官與個性所決定，其根源來自父母的遺傳，當代的生物學家有此主張。

③社會性決定論（Determimsmus Socialis）：某學理主張，人的行爲因社會的組織、人民的傳統、教育的影響，及人民的公意而決定，換言之，人無自由決定，當代社會學家有此種主張。

④理智性決定論（Determimsmus Intellectualis），亦名心理學決定論者（Determinismus Psychologicus），其學理主張：人的一切行爲皆來自人內在的「充足理由」而決定與實行，換言之，人無行爲的自由，Leibniz,Schopenhaur 皆如此主張。

⑤形而上決定論（Determimsmus Metaphysicus）：其學理主張，人的一切行爲皆來自事物的合一性；因爲人是世間事物的一部份，人的行爲不是自律自主的。換言之，否定人的位格（Personalitas），也否定人的自律自由權。泛神論者，Spinoza，Fichte，Schelling，Hegel 等皆如此主張，他們將人的自由歸於自然的自發現象，受外界的影響而發生者，連人的宗教、經濟、政治等皆是如此。人生活在以上的環境中，人無自己的自由意志。

〔五〕士林哲學家的意見

士林哲學家對人的意志自由，採取中庸的態度，其內涵包括有下列情形。

①人在現實生活中，「行止」的自由在關係到某對象時，常發生「願意」或「不願意」的心情；事實上，當一件「好而聖善」的對象呈現於眼前時，人意志所發生的決定是「願意」，對「壞而劣」的對象，意志的決定是「不願意」；人很難有選擇「做」與「不做」的自由，因為「好」是人追求的生活對象，「壞」是人推却不要的東西。

②就理論言，對某些個別性的有限之「好」，人有意志選擇的自由，行或止，「如此」做或「如彼」做；因為部份性的有限「好」不是人生的絕對的好；因此，也不是人生所追求的最後目的；人可以為了絕對的好，自願放棄呈現於眼前的部份性之好。換言之，人以自己的行或止的自由決定，放棄不要部份性的好，其目的是為了絕對的好，如宗教家的自願放棄世間財物，為了來世的永遠天堂。因現世的好是部份性者，來世天堂是絕對的好。

③就宗教神學言，對完全美聖的天主，人沒有意志選擇的自由，因為人的本性是向善求福的，而天主是絕對完美的善，人生的終向、福樂之源，人的意志自然驅向及意願獲得之。

以上三點，士林哲學家的「自由」意見是居於決定論與非決定論二者中間的，人的意志自由受人生目的之影響。就哲學的純理論言，自由的意義是不受任何限制，可以行或止，可以如此做或如彼做。而人實際的生活中，意志自由與人的理智認識相關連，人意志的自由常因理智的認識所左右。

〔六〕證　明

人的意志是自由的

①人有自由意志，人的行爲該是自由的，否則，無法講論倫理上的道德行爲。換言之，否認人有自由意志，便無法講述人行爲的責任問題。如功勞的獎賞、罪過的處罰。人行爲的所以有功或有過，皆在於人行爲是否爲自由者。自由是人倫理道德行爲的三大條件之一。（理智的認識、意志的決定、身心的自由），人若無自由，則人對自己的行爲亦不必負任何責任了。

就宗教哲學言，人一切若是被決定而無自由者，則人亦無罪過的責任；因罪過的形成是來意志的自由決定棄善就惡，若人被決定要就惡，則該罪過也不是自己的過錯形成的，則人亦無何罪過可言。

②由人的意識作用，可以領悟出人有意志的自由；人細察自己的行爲與生理活動，體驗出人有意志的自由存在，如決定行動之前，人的活動官能在靜止未動狀態，人決定行動以後，器官遂

開始行動；在活動中的器官行爲，也可以因意志的決定而改變；在行爲活動後，人意識到行爲的成果，而產生喜悅與憂傷的感情，此感情來源自意志決定的同意與異意。換言之，因意志正決定成功而喜悅，或因意志之錯決定失敗而憂傷。此正錯決定來自人的意志自由，此乃人有意志自由的具體事實佐證。

③自由的意義，是人完全中立狀，不被外在客觀事物的吸引與內在情緒的需要所左右。

意志的行爲便有以上的現象，不受外在客觀事體的影響。普通言，人的感官所感覺到的好事物，心情便欲獲得之，感官接觸到的壞事物，心情便厭惡之；但人的意志在理智的指引下，可決定放棄感官所喜悅者，趨向感覺所厭惡者。故人的意志是完全自由的，不因外在客觀的影響而服從。

再者，人的意志亦可不受人內在生理的影響而決定。普通言，人內在生理的需要促使人尋求需要的東西，但人的意志在理智的指引下可以不隨內在生理的需要而決定，如飢渴的人可以暫時的不吃不喝，故意延遲行動的時間，或有輕微病痛的人故意延遲就醫的時間，或根本不去就醫，此事實表現出人有左右自己內在生理的自由。

再次，宗教家更爲了超性的目的，克己自身，嚴齊苦修，他們以肉身之樂是部份性的小善，克己苦修的目的是爲了精神性的絕對聖善，其意志決定不隨肉體內在之欲，而隨理智的精神指導，此亦證明人的意志是絕對自由不受身體內在影響的。

以上所言，現出意志的自由決定常與理智的認識判斷相關連。換言之，理智認識爲好與聖善者，意志便決定謀取之，反之，理智認爲壞與劣低者，意志便決定捨棄之；但意志就本身言仍是自由的，因爲理智明知是聖善者，意志可捨棄之；理智明認是惡劣者，意志決定謀取之，此乃人之自由權，亦是人對自己的行爲應負責任的唯一理由。

總結：撮要

總結以上所言，其撮要如下：

(一)人的欲望有兩種

①人除了自然的生理欲望外，還有「內發」的欲望；自然的生理欲望乃普通性動物所有者，如飢餓時欲飲食；內發的欲望是人對聖善好的追求。聖善的好是欲求者的對象，欲求者因「好」的獲得以成全自己。人的內發欲望有兩種，乃感覺性的欲望與理性的欲望。

②感覺性欲望（Appetitus Sensitivus）乃感覺性器官驅向於所感覺的好，感覺欲望的中心是人的大腦，感覺欲望的對象是具體性物質的好。

感覺性欲望又分肉情的欲望與奮發的欲望兩種。肉情的欲望（Appetitus Concupiscibilis）乃普通所謂的情慾（Passiones），對容易獲得的「好」或躲避之「壞」所產生的情緒。奮發的欲望（Appetitus Irascibilis）乃對艱難的「好」「壞」對象所產生的情緒。其細節如下：

肉情的欲望：就「好」言，愛（Amor）驅向於好，喜悅（Delectatio）享受現實的好，意願（Desiderium）乃願意獲得追求好。就「惡」言，恨（Odium）乃捨棄逃避惡，憂愁（Tristitia）不喜歡現有的惡，逃避（Fuga）乃遠離將有之惡。

奮發的欲望：就善言，希望（Spes）乃對艱難之好所產生的心情，該善經過努力是可得到的。失望（Desperatio）對不可能獲得的好產生的心情。勇敢（Audacia）向善或向可勝過的惡所產生的情緒，懼怕（Timor）對不可勝過的惡所產生的情緒。忿怒（Ira）對遭遇之惡所產生的不平心情。

③意志是精神性官能，趨向於理智所認識的善，意志的功能是決定，意志的對象是可欲望的善。

意志的行爲，就主體言，有選擇的行爲與命令的行爲。就對象言，有的行爲驅向於目的，有的行爲驅向於方法；驅向於目的之行爲，有目的之意願、目的之意向、目的之獲得。趨向於方法的行爲，有方法的選擇、方法之使用。意志行爲就形式言，有必需的行爲與自由的行爲二種。

④人的欲望，可用下列方法證明之：

ⓐ就感覺欲望言，人是動物，人因身體感覺而有欲望，人有感覺性的認識。

ⓑ就理性欲望言，人可欲求非物質性的好，人有理智，人的欲望可追求高超的目的，人的欲望亦可享用自由。

(二)人的意志自由

①自由的意義，乃不受外在的壓迫，不受內在的需求，不要法規的約束。自由就心理學言，是意志的中間性未決定的行爲，即一切條件俱備時，可以行、可以止；亦可以如此做或如彼做。

自由的性質不受任何約束，也不被任何外在與內在或客觀與主觀的原因所決定。

②自由有行止的自由，選擇的自由兩種。行止的自由亦名矛盾式的自由，即在「做」與「不做」的兩個中選一個，沒有中間性「做也不做」的可能。選擇的自由亦名區分性的自由或反對性的自由，乃在做的行爲上採取不同方式的做，或「如此」做，或「如彼」做。

自由的形成是意志的活動行爲，自由的活動乃在意志的命令下所實現。

(三)哲學家的意見

反對自由者乃決定論(Determinismus),他們否認意志的不決定中立性。決定論者分外在性決定論與內在性決定論,外在性決定論者主張人的行爲來自外在因素的影響;內在性決定論者主者人的行爲來自人內在因素的影響,換言之,人不是中立性自由的。外在性決定論者,有宿命論者,如神話式決定論與神學性決定論者。內在性決定論者有機械論、生理學、社會學與形上學等不同的學說主張。

(四)士林哲學家的意見

人的意志願意獲得聖善的好;但「好」分絕對的「好」與相對的「好」;人可以自由放棄相對的「好」,以謀取絕對的「好」。換言之,人可以以相對之「好」爲方法,以達絕對的好爲目的。因此,不贊成決定論的學說主張。

決定論者否認人的意志自由,則無法講述人的倫理行爲與行爲後的賞罰等責任問題。自由的根基是人的理智官能,換言之,意志的決定跟隨理智的認識與思考,意志在理智的清晰認識下,才自由決定「行與止」或「左右」選擇的行動。

參考資料

①亞里斯多德：Ethica ad Nrcom, Ⅲ, 7, 1113b; De Anima Ⅲ. 10, 433a.

②柏拉圖：Phaedo, Respublica.

③多瑪斯：S.T. I.81 2; I-Ⅱ. qq. 22-48; I.82, 3; I80.2, ad2; I-II. 6, aa, I; 2; 4; 5; I.83, I.41. 2; CG. I.81.

第二篇　人類學

哲學的人類學是論人的「實體」學。

哲學的銘言：「活動跟隨實體」（Operari sequitur esse）。由上篇人的活動與能力，哲學家更進一步探討人活動與能力的實體。

此篇的討論乃純哲學的理性推論，而非經驗性的實驗科學。

哲學研究事物的組成，常用四種原因，卽：形式因、質料因、動力因、目的因，（Causae：Formalis, Materialis, Efficiens, Finalis）。今研究人的實體，也依此四原因着手，前兩原因——形式因與質料因是人實體形成的內在原因，後兩原因——動力因與目的因是人實體的外在原因。

就人是靈魂與肉體的組成言，靈魂是人的形式因，肉體是人的物質因；靈魂與肉體的生成乃人的動力因，生命不死與靈魂永存乃人的目的因。

就以上「內在」原理，哲學家詢問說：人是什麼？

就以上「外在」原理，哲學家詢問：人的來源是什麼？

今就以上兩問題，分兩章講述之。

第一章　論人的組成

人的形成來自人的靈魂與肉體。肉體是物質性實有，屬於宇宙論範疇，在此不討論；靈魂是精神性實有，乃理性心理學所討論的主題。今先問：靈魂是什麼？再問：「人是怎樣組成的」？此章分五節講述之。先討論「靈魂的本質」（De Essentia Animae），再講述「人的組成」（De Composito humano）與靈魂的不死（De immortalitate Animae）。

第一節　靈魂的本質

（一）名詞的意義

①靈魂（Anima）：乃生命的第一原理，存在於生活的物體內，但與物質性的肉體不同。靈魂被稱為生命的第一原理，因為靈魂的本質是自立體（Substantia），而不需要依靠其他物體存有者。反之，有靈魂存有，才有生命的其他功能活動。

靈魂自立體與肉體不同，肉體是物質性實有，佔有固定的空間位置；而靈魂是精神性實有，不佔固定的空間位置。

靈魂存在於生活的物體上，而不是生活的物體。換言之，肉體不是靈魂，肉體因有靈魂而爲生活體。肉體與靈魂分離後只是物質體。因此靈魂被稱爲生物生活的、感覺的、移動的、理知的原理與根源。

②自立體（Substantia）：自己是存有，而不需要依恃其他事物存有者。（宇宙間有形物體之自立體，多含有依附性的實有存在着，如顏色、形狀等皆是依附體）。

自立體分完全自立體與非完全自立體兩種。

完全自立體（Substantia Completa）：乃自己存有，不依附任何其他因素而存在者，如人、天使。

非完全的自立體（Substantia Incompleta）：乃自己存有，雖不依附其他物體，但在主體上扮演着部份性的角色，如靈魂在人身上。

③單純性（Simplicitas）：消極言：乃非組合者。積極言，無部份體者。（Ens in-compositum）。

單純性分：絕對單純性與相對單純性，本質的單純性與完整的單純性數種。

ⓐ絕對的單純性（Simpicitas Absoluta）：亦名形而上的單純性（Simplicitas Metaphysica）：

乃無任何組成性部份體，如宗教的天主。

ⓑ相對的單純性（Simplicitas Relativa）：亦名物理的單純性（Simplicitas physica）：乃有限度的單純性，其限度或來自物體，如自立體有依附體存在着，或來自形上學的「種類」概念，如人是理性的動物。

ⓒ本質的單純性（Simplicitas Essentialis）：乃缺少形式與質料元素的本質單純體，如宗教的天使與神。相對者便是有形式與質料組合性的單純性，如人身體的單純性，由形式與質料所形成。

ⓓ完整的單純性（Simplicitas Integralis）：乃就廣度言，缺乏組成的部份性。換言之，完整的單純實有沒有廣延性的部份存有，如人的靈魂及一切精神體。相對的便是有組成的部份性，如人的單純肉體，來自內在與外在的器官組成。

本質與完整的單純性有連帶性的關係。換言之，凡本質的單純體也必是完整的單純體；同理，若本質單純性是組合的，完整的單純性也是部份組合的，如人的身體由形式與質料組成的單純性，其身體也有內外部份性的器官所組織。

④精神體（性）（Spiritualitas）：乃單純性實有與質料無關者。精神體（Substantia Spiritualis）皆是單純體，其內在與外在皆不屬於物質體。

精神體不屬於物質體，在存在的實有上（ In Essendo ）與在活動上（ In Operando ）皆是獨立不屬於物質者。換言之，精神體在存有上不是由物質組成，在行動上也不需要依恃物質而活動。宗教的天使便是如此的精神體，其存在不是由肉體部份形成，其活動也不受肉體的物質限制。但人的靈魂不完全一樣，其存有及內在活動不屬物質，但其外在活動在生活的人體上，則依恃着外在的組織器官而活動。因此有人稱靈魂是一種非純完善的精神體。（註一）

〔註一：Angelus est extrinsece independens a materia; Spiritualitas Animae, quae saltem extrinsece pendent a materia, est Imperfecta〕。

士林哲學內多瑪斯學派則認爲靈魂精神體的存在與活動皆可脫離物質體者。（註二）

〔註二：Substantia spiritualis dici solet a Thomistis, forma subsistens, Scil. forma quae potest existere et operari separatim a materia〕。

(二)哲學家的意見

①唯物論者(Materialistae):否認靈魂的存在。他們承認人有物理性的生命,此生理的物質現象,非精神性實有。若將生命稱爲靈魂,此靈魂只是心理與生理的活動行爲,因爲世界的一切皆是物質形成的。

唯物主義分機械性的唯物主義(Materialismus Mechanicus)與一元性的唯物主義(Materialisticus Monisticus),此二者皆主張宇宙的活動與現象皆是物質的力量。機械論者更强調一切現象皆是物質的活動與機械性的規律所形成。早期的原子學派與近代的唯物論者多如此主張。因此,他們或承認靈魂也是物質體形成的,或否認靈魂是自立體,或根本否認靈魂的存有,將一切生命現象皆稱爲生理的物質活動。

早期的唯物論者:Leucippus, Democritus, Epicurus。近代的唯物論者有强調機械論的(Mechanicus),有的强調動力論的(Dynamicus),較著名的學者爲:Helvetius, Cabanis, D'Holbach, Biiclmer, Tyndall, Moleschott, Haeckel 等。

近代的能力論者(Energetismus)將世間的一切歸於物理與化學的力量,一些生物學家及化學家也如此主張。連人的生命也是物理與化學的能力形成的,沒有精神性自立體的靈魂存在着。

較著名的學者爲：Ostwald，W. James，Hofding，Titchener，Taine，Ziehen，Cliford.

②現象論者（Phaenomenismus）：人的靈魂不是精神性的自立體，而是純心理的活動現象，自我意識。當代部份的實驗心理學家，現象論的生理學家（Physiologismus Phaenomenisticus）也如此主張。他們否認靈魂是自立體與精神性實有。Wundt，Taine，James 也如此主張。

③近代哲學的意見如下：

ⓐ陸克（Locke）：强調事物本性的能力與現象，不承認心理行爲是靈魂的功能。換言之，由人的心理功能與內在情緒不能證明有靈魂存有，因爲能力與現象皆是事物的自然本性。

ⓑ休謨（Hume）：靈魂是在變動中不同感覺的集合。

ⓒ笛卡兒（Descartes）：靈魂的本質是單純的「思想」（Cogitatio）。

ⓓ康德（Kant）：由人的經驗只能知道人的心理行爲，不能證明靈魂是自立體存有。

ⓔ康底拉克（Condillac）：承認靈魂是精神體，但否認靈魂是自立體，主張靈魂是依附性的精神體。

以上哲學家或否認靈魂是自立體，或否認靈魂是精神體。當代社會因受經濟與政治的影響，有些人疏於研究精神實有，或稱靈魂是不可知者，因爲現實的生活中皆是感官的感覺現象（感覺論者 Sensismus），無精神性的非感覺實有存在；或者受共產黨唯物論的影響（Marxismus），根本否認人有靈魂，因爲世間的一切皆是物質變化所形成的。

士林哲學的意見：人有靈魂、靈魂是單純性、精神性的自立體。其理由如下：

(三) 士林哲學的意見

(I) 靈魂是自立體

①由心理現象表現出人有感覺、欲望、理知等功能作用：此功能作用應來自產生此功能的原因，此原因絕不是純肉身所能產生，應來自使肉身生命化的靈魂所產生，故有靈魂存在。再者，依附性的實有不能自己存在，必須依恃其他自立體存在。人的心理活動現象：接觸、感覺、認識、意願、情緒等功能皆是依附性實有：應依恃一個自立體存有（Subjectum Substantiale），此自立體實有絕不是單純的肉體，而是結合肉體使之有生命的靈魂，故靈魂存在，乃一個自立體存有（Anima Humana est substantia）。

②由人的意識言，人意識到自己的內在行爲，知道我運動、我感覺、我理解：人也能以意識的我爲主體，以被意識的我爲對象。我知道我肉體在感覺，我明白我的思想在理解，及我意識到我在運動中；此意識功能與心理作用皆證明人有生命的靈魂存在着；此靈魂使肉體成爲生命性的

生活物，因此士林哲學家稱人由肉身與靈魂組成。肉身是人組成的物質元素，靈魂是組成人的形式元素。肉身是物質性自立體，靈魂是精神性自立體，二者合成一個有生命的人。人藉着生命之力才有生理及心理的各種功能活動。

③由人的記憶、判斷、及推理言，必有靈魂存在着。

記憶是將過去的感覺與理知等印象存留着，此存留印象要求被存留的主體，此主體不是無靈魂的大腦，而是有靈魂的大腦。（否則，科學家可以造人的大腦，並改換代替之）。而人的判斷與推理活動皆需要有先存在的觀念存有着，換言之，人藉着先有的觀念存有，才能有判斷與推理的作用。此觀念的存有及判斷與推理功能，皆需要依恃着靈魂化的大腦，才能有認識與理智的功能活動，故靈魂存在於肉體上是確定的事實證明。

④人若否認靈魂存有，不但無法講述人的內在功能活動，如意識、記憶、想像、判斷、推理，也無法講述人的自由意志與教育學習的養成事情。因此，靈魂是精神性自立體，與人的肉身組成了人，是一個確實的顯明事理。

（Ⅱ）靈魂是單純性實有

①普通言，凡沒有量度部份組合者，被稱爲單純體。靈魂乃精神性實有，沒有任何量度部份

的組合體，故靈魂是單純性實有。

②就人的生命功能言，需要有產生生命功能的原理，此原理應該是單純體，不是部份組合者。如人有認識的功能作用，可認識單純的精神體，如神與天使等眞理，此單純的認識需要單純之源的靈魂所產生。

③再者，人的理性活動，將不同的觀念認識與比較，做成判斷；或將不同的判斷，辯論，推理，皆需要一個完整的精神性主體統御之。此精神性主體乃單純性的靈魂實有。

④人亦有反省作用，乃將過去的思言行爲重新收回，加以思考檢討；此反省作用的主體乃非組合性的單純靈魂實有。

⑤再次，物質性的東西皆佔有固定的空間與時間，其本身有堅固的自衞性（Res extensa est impenetrabilis），不可能有反省自己或理性認識的功能作用。

⑥物質性實有皆是伸延性事物。人的各部份器官接觸皆有其固有的物質對象，若只有部份之意識感受不能將不同的感受現象縮歸於一；只有單一性非物質的靈魂能將各官能的不同感受現象收歸於一。

⑦人是自由者，有自由的意志，但自由意志是非物質性者。換言之，物質性組合體之活動皆依據機械性的物質限定作用，但人的自由意志能不被物質定理所限定，乃應來自人的精神性單純

靈魂，故人有單純的精神性靈魂存有。

總結上言，靈魂所產生的生命功能活動，能認識理解外在的各種非物質性之事理對象，事理乃非物質性組合體（Objecta inextensa），其認識與理解之功能原理——靈魂亦必是非物質性組合的單純實有（Anima humana est inextensa）。

由此，推論出，人的靈魂應該是精神性的自立體。

（Ⅲ）靈魂是精神性實有

①凡活動必與活動之源相關連。人有理智與意志的精神活動，依理推論，必有產生理智與意志的精神性實有，此實有乃人的精神性靈魂。

由上篇講述人的理智時，知道人的理智乃人的精神性官能，可認識非物質的對象，能理解超物質性事理，如認識事物的普遍性抽象觀念，推知神的存在等；理智亦有反省的功能，理智不因認識事理而衰弱。因此，理智是人特有的精神性官能。

人的意志，亦於上篇討論過，亦是人的精神性官能，有自由性決定作用，可脫離外在物質性的認識與誘惑，堅定自己的行為，達到自己所欲望的非物質性聖善實有。

人的理智與意志皆是精神官能，產生此精神官能的根源——靈魂必定該是精神性的存在實有。

換言之，有靈魂的精神性自立體，才有精神性的理智與意志官能與該官能的活動作用。（註一）

〔註一：有的哲學家稱人的靈魂是「非完全的精神自立體」，（ Anima humana est substantia spiritualis, saltem imperfecta）。其理由：靈魂的存有是不屬物質的，乃完全獨立性自立體。但靈魂的功能作用，使肉體成為生命之物的生命活動，需要與人的大腦等肉體相結合。〕

②因此，士林哲學家不贊同「唯物論」等哲學家的意見，其理由如下：

ⓐ唯物論不能講解人的生命現象（ phoenomena vitalia ），亦不能講解人心理內的理智與意志等高級官能與該官能所涉及的非物質對象。

ⓑ唯物論者，將人看成物質體，輕視了人的精神生活。將人引入「唯物」觀的系統內，使倫理、道德、教育、生活等走入錯誤的道路中，必將損害高尚的文化價值。因爲人若與動物相同，則人獸不分，應爲識者所反對。

第二節　靈魂與肉體合一

大家的公意認定人是一個有生命的物體，有感覺的生物，有理性的動物，完整的自立體。其理由，人是由靈魂與肉體二原理組成的。哲學家由此更進一步的追問：靈魂與肉體是怎樣組合的？

爲解答此問題，我們先將哲學家們就「人是什麼」的意見簡介於下：

（一）靈魂與肉體的關係

①柏拉圖：人是靈魂與肉體所合成。靈魂在肉體內如坐監牢一樣，靈魂利用肉體如使用工具一樣。二者的關係，如音樂家與絃琴，舵手與船舟，騎士與馬匹。因此，人的靈魂主宰肉體，利用肉體。

柏拉圖的學說被後人稱爲精神一元論（Monismus Spiritualisticus）或極端精神主義（Ultra-spiritualismus），因爲他將人的本質限定爲唯一的精神體。但也有學者稱柏拉圖是二元論者（Dualismus），因爲柏拉圖將靈魂與肉體分離，二者組合成一個自立體，換言之，靈魂與肉體是分開存在的。

②笛卡爾等受柏拉圖影響（Cartesius et Traditio Cartesiana），認爲人是靈魂與肉體組成，但靈魂是思想（Cogitatio，Pensée），肉體是機器（Machina），肉體機器是供靈魂使用的外在工具。（Angelismus Cartesianus vel Ultraspiritualismus）。

③亞里斯多德，士林哲學家與一些非士林哲學家皆認爲：人的組成是由靈魂與肉體，但靈魂不是人形成的唯一元素，乃靈魂與肉體共同合成的一個完整體。

（二）靈魂與肉體怎樣的合成？

哲學家由此更進一步追問：「若人是靈魂與肉體的組成，其合成性是怎樣的？換言之，靈魂與肉體是實體性的合一？或依附性的合一？（Unio：Substantialis an Accidentalis）？爲回答上問題，應先講述實體性合一與依附性合一的意義。

①實體性合一（Unio Substantialis　）：乃兩個不同的自立體結合一齊，形成第三個眞的完整性獨立體。

依附性合一（Unio Accidentalis）：乃兩個不同的自立體結合時，各保留其固有的本體，只是在活動功能上彼此相結合，其活動現象有時彼此相影響，有時彼此不相影響。

②主張靈魂與肉體是互相影響的依附性結合者，有：唐機奧幾、巴爾米哀里、牛頓、克拉克、勞斯米尼等。

唐機奧幾與巴爾米哀里等（Tongiorgi，Palmieri）主張：靈魂與肉體的結合只是二者的「力量」相結合而產生活動，如二馬拉車行走一樣，二者力的結合，使車行動。

牛頓與克拉克等（ Newton，Clarke ）主張：靈魂與肉體的合一，是靈魂使肉體行動，或肉體幫助靈魂行動，二者有物理性的相影響。

羅斯米尼（ Rosmini ）認為：靈魂是由父母所生，與肉體結合，乃是藉着肉體的基本器官而感覺。靈魂的理智功能是藉着實有概念而形成；此實有概念是藉着感覺器官而得到，故靈魂與肉體的結合是以肉體的感覺為工具。

③主張靈魂與肉體乃非互相影響的依附性結合者，有：馬來勃朗、萊布尼滋，一些精神物理學家者。

馬來勃朗（ Malebranche ）主張：靈魂與肉體的結合是天主在工作，換言之，不是靈魂使肉體活動，也不是肉體使靈魂活動，是天主使之活動，其表現是藉着二者相遇的機會。因此馬氏被人稱為機會主義或天主協助的道理（ Occasionalismus，doctrina Assistentiae divinae ）。

來布尼滋（ Leibniz ）主張：靈魂與肉體的結合是先天性的平衡和諧，二者相調合的現象，如同兩個鐘錶一樣，雖彼此無影響，但指示出同一的時間。

一些精神物理學家否認天主與靈魂的功能作用，主張人的存有活動只是心理與生理的物理現象。（ Fechner，Tichner，Ebbinghaus，Sergi ）。

④士林哲學贊成亞里斯多德的主張，認為靈魂與肉體的結合是實體的結合。換言之，靈魂與

肉體組合形成了人的完整體。（註一）

〔註一：Doctrina Scholastica tenet：Unionem Animae et corporis esse substantialem,ie Animam et Corpus efformare tertiam substantiam a componentibus distninctam 〕

（三）靈魂與肉體是實體性合一

哲學家又追問：「若靈魂與肉體是組成人的實體，其情形又是怎樣的？」

士林哲學贊同亞里斯多德的學說，主張：靈魂與肉體組合爲一，形成一個完整實體，其情形，靈魂是肉體的實體形式（Forma Substantialis），肉體則是合一的第一物質體（Materia prima）。換言之，人的形成來自靈魂與肉體的組合，靈魂是組合的實體形式元素，肉體則是組合的第一物質元素。

一些非士林哲學家所主張的「靈魂與肉體的結合」是物理性的力量混合，但士林哲學家透過此現象，藉着哲學內形上學的「形式與物質」原理，講述心理與物理的組合現象。其道理如下：

（Ⅰ）靈魂不是人的全部本質

就人的生活現象言，人有生長生命的一切功能現象，如營養、生長、繁殖；人亦有感覺生命的一切現象，如：外五官耳目口鼻手足的感覺，內四官的綜合，想像、記憶、利害，欲望與移動；這一切的生長功能及活動現象絕不是單個生命的靈魂所能形成的，故靈魂不是人唯一的全部本質。（人的靈魂生命含有生長生命與感覺生命的一切功能。宇宙論。）

（Ⅱ）靈魂與肉體組成一個自立實體

①就人的意識言，我們知道人的一切功能活動是由一個主體所產生，（Ab Unica Substantia, Ab Unico Subjecto），此人的主體有肉身的器官組織，亦有精神性的功能；肉身的器官來自肉體的組織，精神的功能來自靈魂實有，此二者形成一個完整性自立實體的人。如人爲了「孝順」父母而「工作」，此個人的行動包含了靈魂與肉體的雙重元素，故人是由靈魂與肉體合成的。

②在「Ⅰ」節內言，人生長生命的生魂與感覺生命的覺魂是與肉身合爲一體者，而理性生命的靈魂含有生長生命及感覺生命的一切功能（參閱宇宙論、生物學篇），故理性生命的靈魂應與肉身合爲一體。

再者，由人的意識言，人意識到自己有感覺，也意識到自己有理知（Intellectio），如我知道我在看、我感覺出我在感覺，或我知道我在理解，我理知到我在理解自己，或者，我感覺出我在理解事理，或我理知出我在感覺活動；這一切理知與感覺的交互作用，皆證明人的理性靈魂含有感覺的功能作用，也證明出人靈魂與覺魂是一個魂（Anima sensitiva et rationalis sunt Unica Anima）。也證明出人的靈魂與肉身是合成一個自立性實體。（Anima rationalis identificatur cum sensitiva, efformat cum corpore unam substantiam）。

（Ⅲ）靈魂是肉身的自立體形式

人的肉身就純肉體言，只是一堆骨肉，如無靈魂之死人（靈魂離開肉身），其骨肉開始腐爛消失；而肉體有靈魂後（Corpus Humanum），則爲有生命之生物，能營養、生長、繁殖、感覺、欲望、活動等，此證明出人有靈魂存在肉體上；但此靈魂是精神實有，無法以科學的方法分解出其形像；哲學家隨以亞氏的形上學原理，稱其爲精神性的實有（Ens spirituale），肉體的自立體的形式（Forma substantialis），因爲有此自立體形式，肉體才能成人；無此自立體形式，肉體是一堆骨肉而已。因爲「形式」是決定「物質」者，靈魂是決定肉身成爲人者。因此，靈魂是被稱爲肉身的自立體形式。

再者，靈魂與肉體的組成不能用化學或物理等樣式講解，如氫與氧合成水，因爲「氫」與「氧」二者皆是物質體，可以分解出來，而靈魂分解不出來，是精神性實有體。因以上之理，士林哲學家不贊同其他哲學家的意見，因爲完整人的活動是靈魂與肉身合成有生命實體的結果。

爲明白靈魂的特點，於以下三節詳細講述之。

第三節　靈肉合一，靈魂是肉身的自立體形式

士林哲學家公認人是靈肉合一的，靈魂與肉身是本質不同的兩部份，其合成後的人是一個完整的自立體。哲學家們對此問題有不同的意見主張：

（一）哲學家的意見

㈠心靈一元論者（Monismus Psychologicus）：靈魂與肉身不是兩個本質有區別的眞實體。細分之，有下列兩種：

①唯心精神論者（Spiritualismus Idealisticus）：只有靈魂是眞實體，而肉身是主體性的現象，或是靈魂的代表。（Berkeley, Maine, de Biran, Wundt）。

②唯物論者（Materialismus）：主張宇宙間只有物質體，沒有精神體；宇宙的一切現象皆是物質的功能與性質，靈魂與肉身沒有區別。

(二)心靈二元論（Dualismus Psychologicus）：他們承認靈魂與肉身是兩個不同的實體，但否認心靈二者能組成一個完整的人。細分之，有下三種：

①心（精神）物（物質）並行論（Parallelismus Psychophicus）：精神與物質是兩種完全不同的實有。靈魂也不是自立體，乃行爲的組合。精神與物質雖相關連，但二者彼此間無因果的影響力，如身體內非器官性的物質與化學變動，則有感覺產生；幾時意志有命令發出，身體的肢體上便會運動：物理性變動，不是精神的原因或效果；同理，精神的變動也不是物理的原因與效果。

有的哲學家主張精神與物理是並行的，因爲二者的本質不一樣，但此二者的功能現象是同一的，換言之，一切生理變動，在內在意識上是精神的，在感官上是物理的，因此被後人稱爲「精神物理同一論」（Fechner；Doctrina identitatis psychophysicae，Fechner）

與心物並行論相關連者乃「泛心論」（Panpsychismus），他們主張在一切的事物上，精神的心靈現象與物理行爲是一個。換言之，無靈魂與肉體結合的事情。

斯賓諾沙的泛神主義（Pantheismus Spinozianus）主張：肉體與精神乃「絕對」實有的「屬性」（Attributa），一件事物可藉兩種樣式表現出來。如人沒有肉體，則理智無法思想；反之，人沒有精神，則身體無法活動，二者皆與絕對實有相關連。

②相助學說（ Doctrina purae Assistentiae ）：靈魂與肉身是兩個完整的自立體，除地方性的互助外，沒有任何其他實質的合一。

相助學說是受柏拉圖及笛卡兒的影響，後來形成了互助式的機會主義及先定和諧論。

機會主義者（ Occasionalismus ）認爲靈魂與肉身是一種依附性的偶然合一（ Unio Accidentalis ），天主在人的靈魂與肉身上產生結果。（ Goulinex, Malebranche ）。

先定和諧論（ Harmonia Praestabilita ）：靈魂與肉身的結合是被天主預定的相和諧，因爲天主是宇宙萬物的創造主。因此，靈魂有其自己的活動，肉身有其相對的調和行動，但此二者彼此不產生因果性的相影響。

③潛進學說（ Doctrina Actualis influxus ）：靈魂與肉身是眞的結合，但結合的性質是依附性的而非實體性的。換言之，靈魂與肉體是力的結合，（ Unio Accidentalis est dynamica ），肉體的活動，使靈魂產生感覺作用；同理，靈魂亦有力量使肉體的肢體器官活動。

依附性的靈魂與肉體結合主張：一是柏拉圖，二是笛卡兒。

柏拉圖主張：理性的靈魂在肉體內如坐監牢，靈魂管理肉身如舵手駕駛着船隻。

笛卡兒主張：靈魂與肉身只是在彼此「活動時」相聯合，二者是完全不同的相對當，不可能彼此實體合一。

（二）名詞的意義

①靈魂（Anima）：乃精神性實有，與肉體結合，組成人的形式元素，使肉體成爲有生命之生物。

②肉身（Corpus）：乃物質性實有，與靈魂相結合，組成人的物質元素，肉體因結合靈魂而爲生物。

③結合（Unio）：乃兩個以上的不同元素融合一齊，成爲一個新的自立體。

④自立體（Substantia）：乃自己存有，而不需要依附其他事物存在者。

自立體分完整的自立體與不完整的自立體兩種。

完整的自立體（Substantia Completa）：乃自己完全獨立，其本性不需要其他部份結合而成爲自立體者。

不完整的自立體（Substantia incompleta）：乃自己不能獨立，應與其他部份相結合，以組成一個完整的自立體。不完整自立體亦稱爲「部份自立體」（Pars Substantialis），其本性應與相等的其他部份自立體相結合，以組成另一個完整的自立體。

⑤一個（Unum）：乃獨立的數目，單獨的個體。一個，就單獨的自立體言，分偶有性的一個與本有性的一個。

ⓐ偶有性的一個（Unum per Accidens）：乃一個體由不同的實有組成者，換言之，不同的實有因某種原因連合一齊，但每個實有仍保留著其本質，如不同的人組成一個軍隊，每個人有其獨立性與獨立體，但組成一齊便是「一個」軍隊。

因此，偶有性一個又分純地方性的一個與動力性的一個。

純地方性（偶有）一個（Unum per accidens -mere localis）：乃許多不同的完整自立體實有聚集在一個地方而形成者，如一個學校，其內涵由許多不同的老師學生等聚合一處組成者。

動力性（偶有）一個（Unum per accidens-Mere dynamic）：乃不同的完整自立體連合一齊，彼此影響產生出一種動力。如牛馬同套拉動一輛車行走。

ⓑ本有性的一個（Unum per se）：乃單獨的一個體，其存有不含有其他實有的成份。本有性的一個分「單純性」的與「組合性」的兩種。

本有性單純的一個（Unum per se：Simplex unum per se）：乃該單一體非由其他本質性部份體合成，換言之，其本質實有無任何其他部份性本質，如神、天使、靈魂。

本有性組合的一個（Unum per se：Compositum unum per se）：乃該單一體由其他本質

性的部份所組成。換言之，該單個的本質是由部份性所組成的，其部份本質體為不完整性的存在實有，各部份相合，則成為另一個完整的個體存有，如人。

哲學家認為人的靈魂與肉體之本質，各是不完整的自立實有體（Substantia incompleta），二者相合，組成一個完整人的獨立體。靈肉的組合不是偶有性的組合，而是實體的完整組合；靈肉所組成的人，乃一個新的完整自立體，（Unione fit nova substantia completa），其新的功能與特性皆與組成的部份體不同。如人是一個完整的獨立體，也是人生命活動的原理；人的生命活動現象，不是來自單純的靈魂，也不是來自單純的肉體，而是來自靈肉組合成的人體。

⑥自立體形式（Forma Substantialis）：就形上學言，乃不完整自立體（Substantia incompleta），其功能是限定物質，使之成為固定體。細言之，自立體形式是自立體的部份實有（Pars Substantialis），與物質實有共同組成一個完整個自立體。因此哲學家稱自立體形式為「決定的部份」（Pars determinans），物質為被決定的部份（Pars determinabilis）。

（三）士林哲學的意見

①由以上名詞的講述，士林哲學家主張：人是靈魂與肉身組合的，其組合性不是依附性的「地方」組合（Unio Accidentalis localis），也不是依附性的「能力」組合（Unio Accidentalis dynamica），而是「實體」的組合（Unio Substantialis），其組合的情形如下：靈魂與肉身二者皆是不完整的自立體（Substantia incompleta），各有其本質特性，二者實體組合後，形成一個人的新自立體，因此二者被稱爲「自立體的部份」實有（Pars Substantialis），靈魂是決定性的部份（Pars determinans），肉體是被決定性的部份（Pars determinabilis）；靈魂被稱爲肉體的自立體形式（Forma substantialis），肉體被稱爲靈性化的肉體（Corpus humanum），二者成爲一個有生命的人，有生長、感覺、理性等功能活動，此現象不是來自單純的靈魂，也不是來自單純的肉體，是來自靈魂合一的新自立體——人。

②士林哲學家爲支持其學說，以生物的現象作佐證，如其所言：行爲來自行爲的原理，活動關連活動的根源。因此，人的生活現象也與人的本體實有相連繫。

人的生命現象，營養、生長、感覺等作用是單元獨立的，有此生命現象的主體亦應該是單元一體的，換言之，生命現象不該當來自兩個不相同的主體，因兩個殊異的主體必產生出兩個不同的現象，而生命的每種活動皆是單元完整的，故產生生命活動的主體——人也該是單元一體的；而人的組合乃來自靈魂與肉體，故靈魂與肉體組成了人的一個完整自立體。

③士林哲學家稱靈魂是肉體的自立體形式（Forma Substantialis），因爲肉體若無靈魂的限定，則肉體只是一堆無生命之骨肉，無營養、生長、感覺等生命現象；肉體本身乃是不完整自立

體（Substantia incompleta），因靈魂之結合成為有生命的完整自立體，故靈魂被稱為肉體之自立體形式。

再者，靈魂本身亦是不完整性自立體（Substantia incompleta），與肉身實體結合後，使肉體成為有生命的生物。

肉體是物質性實有，靈魂是精神性實有，二者實體完整結合後，成為一個完整自立體的人。

〔Anima cum corpore entitative unita→Substantia completa（homo）〕

（四）士林哲學不贊同哲學家的意見

（Ⅰ）士林哲學不贊同以上各哲學家的意見

①士林哲學不贊同「心靈一元論」的學說，因為他們否認靈魂與肉體是兩個自立體，而人是此二者組成的。

②士林哲學家不贊同「心靈二元論」的學說，因為他們否認二者能相結合組成一個完整的自立體；其承認兩個只在功能上相結合的理由，士林哲學無法接受。

③士林哲學不贊同「泛心論」與斯賓諾沙的「泛神主義」，因為他們否認靈魂與肉身是兩個

不同的自立體。

④士林哲學不贊同相助說，因爲他們或將靈魂與肉體看成地方性的相互助，或將二者看成機會式的相遇着，或偶有性的相結合，總之，他們否認了靈魂與肉身是兩個自立體，二者能實體的結合成一個完整之人。

⑤士林哲學最後也不贊同潛進說，因爲他們主張靈魂與肉體是偶有性的依附結合，而非本質的完全結合。因之，士林哲學家也不接納柏拉圖與笛卡兒的學說。

以上哲學家的思想雖有部份性的眞理，或接近眞理的距離遠近不同，但士林哲學贊同堅持自己的主張，認爲靈魂與肉體是實體性完整的結合，組成了一個完整的人。（註一）

〔註一：Unio Animae et Cerporis est substantialis in quantum anima et corpus efformant unam substantiam. Haec substantia completa, una natura et una persona〕。

（Ⅱ）士林哲學的主張

①靈魂與肉身組成的自立體，是一個完整自立體（Substantia completa），其完整性是來自

兩個非完整性自立體的合成（Substantia incompleta）。反之，若靈魂與肉身各爲完整的自立體，則二者的結合，只能是外在的相組合或偶有性的相結合了。偶有性相結合如其他哲學家言，是地方性的外在結合，或是活動時的動力結合，或是神的力量使之相合者。因此，士林哲學家主張靈魂與肉身是兩個非完整性自立體結合，成爲一個完整的自立體；靈魂是「動性」的形式元素，肉體是「受性」的物質元素（Forma＝actus，Materia＝potentia），二者合成一個完整的人，一個本性（Una Natura），一個位格（Una Persona）。

人的性體是一個，因爲人是生命活動的統一根源。人是一個位格，因爲人是自己行爲、感情、與意識的主人。

②靈魂是肉體的形式，也是精神性自立體，（Anima rationalis est forma corporis et substantia spiritualis），士林哲學家對此有單獨的解釋。就靈魂與肉體結合言，使肉體成爲一個有生命之人（Ratione speciei humanae），靈魂是一個非完整的自立體，因爲他與肉體相合才能組成人。換言之，靈魂本身不能形成完整的人。就靈魂單獨自己存有言，是一個精神性實有，自己能離開物質體而存在，就此精神實有的存在言（Ratione substanlialis spiritualis），靈魂也可被稱爲獨立完整性自立體。（Substantia completa）

天使被稱爲「完整自立體」，因爲其存有不需要與肉體相結合，便可自己存在與活動。生魂與覺魂（Anima Sensitiva et Anima Vegetativa）就存在與形式言，皆是非完整自立體，離開植物體與動物體後，便不存在了。

③靈魂與肉體結合爲肉體的形式，其存有被稱爲「非絕對精神」（Spiritus non purus）。靈魂因與肉體結合，自己也不被稱爲位格（Persona）。因爲「位格」乃人的名詞，由靈魂與肉體合成者，靈魂只是人位格的一部份、形成人的形式要素。

第四節　靈魂在整個人體內

上節講述靈魂與肉身之結合，哲學家近一步追問說：靈魂在肉體之何部份？或靈魂與肉體之何部份結合着？

哲學家們對此有不同的意見：

早期的希臘學者，有人主張靈魂在人的心中，有人主張靈魂在人血液中，也有人主張靈魂在人的頭內。

笛卡兒認爲靈魂在人身的重點是在人的喉部松果核內（Glandula pineali）。

當代心理學家及物理學家則主張靈魂在人的大腦內，因爲靈魂是人心理活動的集合，應該在大腦中樞。

士林哲學則認爲靈魂是在人身的全體各部份上，其理由如下：

①靈魂與肉身結合，使血肉之體成爲生物，生物有營養、生長、感覺等各種現象，而生物的每種生活現象皆與靈魂相關連。換言之，身體各部份的營養、生長、感覺等作用皆因靈魂存在而活動；否則，無靈魂之肉體只有腐朽，因之，靈魂存在人的全身之每一部份上。

②靈魂在肉體上乃確定性之存在而非界限性的存在，確定性之存在（Anima in corpore definitive）乃靈魂之本質確實在肉體之每一部份上。但其存在不是界限性的（Anima in corpore non circumscriptive），因爲「界限性」的存在乃就事物之量度存有言（Contactu quantiltatis），而靈魂是精神性實有，沒有「廣度」，其存在不是如肉體之長短量度相分隔，換言之，靈魂不能如人的身體一樣，分成數部份，並與肉體各部份相結合。

③因此，士林哲學主張靈魂在人身的任何部份皆是全靈魂在該處，換言之，精神性之靈魂不是物質性量度似的在人身上，而是整個靈魂在人的整個全身體上，也是一個完整的靈魂在人的任何部份上，因爲精神性的靈魂沒有伸延性的部份體。

④靈魂存在肉體上，不因肉身之增長減少而改變，換言之，人的肉體在生活的過程中有增長與衰退的現象，更有災禍損肢斷臂的事情，但其靈魂仍是一個原來的靈魂存在着。ⓐ因爲靈魂是精神性單一實有，不因與肢體相結合而損失。ⓑ再者，人的身細胞變化，據生物學家言，每十一

年完全改變，換言之，十一年前的身體細胞組織皆消失不存，而新生的肉體細胞仍與原來的靈魂相結合着，因此該人的位格與該人的本質仍未變，還是該某人。由此也證明出靈魂是人肉身實體的自立體形式，一個精神性實有，與肉體結合成爲一個人。

第五節 靈魂不死

經驗告訴我們，人自然要死亡的，但人是由靈魂與肉身組成者，其死亡是組合體的分離與毀滅。人的肉身是物質體，組成人的物質性部份元素，就存有言，會自然腐化毀滅；但人的靈魂是精神性實有，組成人的精神部份元素，就存有言，非物質性的實有不能分解毀滅，故人死後，分離開的靈魂將會存在不消滅。

靈魂不死的道理非常重要，乃宗教與倫理道德的基礎點。換言之，因爲人死後靈魂仍存在，才有宗教的成立與道德的規範；否則，人死後，無任何責任存在，則宗教無法講論死後的賞罰與永生，亦無法使倫理道德建立堅强的規範。因此，我們此節討論人的靈魂不死的問題。

（一）不死的意義

人的靈魂被稱爲肉身的自立體形式，精神性實有，因此，靈魂的性質應該是不死不滅。

不死的意義，拉丁文爲（Im-mortalitas），乃死亡的缺欠，細言之，乃一個有生命的物體沒有死亡，其生命是永存的（Immortalitas est perenitas vitae）。

就我們的現實生命言，所接觸到的皆是感覺性的事物，其特性是生成與毀壞的實有。精神實有缺少毀壞者，我們稱之爲不死者（Immortalitas）。

不死者有三種情形：

①絕對不死者（Immortalitas absoluta）：乃該存在的實有不可能毀滅，此實有乃宗教的至上神——天主。

②本性（自然性）不死者（immortalitas naturalis）：乃該存在的實有能不毀滅，如人的靈魂。

③本性外的不死者（Immortalitas praeternaturalis）：乃該存在的實有，其本性應該毀滅，但因天主的參予或神力的幫助，沒有毀滅。（宗教家講人復活後的靈魂可以如此存在着）。

就自然性不死的靈魂言，有下列三種情形：

ⓐ靈魂在合成性的人體分解後，仍不毀滅。換言之，靈魂的本實有仍然存在着，因此，靈魂的「本質」該是內在不能毀滅的。（Intrinsece immortalis）

ⓑ靈魂是精神性的實有，不因他種原因而毀滅，因此，靈魂該是外在的不能毀滅的。（Extrinsece immortalis)

ⓒ靈魂有自己的意識，有精神性的理智認識，意志等功能，不被外物所左右，因此靈魂該是人格性的不能毀滅。(Immortalitas personalis)。

（二）哲學家的意見

靈魂不死的理論與情形，哲學家有不同的意見：

㈠有些哲學家認為：「靈魂不死」之說乃「比喻」式的言論，實在靈魂是死亡的。換言之，否定靈魂不死之說。

他們認為靈魂不死，常久存在於人類中，其方式如下：

①死亡的靈魂存留在其子孫與後代人的身體中。換言之，靈魂與肉體一樣，可以遺傳給下一代。

②死亡人的靈魂存在於朋友的記憶與歷史的記載中。換言之，親友的記憶與歷史的講述，便是他們的靈魂不死，永恆生活着。

③死亡人的靈魂存在於文化與藝術作品中，存在於學問著作、工藝品、倫理價值的學說中。換言之，在人的學問、藝術、倫理文化的遺產中，留下了他們的成績，使人羡慕、學習與遵行，

便是他們的靈魂不死。

以上所言，其精神不死，功績永留人間，乃靈魂不死的理由。此學說被後人稱為「比喻」式的靈魂不死說（Immortalitas Metaphorice），其實意是否認靈魂是精神體不會死亡的。

(二)現象論者（Phaenomenistae）否認靈魂是自立體。

(三)唯物論者（Materialistae Antigui et recentes）承認宇宙間只有物質存在，而無精神性實有，因之，否認靈魂存在，更否認靈魂不死。

(四)泛神論者（Pantheistae）否認人有單獨的靈魂，換言之，人之靈魂與天主同體，乃神的一部份。

(五)實證論與不可知論（Positivistae, Agnostice）或懷疑靈魂是不死的，或主張超感覺的事物皆是不可知道的。

(六)文藝復興時期的學者（Petrus Pomponazzi）否認理性證明靈魂不死的價值，換言之，理性不能證明靈魂不死。

(七)康德：（E. Kant）認為靈魂不死不是由「純理性批判」得知，而是由「實驗理性批判」求得的。因為人求福的欲望無法在現世獲得，只有冀望來世，故靈魂不死，才能滿足人性的欲求。

(八)感覺論（Sentimentalistae　）等主張靈魂的不死，乃來自個人的需要與主觀的感覺而已。

(九)柏拉圖（Plato　）：承認靈魂不死，並主張靈魂與肉體結合以前，已經於觀念世界中存在着。

(十)亞里斯多德（Aristoteles　）：主張只有人的靈魂不死。換言之，其他生物的覺魂與生魂皆死亡。

(十一)斯高都士等（Scotus et Card. Cajetanus　）主張：證明靈魂不死的理由不及「啓示」的理由，換言之，人的理智有限，天主的啓示有力；由天主的啓示超越理智的證明，更能使人相信靈魂是不死亡的。

(十二)近代哲學家笛卡兒等（Descartes, Leibniz, Wolff, Beckeley）皆相信並主張靈魂是不死的。

(十三)教父哲學及士林哲學家皆承認靈魂是不死不滅的。當代公教哲學家的共同意見：靈魂的不死之可以理性證明的。（Doctrina Communissima et Certissima Scholasticorum　）。

（三）士林哲學的意見

(一)靈魂的本性是不能毀滅的

事物的毁滅（Corruptio），普通言，乃組成部份的解體，因之，組成物亦不存在。毁滅分本身的毁滅與依附性的毁滅兩種。

本身的毁滅（Corruptio per se）；乃組合體實有被分解成部份。

依附的毁滅（Corruptio per accidens），非眞的毁滅，而相似毁滅，換言之，乃內在與物質結合、離開物質便不能存在者。如生魂與植物體，覺魂與動物體。

本身性毁滅亦名直接性毁滅（Corruptio directa），依附性毁滅亦名間接毁滅（Corruptio indirecta）。

人的靈魂不能本身性的直接毁滅，亦不是依附性的間接毁壞。其理由如下：

①靈魂是一個單純性自立體（Substantia simplex），不可能有本身性的直接毁滅：單純體的本質是沒有部份性的組合成份。凡沒有部份性組合成份的物體，其本身不可能分解成部份，消失自己的原有體；故單純性的靈魂不可能分解消失之。

②靈魂是一個精神性的自立體（Substantia simplex），不可能有依附性的間接毁滅：精神體是非物質者，就哲理言，凡精神體非物質者，不可能有感覺性的物體毁滅，故靈魂應該存留不消失。

以上兩點證明，凡自立體的本質不能毁滅者，應是不死不滅的存留下去，靈魂之本質正是如此，故靈魂是常存不滅的。

㈡由人的自然欲望言

人的自然欲望，常欲望美好的，謀取美好的，但人世間的事物是有限的，無法滿足人的無限欲望；尤其是死亡的遭遇，更使人失望難過。因此，就理論言，人肉體毀壞後，其靈魂應該繼續存留。否則，全人類所有的此種自然欲望必然落空，無根基與目的，如此則不適合人的自然性。

㈢就道德律言

就道德法規言，要求道德法規的神聖性，有功則賞，有罪則罰。但人現世間的遭遇，屢次看到有功未賞，有過未罰；更屢次看到，善有惡報，惡有善報；由理據推，人世間的生活不是人的最後結局，換言之，人死後的靈魂存有將遭遇到最後的審判，有功則賞，有過則罰；否則人死百了，行爲的善惡，無任何責任，則不合人性，也相反倫理法規的公平意義。故靈魂應於肉體毀滅後，仍然存在着。

再者，若靈魂是毀滅的，不但相反道德規律，也使人無高超欲望，導人走入自私自利的唯物主義，或損人利己的自私主義，或假善欺人的虛僞主義；則形成人事的紊亂，社會的不安寧；此乃相反人的良善本性與公正的天理。故靈魂的不死永存，促使人與社會走向聖善之境。

(四)就全人類的心意言

由全人類的心意言，全世界人類，自古迄今，無皮膚之分與文化之別，皆相信人死後有魂存在，換言之，人死後，其靈魂不死。若全世界人類皆有此心情，必不是妄想或迷信，應有其存在的價值；此人同此心，心同此理的靈魂存在論，也是靈魂是不死不滅道理的佐證。

再者，中國、印度、日本、南洋、中東、希臘、羅馬及現代的歐美、非洲、南美的人民皆相信有鬼神存在，並相信人的現世善惡行爲，將有死後的善神與惡鬼的報應。

再次，在死亡的追悼儀式中，各民族皆有不同的祭祀，如奉香、獻菓、祭酒、獻花等，此乃表示死亡的靈魂在接納這些奉祀禮品，也表示出人的靈魂於人死後仍然存留着。

(五)就宗教哲學言

就宗教哲學言，若靈魂是有毀滅的，則與天主的聖意不合，因爲天主是無限的，他所創造的萬物中，人是最高尙的，若人死亡與其他物體一樣消失，無靈魂存在，則人與其事物一樣了；但人有理智與意志，並有無限的欲望，人的靈魂應該是不死不滅的，才能與無限的天主創造人的目的吻合。

再者，天主的公義與仁慈，皆需要人的靈魂不死，才能滿足完成。因爲人的善惡賞罰，在現世不能解決者，應於死後的靈魂身上處理之，換言之，人在世的善行罪過，皆與靈魂相關連。再者，天主既付給人理智的無限欲望，世事不能滿足於人，只有靈魂的永存，與無限的天主合成後，才能得到眞的幸福。

總結以上，士林哲學家主張：人的靈魂是不死不滅的。因爲「不死」的意義是不毁滅，換言之，生物體先是生命的消失，後是肉體的毁壞消滅（Immortalitas est immunitas a corruptione in subjecto vivente）。而人的靈魂是生物的自立體形式，精神性實有元素，其本質沒有任何可毁滅的理由，故靈魂不能被消失毁掉而應永存着。由此，士林哲學結論說：「人的靈魂就法理言（De Jure），該常存不死；就事實言（De facto），也該常存不消滅，因爲無限美好的天主創造了她，應該保存她使她永存下去，才能與天主的聖意相配合。〔註〕

〔註〕

證明靈魂不死的學理，不是容易被講明的，先賢哲學家對此便有不同的意見。

①斯高都士學派（Soctistae）認為以哲理講述超性的事理，不如內心的自覺感受，因為「創造」、「靈魂不死」等道理，不是人的理性能清楚證明的，應依信仰肯定之。

②由倫理法規與人民的公意，雖能證明死後靈魂存在，但對罪過的永罰處置，則缺少說服力。(Maher, Forbes, Lessius, Kleutgen, Schiffni)，換言之，人犯的罪過，應該受罰，但不該受永罰；若靈魂永遠存在，便要永遠受罰了。

以上數節所言，可歸結以下的綱要：

靈魂是自立體，單純的、精神性實有，肉體的形式。

靈魂被稱為自立體（Substantia），因為她可以離開肉體的器官而存在。靈魂被稱為單純體（Simplex），因為靈魂不是組合體。靈魂就本質言，不是由形式與物質組合的。靈魂就本體言，也不是由廣度的部份體組合的。靈魂就精神體言（Spiritualis），是獨立存有的，因之可使肉體成為有生命的生物。

因此，靈魂的存有不是現象論、唯物論、感覺主義所能反對的。

靈魂是自立體的證明，可藉人的自我意識證明。靈魂是單純體的證明，可藉意識的合一性與意志的自由性證明。靈魂是精神體，可藉着理智所認識非物質的對象，普遍性、回憶、運用，亦可藉意志的自由，驅向非物質的美好證明。

因此，士林哲學家不贊同靈肉二元論的主張：不贊同柏拉圖及笛卡兒，因爲他們不承認靈魂與肉體是實體的結合，只承認二者是偶然性的依附結合；不贊同馬來勃朗的機會主義，不贊同萊布尼滋等的預定和諧論；因爲靈魂與肉體合而爲一，組成一個眞的生活自立體；其理由，人的意識是一個，人的生活功能是一個。

最後士林哲學家主張：靈魂是存在人的肉體上，靈魂與肉體分離後，不死不滅。

參考資料

Plato：Phoedo，Respublica.

Aristoteles：De Anima III. 4，429a，Ethica ad Nicomachum.

S. Thomas Aqninas：Comm. in De Anima II; S. T. I. qq 75 et 76; C. G. II63-64；69; 72; II. 55; 79-82;

S. Angustinus：De Quantitate Animae, Sigiloquia.

第二章　論人的來源

由事實經驗得知，人是由父母所生，父母是由祖父母所生，哲學家則近一步追問，人最元始的父母是由何處而來？此乃本章的主題，論人的來源。

第一節　人的來源

在討論人的來源問題上，我們先看看哲學家的意見。

（一）就人的靈魂言

①流溢說（ Emanatismus ）：此派主張人的肉體由父母所生，但人的靈魂則由天主本體所流溢出來。因此，此學派被人稱爲泛神論的流溢說（ Emanatismus Pantheisticus ），主張此學說的有：Pythagoras, Stoici et Neoplatonici （ Plotinus Porphyrius ） Gnostici, Manichaei, Theophistae.。

②傳殖說（ Traducianismus seu Generationismus ）：此派主張人的靈魂也是由父母傳生的。此派又分兩種不同的主張。

ⓐ物質性傳殖說（ Traducianismus Materialis ）：靈魂是藉着物質性種子（ Semen Materiale）由父母傳生下來。主張此學說是第三世紀的 Apollinaris，後人稱此學說爲 Apollinarismus，Tertullianus 也如此主張。

ⓑ精神性傳殖說（ Traducianismus Spiritualis ）：靈魂是藉着精神性種子（ Semen spirituale）由父母傳生下來。主張此學說者有聖奧斯定及葛來高里（ S. Augustinus，S. Gregorius M ），他們藉此講述人的原罪問題；聖奧斯定後來又改正此學問，主張靈魂不是由父母來，而是由天主所造。

③進化論（ Evolutionismus Anthropologicus ）：人的原始父母由動植物等進化而來，換言之，靈魂不是創造的，乃由父母生下的。

④創造說（ Creationismus ）：靈魂直接由天主從無中創造的。士林哲學家皆主張此學說（ Scholastica Doctrina ）。

（二）就人類的生成言

①創造說（ Creationismus ），亦名傳統學說（ Doctrina Traditionalis ），乃人由天主直接創造的，此說來自古經創世紀，乃人的肉體由天主所創造，然後付給肉體一個靈魂，便成爲現今的

人。

②物質進化論（Evolutionismus Materialisticus）：宇宙間的一切事物皆是進化的，人亦然，由猿猴進化而來，故人沒有靈魂與肉體的區別。

③精神進化論（Evolutionismus Spiritualisticus）：人的靈魂是由天主所造，但人的肉體是由猿猴進化而來。

唯物進化論主張一切是自然的進化，不需要任何天主的輔助，人是由下等動物及猿猴變成的。主張此學說者有：拉馬克、達爾文、海克爾（Lamark, Darwin, Haeckel）等。

精神進化論主張人是由猿猴演變的，其演變的情形是天主的參與輔助，換言之，天主使猿猴的身體成爲人的身體，然後再付給一個靈魂。主張此學說者有：D'Hulst, De Sinety, Bouyssoni, Wasmann, Gemelli, Marcozzi, Theillard de Chardin。

就哲學的觀點言，唯物進化論不被接納，因爲哲學的銘言：「無的不能給有」，無生命的無生物不可能產出有生命的生物來。精神進化論被部份的宗教家所接受，因爲物體進化的過程中，需要有神力的參予輔助。創造說乃宗教家所堅持的理論，其聖經內創世紀的學說，亦可用現代科學演化的過程講述之。換言之，仍是神的力量所形成者。

(三) 士林哲學的意見

(一)就人的靈魂言

士林哲學不贊同流溢說，因爲他們相反天主的單純性及不變性。

士林哲學不贊同流溢說，因流溢是由組合性自立體流出來。但天主是絕對的單純體，不可能由神性自立體流出任何部份體。再者，流溢體與所流溢出的部份體該是同性體的，但靈魂與天主不是同性體者，靈魂是有限的實有，天主是無限的實有，故靈魂不是由天主所流出，正如畫家所繪的畫，與畫家不同性體一樣。

士林哲學不贊同傳殖說，因爲他們相反靈魂是精神體及單純體；物質性傳殖說相反靈魂是精神實有，因爲精神性的靈魂不能來自物質性的種子；精神性傳殖說相反靈魂不可分的單純實有性，因單純性的靈魂不可能分裂成部份體。

士林哲學不贊同物質進化論，因爲他們相反靈魂是精神體，精神性的靈魂不可能由物質體進化而成，此相反因果律，乃成果超出原因的力量。

士林哲學也不贊同精神進化論，因爲肉身由猿猴進化，無任何證據可證明。

士林哲學主張創造說，換言之，人的靈魂是由天主創造的，其理由，靈魂是單純體、精神體，其存有不可能由父母的肉體傳生下來；靈魂也不能自己由無中生有，因爲宇宙事理不可能「由無中生有」（Ex Nihilo Nihil fit）。靈魂只能由全能的神從無中創造的（見理性神學）。

事物的被創造，乃一個新的事物產生。普通言，新事物的產生或是由「有」到「有」，如桌子由樹木造成，或是由「無」到「有」，如神創造宇宙；由「有」到「有」乃人所創造的一般事物。但靈魂是精神體，人不能由任何物質性的事物中造出；只有全能的神才能由物質的無中創造出。

「無」（Nihil）乃是虛無不存在的意思，對「存有」言，乃是該事物存有前沒有該事物，其「存有」是虛無，當該事物存有後，便是由虛無中生出。普通言，普通事物是有其存有之先天元素存在，如桌椅是從已有之「樹木」做成，此桌椅之造成非由於完全虛無中創造，乃由先天存有物中造成；但靈魂是精神體不是來自任何先有的物質元素，只有全能的神才能從非物質的虛無中創造出生命，付給精卵結合後的肉體，使之成爲一個有生命的生活物，人的靈魂便是在此種狀況下產生的。

靈魂也不能是自有的，世間無任何東西可以自己有自己，因爲凡物體應有其先天存有的元素，精神性的靈魂不可能由先天的物體實有，也不能從無中自己有自己；否則，自有的靈魂已不是人的靈魂而是全能自有的最高神了。故靈魂只能由全能的神從無中創造出來的。

㈡就人類的生成言

就人類生成言，乃就人的身體言；唯物進化論與精神進化論所言的「肉體由猿猴進化」的思想，無任何積極的證據，不能爲士林哲學家所接納。

（I）人與猿猴是兩種不同的種類，換言之，人是人，猴是猴，人不可能由猴子進化而來，其理由如下：

①就心理學言，人的認識與理智的功能與猴的認識完全不同，人有理智能抽象、推理、創造、發明，因此人的生活方式日新月異，人的衣食住行，不斷的改變前進，但猿猴的衣食住行，常久如一，毫無改進。

②就生物學言，ⓐ人體的結構與猿猴的結構也不一樣，就人的大腦言人有 1500-2000 Gr.，而猴子的大腦只有 500 Gr.。人的臉面有 70-90°，而猴子的臉面只有 30-35°；就人的活動意識言，以人的大腦爲主，而猴子則以骨髓等爲中心。就人的行走言，人是腿部直立的行走，猿猴等是以彎曲的樣式行走。人有兩手掌做事，兩隻脚行走，而猿猴則有四隻手，其脚掌可以拿東西吃，手亦可做脚掌用。

ⓑ再者，就現代科學家的研究，動物不能越級跳躍，換言之，不同種類的事物不可能相變動，鷄不能爲狗，狗不能爲牛；同理，猿猴亦不可能爲人。科學家將不同種類的精子與卵子放在一齊，亦不產生混合生物。（狗與狼生狼狗，驢與馬生騾子，則二者爲同種類，正如白人與黑人結婚能生子女一樣，其本質相同，只是依附性的屬性改變而已），此證明種類不同性質的生物不相溝通，亦不能演進形成。

ⓒ生物的突變，只是一個生物的偶然突變，普通言，突變的動物不可能再生下第二代突變的東西。

ⓓ就進化的理論言，人若是由猴子變的，則進化的程序應繼續不斷，事實證明，現在未有在何處又發現了一夥由猴變成的人。再者，進化的演變是緩慢遲頓的，在猴與人之間應有變化成似人又似猴的動物，事實上，現在又未發現有此中間性變化的生物，故由猿猴進化成人的理論，無任何的根據性。

ⓔ一九七六年，美國 Hopkins 大學水產研究所發現一種魚，有兩億年的歷史，其體型無絲毫改變，他們曾出版一本書，否定了達爾文的生物進化論學說。

ⓕ生物學家與當代科學家未創造出任何有生命的生物，換言之，科學家無法由無機物中造出有生命的東西，同理，無機物中也不可能演進出有生命的生物出來。

總結上言，唯物進化論的學理無法成立。人由猿猴進化而成的學說更不可能。（註一）

（Ⅱ）精神進化論認爲宇宙萬物是進化的，其進化的功能是天主的參與，換言之，天主給萬物一種生命力，使萬物往超越自己的方向前進，植物可以成爲動物，低等的動物可以成爲高等的動物，最後人在世上便可以不死成爲神。正如古生物學家天主教耶穌會神父德日進（Theillard de Chaldin, 1881-1955）所言：宇宙萬物是一體演化的，由無機物→有機物→生物→人→精神，其演變之動力來自天主先付的「先天生命」（La Previe）與「意識種粒」（Grains de Conscience）。

精神進化論雖爲部份天主教哲學家所接受，認爲「也許可能」，但筆者與多數學者認爲「可能性非常的微小」，只不過是他們學者的一種思想而已；尤其是德日進認爲人能進化成精神體，不知其指意爲何，人除非死後靈魂昇天成爲精神性的神，人類活着絕對不可能進化爲精神性的神。因此，精神進化論主張靈魂直接由天主所造，「肉體由猿猴演變的學理」乃不可能的事實，因爲缺乏積極性的證據。

士林哲學主張：人是天主所創造的一種高等動物，其靈魂直接由天主所創造，人的肉體由父母所傳生；人有自己獨有的特性，不是由低等動物進化而來，其理由如上所述。（註二）

〔註一〕：參閱：張振東著，士林哲學的基本概念㈡，宇宙論，生物實體篇。

註二：參閱張振東著，士林哲學的基本概念㈢，理性神學，第三篇。」

第二節　靈魂與肉身結合的時間

靈魂與肉身結合的時間問題，關連着靈魂是「何時存有」的問題，換言之，靈魂是先肉身存在，然後下降與肉身結合，或者靈魂與肉體同時被天主所造而存在？

（一）關於靈魂何時存在的問題，哲學家有不同的意見。

㈠皮達高拉斯、柏拉圖、費老、奧里及乃斯等（Pythagoras, Plato, Philo, Neo-platonici, Origines）主張：人的靈魂是在與肉身結合以前已經存在天空星宿中，或精神世界中，然後因自己的罪過或無罪過而自願的下降與人的肉體相結合，其情形如坐監一樣。此種神話式的道理，後世的萊布尼滋（Leibniz）亦接受之，並主張天主先造了許多靈魂，並將靈魂禁困於小物體中，然後再使之與肉體相結合。

㈡靈魂轉生說（Transmigratio Animarum），靈魂在人死後，轉胎投入另一個新人身上，或動物身上，成爲另一個人或一個動物。主張此學說者有早期的Pythagoras, Plato, 埃及人與佛教徒等（Aegyptii, Budhistae）。現在還有些佛教徒認爲人是投胎轉生的，（西藏活佛等）；他們認爲人的投胎轉生是洗煉靈魂，使有罪的靈魂因幾次轉生，藉所受之世苦煉淨自己的罪過，再達永生。或是人在世損人利己，傷天害理，其死後投生爲牲畜以補贖前世所犯之罪過，或爲某人之畜牲，以補償其傷害之人。

㈢士林哲學家認爲人的靈魂是由天主所造與人肉身相結合，使之成爲精神性實有，人組成的本質要素。因此，

（Ⅰ）．士林哲學反對靈魂先天存在論與靈魂轉胎重生說，其理由如下：

①靈魂先天存在說沒有目的性，靈魂是與肉體相結合，使肉體成爲生活之人，人有肉體，天主造靈魂付予之，不需要先使靈魂存在於太空中等待着。

②靈魂的功能特性是理智與意志作用，與肉體結合後才產生活動與成果，因之靈魂不需要先天存在；無目的活動的先物存在，也相反天主的明智措施。

③若先存在的靈魂有理智與意志的功能存在，相連着，必有記憶等功能作用；但現世的靈魂不記得先存在的情形，而人的學問追求與知識的學習，皆需要從頭開始。

④柏拉圖的靈魂下降如坐監，在世認識事理，如在地窖下見影子，使靈魂憶起從前先有之觀念說，亦無確定明顯的理由，只是他個人憶想的學理而已。

因之，士林哲學不贊同靈魂先天存在說。

(Ⅱ)士林哲學亦不贊同靈魂轉生投胎說，其理由如下：

①靈魂若是由前世生活的人身上離開，投生在另一個人身上，該靈魂應該對已往的世界事物有所記憶，事實證明，我們都不記得前世曾有過的任何事情。

②靈魂的本性是與人的肉體結合，成爲生活之人；不能與不相配合之低等動物相結合；不相等之結合，不該有任何功能產生，換言之，不相等之結合，相反靈魂的本性。

③轉生投胎說缺少有力的證據證明。只是宗教道德家的言論，使人在世立功行善之勸語。

因此，士林哲學堅持自己的理論，靈魂非先天存在的，也不是由前世投胎轉生的，是天主藉着父母的身體創造人身時所同時創造的。

(二)由靈魂的被創造時間，涉連到靈魂與肉體結合的時間問題，換言之，靈魂在什麼時間與肉體結合？或者，人的肉身在什麼時候有靈魂？或者，天主在什麼時候付給人肉身一個靈魂？

爲回答此問題，先看看哲學家的意見：

①斯多亞學派(Stoici)主張：人的肧胎成熟，由母胎生產時，乃天主付予靈魂的時候。換言之，人生產時才有靈魂，在母胎內沒有靈魂。

②亞里斯多德、多瑪斯，及部份的士林哲學家主張：人的有靈魂不是在母胎受孕的時候。換言之，天主不是在女人懷孕的起初時期，付予人靈魂，是在較晚的時間，其理由，身體該先在母

胎內準備成形，才能接受靈魂，結合成人。——（此思想不被大家所接納）。

③當代士林哲學家（Scholastici Recentiores）多主張：天主給靈魂予肉體是在女人懷孕的一刹那。換言之，在母體內當男人的精子與女人的卵子相結合時，天主便付予靈魂。其理由，精子與卵子相遇便成爲一個有生命體，可以藉母親身體內的營養品營養與生長。凡能營養生長的物體必是有生命生活的生物，其生命的功能來自靈魂，故精卵相結合成爲初步胚胎時，便已有靈魂了，此乃天主付予了靈魂。

有的哲學家認爲，人的胚胎能營養、生長、或感覺，乃是先有生長生命的生魂，再有感覺生命的覺魂，然後頭腦長成後，才有靈魂。——此思想不爲哲學家所接受，因爲靈魂只有一個，人的靈魂包含有生魂與覺魂的一切功能，如營養、生長、感覺等；人有以上的現象，便表示人已有靈魂了。

聖多瑪斯等哲學家完全就哲學的思想，推論出的理由，不爲後世所接受。現在神學家、哲學家，及公教醫生的共同意見，女人在受孕之初，精子與卵子相結合的刹那，便已有靈魂。此意見雖未有百分之百的事實能證明，但天主教所堅持的「絕對不能墮胎」道理，便是根據此原理。因此，在教會法典七四七條言：「可以無條件的給任何時期的胎兒付洗」。（註），付洗是給人行的聖事，教會要給胎兒付洗，便承認任何時期的胎兒已是人了。因此聖教會頒佈了墮胎是犯殺人之罪；也因此，好多國家有禁止墮胎的法律。

〔註：Codex Juris Canonici（Can. 747）: jubet dari baptismum omnibus foetibus abortivis, non sub conditione, sed absolute.〕

總結

I．就人的靈魂來源言，有三種不同的學說：

(一)流溢說：主張人的靈魂是由天主的本體流出來的。

(二)傳殖說：主張人的靈魂是由父母所傳生，或藉着物質性的種子，或藉着精神性的種子。

(三)進化論：人由低等動物進化而來，靈魂不是創造的，乃由父母生下來。

(四)創造說：靈魂由天主所創造的。

士林哲學主張創造說，不贊同以上三種學說，其理由如下：

①流溢說的道理無法成立。

ⓐ流溢說要求流溢的根源該是組合性的自立體，否則不能流出，但天主是純單純體，非組合性的實有，不能流溢出靈魂。

ⓑ再者，流溢說要求流溢體與流溢之源體該是同一性體的，但靈魂是有限性實有，天主是無

限實有，二者不是同一性體者。

②傳殖說之道理無法成立。

ⓐ靈魂不能由物質種子來，因爲靈魂是精神性實有。

ⓑ靈魂不能由精神種子來，因爲精神性自立體內無任何種子存在。

③進化論的理由不能成立，因爲低等的物質不可能產生出高等的實有來。哲學銘言「成果不能超出原因」、「無中不能生有」，無機物的物體不可能進化出精神性的靈魂出來。

④創造論的學說能夠被接受，因爲精神性自立體是脫離物質而存在，此獨立性精神實有、非流溢、傳殖與進化而來，應由全能之神的天主所創造者。此思想爲士林哲學及宗教哲學家所接納與主張。

Ⅱ·就人類的生成言，有二種不同的學說

㈠創造說：靈魂直接由天主所創造的。此爲士林哲學及宗教哲學家所主張。

㈡進化論：又分物質進化論與精神進化論二種。

①物質進化論：主張人的靈魂與肉體皆是由無機物→有機物→猿猴進化來的。

②精神進化論：主張人的肉體由猿猴進化，而人的靈魂是由天主所創造。

物質進化論已完全被否定，因爲「無中不能生有」，無生命的無機物不可能生出有機物，猿猴更不能進化爲人。

精神進化論，主張宇宙萬物因天主的參予與輔助，能逐步進化，由低等到高等，由動物到人。但此學說不爲多數士林哲學家所接納，其原因：①只是哲學家的思想意見。②缺少直接有力的顯明證據。③現代的科學家及生物學家皆主張「生物不能越級進化」。

因此，士林哲學主張人的元祖是全能的天主所創造的。

就靈魂與肉體結合的時間，士林哲學不贊同靈魂先在說，也不贊同靈魂轉生說。士林哲學的共同意見主張「靈魂是女人懷孕之初便有了」。肉體來自父母，靈魂直接由天主創造。

參考資料

Aristoteles: De Anima Ⅱ. 2. 214 a.

Thomas Aquinas: De vita, S.T.I. 73; I. 4; 3.

De Origine vitae: S.T.I. 118.

De Sprit. Creaturis. a. 3.

C.G. Ⅱ. 89; S.T.I. 118. 2.

參考張振東著：士林哲學的基本概念㈡、宇宙論、生物篇。

第三節 進化論批判

（一）進化論的思想，乃宇宙萬物皆是進化而成的。其進化之程序是有機物由無機物來，生物由無生物來，高等動物由低等動物來，人由猿猴來。其理由如下：

㈠就哲學言，物體的秩序與驅向皆是往上發展的，因此低等生物可以走向高等生物，生物的第一個生命體不需要天主的參予輔助，便可以由無機物進化來。主張此學說者爲物質論，他們主張物質是宇宙的一切，自永遠便存在着。（Arg. philosophicum）

㈡就生物學言，人與脊椎動物的肢體有很多相似處，尤其是猿猴的身體更相似人的肢體，故人是由猿猴而來，或與猿猴共有同一的祖先。（Arg. Anatomico-Morphologicum）

㈢就胚胎學言：人的胚胎在母胎中是慢慢的逐漸生長改變，其早期的型態與低等動物的型態相似，尤其是與猿猴等型胎相似。此證明二者來自同一根源。（Arg. Embryologicum）

㈣就遺傳學言：人身上有許多器官與肢體，因常用或不用的原因，有不同的改變，換言之，有的器官因常用而更發達變大；但有的器官因不常用或不用而縮小，此縮小之器官乃動物進化過程中之退化現象，如人的盲腸因不需要而縮小；人的耳朵因不需亂轉動驚逃而安定。數十代遺傳

下來，便形成退化或消失了。（Arg. Atavisticum）

(五)就人種學言：在有些原始地方找到一些原始人，其型態有些像人，可說是由猿子變成人的中間人，如澳洲等地的土人等，其生活型態及方式與動物相差無幾，由此亦證明人由猴子進化的情形。（Arg. Ethnologicum）

(六)就古生物學言：古生物學家在發掘出的古代遺物與人的骨骼上，發現一些人的骨骼結構與猿猴等相似，如北平人與爪哇人等，此史前時代的遺跡，證明人與動物相近，或與猿猴同宗，或由猴子進化而來。（Arg. Palaeontologicum）

由以上六點，進化論主張人是低等動物進化而來。

（二）士林哲學對以上六點有不同的意見，其理由如下：

(一)就哲學的觀點言，「成果不能超過原因」，物質內無有者不能產生有來，換言之，無生命的無機物絕不能產生出生命，或進化爲有生命的生物，此相反哲學的因果定律，故人不可能由物質或低等動物進化而來。

(二)就生物學言，人與脊椎動物的肢體結構有相似處，但二者的實質則完全不同，尤其是人的理智之認識功能，更不是猿猴等所可及者。

再者，若就二者詳細比較之，則人與猿猴等動物完全不相同。以體型比較，人以頭腦爲主，猿猴則以身部爲主；人的前額突出，臉面的角度爲 $70^\circ \sim 90^\circ$，猿猴的前額較凹，臉面的角度爲 $30^\circ \sim 35^\circ$。人大腦的重量約 1360 Gr，猿猴的大腦約重 450 Gr。再以人的走路型態言，人是站立行走，猿猴則是手脚並用的彎曲行走。就人的手臂與腿脚言，人是腿脚比手臂長；而猿猴的手臂比腿脚長。

由以上實質與體型之完全不同，證明二者是完全不同的生物，絕不能證明人是由猴子進化來。若言二者同一祖先，更是妄言，毫無根據。若將二者體型相似之結構推源於造物主，只可證明造物主的明智創造之能，不能證明二者由同一祖先進化而成。

㈢就胚胎學言：人的胚胎與猿猴等動物的胚胎在母胎的初期時，有點相似，但二者的逐漸發育，則逐漸不同，最後二者成型成熟後，則是兩個完全不同的生物。其胚胎之初步型態相同，不能證明二者爲同一根源，換言之，一個成型是人，一個成型是猴子，二者完全不同，不能來自同一根源。

㈣就遺傳學言：人身上有些器官因無用而縮小，但現在的生物學家言，人身上的每一器官皆有用途，若將之割除，皆有害於人身的健康。換言之，人身體的器官肢體皆有用，有時我們還不知該器官之確實用處。或者從前認爲無用者，現在發現有用處。因之，醫生要人不能隨便割除身體之任何部份或器官。人的盲腸也該讓其存留着。

就常用的器官會增大，不用的器官會縮小言，亦不是事實；人常用與少用某器官肢體，只能使該器官肢體熟練，絕不能改變其本質與使用的目的。此現象不能證明是進化的現象，更不能證明人是由低等動物進化來者。

(五)就人種學言：在原始地方找到的原始人，只是生活的方式簡陋，文化程度落後，不能證明他們是人與猿猴的中間人。原始人仍是人，不是猿猴，如澳洲的土人等。若將原始人自幼移居文化人處，受同等的教育，必與文化人有相同的智慧與體能。原始人的體型雖與一般人略有不同，此乃依附體的外在不同，其內在人的本質、理智與意志則完全相同。依附體的不同，因人種不同而略異，如黃人、白人、黑人的膚色一樣；膚色的殊異，不妨礙人本質的相同。原始人絕不是人與猿猴中間的進化階段之人。

(六)就古生物學言：考古學家發現人的骨骼與猿猴的骨骼相似。此「相似」而不是「眞是」，換言之，考古學家找出的骨骼或是人的骨骼，或是猿猴的骨骼，而絕不是半人半猿的骨骼，考古學家與生物探險家皆未發現半人半猿的中間人存在着。考古學家將爪哇人等稱爲「類人猿」（Pithecanthropum），其實情，爪哇人是人而不是猿，只是文化低落的原始人而已，正如河北省周口店掘出的北京人一樣，皆是史前期的原始人，而不是進化過程中的中間人。

再者，考古學家所掘出的遺物，皆是些斷碎的骨骼，如臂骨、或腿骨、或牙齒等，未找出整個的人體遺骨；更未找出許多進化過程中、半人半猿的中間人之整體骨骼。考古學家所掘出的骨骼只能追究人存有的年月歷史，不能證明人是由猿猴等低等動物進化而來的。

總結以上六點，士林哲學不贊同人是由低等動物進化而來的。

（三）

士林哲學除消極否定以上進化論的理由無法成立外，更就哲學的理由講論說：

㈠凡二個實有物，其本質不同，一個優良，一個粗劣，一個超越另一個，則優良者不是從粗劣者所產生。因爲哲學的因果律言，「成果不能超越原因」，「無中不能生有」。（Nemo dat quod non habet）

人與動物相比較，正是如此。人的本質優越於任何動物的本質、人的靈魂超越動物的覺魂，人的理智與意識功能更是超越動物的感覺功能無數倍。

因此，人的靈魂絕不是由動物的覺魂所產生；人類也絕不是由猿猴等低能動物所進化。

㈡就因果律言，凡甲物由乙物所產生，甲物的實有本質應存在包含於乙物內，如植物的生存本質被包含於種子及核桃內一樣。但人的本質絕不被包含於猿猴等低等動物內。否則，成果與原因不相等，乃不可能的事實。（Principium Causalitatis: Effectus in Causa Proportionata）

㈢人的靈魂與動物的覺魂相比較，其功能差別如下：

Ⅰ·就理智與認識言：

ⓐ人的靈魂藉着理智，形成抽象的觀念認識，有判斷作用，推理功能，認識事物的本質、肯定超性的實有；更能以邏輯的知識系統，做學問、求眞理、傳述宗教的眞理、樹立道德規範，以語言及技能建立科學與藝術等文化。

ⓑ動物的活動是以覺魂爲主，藉着感官而有認識活動，其認識的對象只有具體性可感覺的事物，無抽象的功能作用，不能認識超感覺的抽象事理，亦不能領悟事物的本質實有，更無法建立學問、藝術、與宗教的精神事業。

Ⅱ·就意志言：

ⓐ人因着理智的認識，意志可以愛慕超感覺的事物，如精神、道德、眞理、德行，更能嚮往精神性的神與生命的永恒，意志並能決定自己的行爲往此超感覺美好的目標進行。

ⓑ猿猴等動物皆做不到以上的種種事情。

以上理智與意志的事實，足以證明人的靈魂不可能由動物的覺魂進化來，人也不是由動物進化所生。

㈣就人類學進化論言，若人是進化的，則進化的過程非常緩慢，需要很長的世紀，在全世界各處皆該有此種進化過程的中間物存在，然後再由中間人進化爲現在人；但事實上，考古人類學家並未發現此種現象。換言之，考古學家未發現全世界皆有此種半人半猿的中間人，也未發現中間人的生活遺物或其簡陋的文化遺產；其發現者，只是在幾處原始地帶的幾塊頭顱與骨骼，此薄弱的證據不能證明是誰的骨骼，可能是人的頭骨，亦可能是猴子的骨骼，絕不能證明人是由猿猴進化的。因此，人種進化論的學理使人無法接受。

再者，進化的過程是繼續不斷的，若進化論的學說可以成立，現在該繼續發現有進化中的中間人存在着；事實上，現在未在任何地方發現有中間性的半人半猿民族存在生活着，故進化論的學說無法成立。

再次，物種進化的動物種類不同，其所處的環境亦不同；若物種進化能夠成立，則進化成的人類該有許多不同差異的種類區別。事實上，全世界人種皆是一類，有相同的理智與意志；此相同的本質，乃表示全世人是同爲一類。至於膚色的殊異或文化的差別，皆是依附性的不同，全世人的本質皆是一樣的——理性的高等動物。故人種進化論的學說無法成立被接納。（註一）

㈤有些公教科學家言，人的靈魂直接由天主創造，但其肉身慢慢的由動物進化而成，因爲進化的意義是由不齊全到齊全，當動物進化成現在狀態時，天主便直接付給靈魂，使之成爲現在的人——理性動物。

①士林哲學認爲，此學說只是一種思想而已，無有力的證明支持着，如上所言，由生物的胚

胎學及遺傳學皆證明不出肉體是由低等動物進化來的。（參閱上言）

②人是一個不可分的整體，自生活的肉體開始，便有靈魂的完整生命，不可能肉體先生活進化着，然後再有天主付給靈魂來結合爲一。

③人是理性的高等動物，有自己的種類，不該來自猿猴等低等的動物類。世界是一個大和諧，宗教哲學家承認是神的最高智慧的措施，使生物各有種類，植物、動物、人，互相利用，形成美好的和諧世界。

④現在科學家未能由自然物質中創造出任何一個有生命的小生物體來，證明有生命的靈魂精神體絕不是由無機物進化來。此種亦可做爲「人不是由無機物與低等動物進化來」的佐證。

註一：

(一)關於人種的依附性區別，人類學家有不同的意見與區分：

Blumenbach：人有五種不同的區別：高加索白人（Caucasia alba）、蒙古黃人（Mongolica flava）、馬來亞棕人（Malayica fusca）、安底奧比亞黑人（Aethiopica Nigra）、美洲紅人（Americana Cuprea）。

Quatrepages：依膚色及頭顱分，人有白人、黃人、黑人三純種，別的棕色與紅色乃混合的人種。

Topinare et Cuvier：依人的膚色、頭顱及髮型，分為黃、白、黑，然後每種內又可分出小支派。

Deniker：依髮型、眼目、鼻子，人可分為六種。

Huxley：依頭顱、牙齒、眼目、鼻子，人可分為五種。

Vettei：世界人類只有三種：蒙古黃人、歐洲白人、非洲黑人。

人類學家研究人種的區別，或就膚色分，如以上的學者，或就語言分，如Müller，或就生活習慣分，如Fritech-Strats。——以上的區別點皆是人依附性實有的區別（Accidents），其人的基本本質（Essentia）完全一樣，此表現人類是一個；依附性的區別來自生活的環境與方式所影響，如生活於熱帶太陽下者，皮膚長久的風吹日晒，容易變黑；生活與寒冷大雪地帶者，日久天長，皮膚較白；此情形正如多食肥肉而少運動者，體型較胖，營養不良而運動過多，則瘦小一樣，但人的本質皆是一樣。

㈡就人種膚色的不同，人是來自「同一父母」或「多元先祖」的問題，學者有不同的意見：

ⓐ宗教哲學家多主張來自「一對祖先」，即創世紀聖經中所言的原祖亞當與夏娃。

ⓑ有些人類學家主張人類是來自「多元先祖」，然後傳生出現在衆多的人類。

一元論或多元論先祖的開始，皆不是自然自動進化的，也不是如人的嬰孩期→幼兒期→青年期等慢慢成長的，因為嬰孩與幼兒無法自己照顧自己，營養生活，其開始存有必該是已成年之有生命的身體，此身體是由全能之神的天主所創造者，然後傳生人類，分散於全天下。

(三)一元論的考古學家主張：人類起自一個地方，其發源地應是「亞洲」，然後再漫沿傳播到全世界。其理由乃人類的語言與原始生活的方式、用器多相似，換言之，人類現有的語言雖彼此殊異，但在各語類的原始語言中，仍可找到相似處，如爸爸、媽媽之聲，皆是指的父親與母親。再者，人的傳統皆有道德的規範與宗教的信仰，後因生活水土與地域氣候的改變，人的語言也逐步變調；道德條理與宗教儀式也因環境的影響，逐漸增加與定制；但追究其根源，在不同的民族中皆找到相似點，此證明人類是自來一源的。

多元論的考古學家主張：天主在不同的地方創造了許多人，有相同的本質，相同的體型，因此生活方式與語言皆有相似處。也因此，不同膚色的人種可以彼此學習，互相適應，有相同的道德觀與宗教心情，更可以互相通婚，傳生人種。

總結上言，人類學是一個很重要的問題，尤其是人類的來源與靈魂的存有，更關連到人的現實道德生活，特講述如上，以供大家繼續研究。

參考資料

①亞里斯多德 Aristoteles: De Anima.

②多瑪斯：Thomas Aquinas: comm in " De Anima " Aristotelis.

③ J. Donat: Summa philosophiae Christianae-Psycholgia. Innsbruck. 1951.
④ Joannes Di Napoli: Manuale philosophiae-Psychologia. Marietti. 1963.
⑤ Cardinal Mercier: Manuale of Scholastic philosophy, Psychology. Kegam Paul. 1938.
⑥ Stanislas Cantin: Precis de Psychologie Thomiste, Press de I'universite Laval. Quekec, Canada. 1948.
⑦ J.F. Donceel. S.J.: Philosophical Psychology. Sheed and Ward. New York 1955.
⑧ J.F. Donceel. S.J.: Philosophical Anthropology. Sheed and Ward. New York 1967. 1974.
⑨羅光：理論哲學——心理學。台北文景出版社，民國五十九年。
⑩薛保綸：靈魂研究。嘉新文化基金會。民國五十七年。

國立中央圖書館出版品預行編目資料

士林哲學的基本概念.一,認識論與心理學／張振東著.
--初版-- 臺北市：臺灣學生，民73
面；　公分.
ISBN 957-15-0662-1（精裝）
ISBN 957-15-0663-x（平裝）.

1. 士林哲學

142.2　　83010275

士林哲學的基本概念(一)

著作者：張振東
出版者：臺灣學生書局
發行人：丁文治
發行所：台灣學生書局
臺北市和平東路一段一九八號
郵政劃撥帳號〇〇〇二四六六八號
電話：三六三四一五六
FAX：三六三六三三四

本書局登記證字號：行政院新聞局局版臺業字第一一〇〇號

印刷所：常新印刷有限公司
地址：板橋市翠華街八巷一三號
電話：九五二四二一九

定價 精裝新臺幣三六〇元
　　 平裝新臺幣三〇〇元

中華民國七十三年八月初版
中華民國八十三年十一月初版二刷

14203-1

ISBN　957-15-0662-1（精裝）
ISBN　957-15-0663-x（平裝）